TRABA-LHO REMOTO

TRABA-LHO REMOTO

AS VANTAGENS E DESVANTAGENS DO HOME OFFICE

Charlie Warzel e
Anne Helen Petersen

Tradução de
Alberto Flaksman

1ª edição

best.
business

RIO DE JANEIRO – 2022

CIP-BRASIL. CATALOGAÇÃO NA PUBLICAÇÃO
SINDICATO NACIONAL DOS EDITORES DE LIVROS, RJ

W27t

Warzel, Charlie
    Trabalho remoto: as vantagens e desvantagens do home office / Charlie Warzel, Anne Helen Petersen; tradução Alberto Flaksman. - 1. ed. - Rio de Janeiro: Best Business, 2022.

    Tradução de: Out of office: the big problem and bigger promise of working from home
    ISBN 978-65-5670-013-7

    1. Teletrabalho. 2. Relações trabalhistas. 3. Trabalho - Inovações tecnológicas. I. Petersen, Anne Helen. II. Flaksman, Alberto. III. Título.

2276164

CDD:331.2568
CDU: 331.102.1:349.251

Meri Gleice Rodrigues de Souza - Bibliotecária - CRB-7/6439

Copyright © Charlie Warzel e Anne Helen Petersen, 2021

Título original em inglês: Out of office: the big problem and bigger promise of working from home

Todos os direitos reservados. Proibida a reprodução, armazenamento ou transmissão de partes deste livro, através de quaisquer meios, sem prévia autorização por escrito.

Texto revisado segundo o novo Acordo Ortográfico da Língua Portuguesa.

Direitos exclusivos de publicação em língua portuguesa para o Brasil adquiridos pela Best Business, um selo da Editora Best Seller Ltda. Rua Argentina, 171 - 20921-380 - Rio de Janeiro, RJ - Tel.: (21) 2585-2000, que se reserva a propriedade literária desta tradução.

Impresso no Brasil

ISBN 978-65-5670-013-7

Seja um leitor preferencial Record.
Cadastre-se em www.record.com.br
e receba informações sobre nossos
lançamentos e nossas promoções.

Atendimento e venda direta ao leitor:
sac@record.com.br

Sumário

Introdução   7
1. Flexibilidade   23
2. Cultura   77
3. Tecnologias do escritório   137
4. Comunidade   199
Uma nota final para os patrões   243
Carta aos trabalhadores   253
Agradecimentos   267
Notas   269

Introdução

Não importa o que você fazia durante a pandemia e suas consequências, não era home office.

"Besteira", você poderá dizer, lembrando de todas as vezes em que se sentou num escritório improvisado em seu quarto, arrumado para ter um aspecto semiprofissional quando visto numa chamada do Zoom. Se você é como um dos 42% de norte-americanos, aproximadamente, que puderam trabalhar de forma remota durante a pandemia, provavelmente passou a maior parte do tempo preso a uma tela em sua casa, em frente à qual se posicionava todas as manhãs.[1] Você estava literalmente mantendo o seu emprego em casa.

Mas não estava trabalhando de casa. Estava trabalhando em confinamento e sob pressão. Alguns descreveram a situação como viver no trabalho. Você estava freneticamente respondendo a um e-mail enquanto tentava fazer o almoço e supervisionar as aulas on-line. Permaneceu preso e isolado em um apartamento apertado durante semanas, impossibilitado de encontrar amigos ou familiares, exausto e convivendo com um nível de estresse que jamais passara pela sua cabeça. O trabalho tornou-se a sua vida, e a vida virou trabalho. Você não estava progredindo. Estava sobrevivendo.

Este é o panorama do pesadelo. Este pode ser o futuro do "remoto".

Até recentemente, a implantação disseminada do home office parecia ser mais uma ideia experimental saída das páginas da *Harvard*

Business Review do que um projeto que pudesse funcionar em termos práticos. Mas a pandemia de covid-19 forçou milhões a trabalharem de casa, e as empresas ficaram curiosas. Para um CFO (Chief Financial Officer), a perspectiva de eliminar do balanço aquele imóvel caro no centro da cidade é tentadora, particularmente se forem levadas em consideração as reduções do custo de vida dos empregados quando eles se mudam de cidades caras. E há também a eficiência: menos tempo no transporte significa mais tempo para responder aos e-mails! Algumas das maiores companhias do mundo já fizeram do trabalho remoto uma opção para o futuro a curto prazo, o que quer dizer, como praticamente qualquer outra decisão no mundo dos negócios, que elas acham que essa opção poderia ser mais lucrativa. E as reduções de custo das companhias serão suportadas por você.

Esta é a triste verdade do trabalho remoto tal como o conhecemos atualmente: ele promete liberar os trabalhadores das cadeias do escritório, mas na prática aumenta os ganhos das empresas com a falência total do equilíbrio entre o trabalho e a vida privada.

Nós aqui sabemos disso por experiência própria. Em 2017, insistimos que poderíamos melhorar nosso trabalho como repórteres estando fora da cidade. Enchemos nosso carro no Brooklyn e fomos trabalhar de casa, em Montana, depois de mais de uma década de vida no escritório. Anne — de natureza mais organizada e um pouco mais introvertida — se adaptou imediatamente. Antes de ser jornalista, ela fora acadêmica e professora; ir ao escritório sempre lhe pareceu mais estranho, mais uma obrigação, em comparação com o trabalho feito na mesa da cozinha. Mas a "flexibilidade" da vida acadêmica — e agora também da vida de jornalista — significava, na verdade, apenas liberdade para trabalhar *o tempo todo*. O sonho de passeios diários pelas montanhas evaporou rapidamente. Ela trabalhava tanto quanto em Nova York, se não mais. Apenas a paisagem era mais bonita.

Charlie adora mexer com as pessoas no escritório. Ele não consegue organizar sua agenda de forma confortável. Gosta de contatos. E sentiu imediatamente a mudança. Os primeiros meses o desorientaram e o fizeram sofrer. Ele passava tanto tempo escrevendo freneticamente, mandando e-mails e permanecendo constantemente em contato via mensagens do Slack, sentado no sofá, que quando relaxava à noite começava a suar frio. Trabalhar de casa sem parar provocou nele um curto-circuito; sua cabeça e seu corpo não conseguiam entender por que ele estava ao mesmo tempo no "escritório" e assistindo à Netflix sem parar.

Charlie estava absolutamente convencido de que a mudança prejudicaria sua carreira. Ele ficaria isolado, invisível para seus superiores e esquecido na distribuição de tarefas. Preocupava-se com o fato de que estava desconectado do seu trabalho, de que perdera aqueles encontros e conversas espontâneos que traziam novas ideias. Então passou a trabalhar de forma obsessiva, e seus patrões se beneficiavam com isso mesmo sem se dar conta. Trabalhar nos fins de semana? Por que não? Afinal, ele já estava no escritório. A falta da necessidade de se deslocar não significava mais tempo livre pela manhã e à noite; significava sair da cama, pegar o telefone e começar o trabalho. Ele estava escrevendo mais do que nunca, mas começou a ficar estressado ao fim de algumas semanas, desesperado para encontrar alguma atividade que o ajudasse a separar o trabalho e o lazer.

Alguma coisa precisava mudar. Para fazer com que o trabalho de casa fosse sustentável — anos antes do choque da pandemia —, tínhamos de encontrar uma forma de, primeiro, cultivar uma vida pessoal feliz, e, depois, ajustar nossos empregos a esse espaço, não o contrário. O que significava se desligar mais, e também mudar o ritmo dos nossos dias e nos livrar da rigidez introduzida pelo trabalho contemporâneo em escritório.

Depois que fizemos essas mudanças, uma lição ficou clara: os escritórios são abusivos. Eles nos obrigam a organizar nossos dias em função de deslocamentos. Absorvem nossa atenção por meio de reuniões imprevistas (por vezes agradáveis!). Colocam a *sensação* de produtividade acima de sermos de fato produtivos. São um centro de propagação de microagressões e repetidos comportamentos hierárquicos tóxicos. Não surpreende que as pessoas que se dão bem nos escritórios são quase sempre as mesmas que acumularam ou cresceram com muitos privilégios ligados à sua identidade fora do trabalho.

Home office pode fazer sentido como um ato de controle e resistência. Mas também não é uma solução para tudo. Trabalhar em casa não promete consertar a decadência que se instalou no centro do capitalismo moderno. Todas as dinâmicas tóxicas aqui listadas podem ser mantidas no mundo do trabalho remoto. Isso é particularmente verdade se você ou sua companhia vê o trabalho remoto como igual a tudo o que costumava acontecer no escritório — só que agora é você quem paga o aluguel e a conta de luz. O objetivo deste livro, então, é refletir sobre como podemos nos libertar dos aspectos mais tóxicos, alienantes e frustrantes do trabalho no escritório. Não somente mudando o lugar onde o trabalho é realizado, mas também repensando o trabalho que fazemos e o tempo que dedicamos a ele.

Este livro não é um manual prático. Não é autoajuda, ao menos não da maneira tradicional como a vemos. Não declaramos ter feito qualquer "descoberta". O equilíbrio entre o trabalho e a vida pessoal continua sendo uma luta para nós, e falhamos o tempo todo, em parte porque *gostamos* do nosso trabalho. Este livro também foca e se dirige especificamente aos 42% dos empregados cujo trabalho pode ser feito remotamente: ou seja, longe de ser universal. Mas para esses 42% (que estão crescendo) tentamos descobrir o que está errado com aquilo que toma a maior parte do nosso tempo acordados para então começar a corrigi-lo.

É por essa razão que pensamos que este livro é mais como um guia. Ele vai mostrar como chegamos a essa relação decadente com o trabalho e os caminhos que podemos seguir a partir daqui. Podemos tomar o caminho de volta, reproduzindo as mesmas dinâmicas do escritório, desanimadoras e exploradoras como antes, apenas sendo realizadas em casa. Os indivíduos podem abrir suas próprias trilhas, fora da estrada principal, como fizeram durante anos, lutando para manter o equilíbrio diante de normas corporativas. Os que detêm confiança e privilégio para trabalhar remotamente em seus próprios termos vão colher os benefícios, ao passo que outros se tornarão cidadãos de escritório de segunda classe. Ou podemos seguir um terceiro caminho, no qual a própria jornada diária de trabalho — e as expectativas dos trabalhadores — é reinventada. Isso não quer dizer a criação de *happy hours* via Zoom, ou fazer uma declaração para toda a companhia que não tem problema se os seus filhos aparecem na sua *conference call* pedindo um lanche. Essas são as típicas inovações que não resolvem nada e cansam todo mundo.

Reinventar quer dizer conversar honestamente sobre quanto as pessoas estão trabalhando e como elas acham que poderiam trabalhar *melhor*. Não por mais tempo. Não assumindo mais projetos, ou delegando melhor ou tendo mais reuniões. Não criando "mais valor" para o seu empregador à custa da sua saúde física e mental. Em vez disso, significa se dar conta de que trabalhar melhor quer dizer, frequentemente, *trabalhar menos*, em menor número de horas, o que torna as pessoas mais felizes, mais criativas e mais comprometidas com o trabalho que fazem e com as pessoas para quem trabalham. Implica examinar como as ferramentas de comunicação on-line funcionam como vigilância e incentivam a teatralização do trabalho em lugar da sua *realização*. Vai demandar organização com base nos horários de trabalho preferidos e mais efetivos dos empregados e gestores, além de considerações sobre os cuidados com as crianças e os mais velhos, horários de trabalho voluntário e fusos horários.

Não existe um objetivo simples. Não fizemos checklists ao final de cada capítulo. O processo é difícil e, se formos honestos, nunca termina. Mas estamos em um ponto de inflexão social. Partes da nossa vida que eram silenciosamente irritantes se tornaram intoleráveis; instituições sociais que parecem ter falido há tempos agora estão nos empobrecendo ativamente. Muitas coisas que aceitávamos como normas, de práticas de saúde pública a horários das escolas públicas, podem ser potencialmente mudadas. Na ausência da liderança visionária de governos, o impulso para a mudança depende cada vez mais dos indivíduos, mas estamos vendo movimentos iniciados da mesma forma, com base em razoabilidade, igualdade e justiça econômica e social.

As propostas de políticas públicas que orientam esses movimentos são ambiciosas, e os detalhes podem parecer complexos. No entanto, as ideias por trás delas são elegantes em sua simplicidade: quando uma instituição colapsa, ela não pode ser reformada mediante consertos graduais que mexem nos contornos do problema, mas evitam tocar em seu núcleo. Ela deve ser reinventada. Não de maneira utópica, mas com um olhar vigilante sobre a forma como o poder é acumulado e distribuído.

Esse trabalho será difícil e diferente para cada empresa. Ele precisa, ao menos no início, parecer radical. O capitalismo é, por natureza, explorador, mas é também — ao menos em um futuro imediato — nosso sistema econômico predominante. Se vamos viver nesse sistema, como podemos transformá-lo em uma experiência que implique menos sofrimento? Não apenas para os funcionários de escritórios, como também para seus familiares próximos, a sociedade que compartilhamos e o restante do mundo do trabalho?

A tese deste livro é que o trabalho remoto — não o trabalho remoto durante uma pandemia ou sob pressão — pode mudar a sua vida. Pode retirá-lo do círculo vicioso da produtividade constante. Pode tornar você e sua comunidade *mais* felizes e saudáveis. Pode fazer o trabalho doméstico tornar-se mais igualitário, e ajudá-lo a ser um melhor amigo, pai e companheiro. Embora pareça irônico, pode aumentar de fato a solidariedade entre os trabalhadores. Pode permitir que você realmente viva o tipo de vida que finge viver em suas postagens no Instagram, liberando-o para explorar os cantos não laborais da sua vida, de hobbies verdadeiros até o envolvimento cívico.

INTRODUÇÃO

E tampouco precisa ser trabalho remoto em tempo integral: ninguém está sugerindo que os escritórios devam desaparecer. Como disse o COO (Chief Operating Officer) da JPMorgan em fevereiro de 2021, "A chance de voltarmos para o escritório com 100% das pessoas 100% do tempo é zero. Quanto a todos trabalharem de casa o tempo todo, a probabilidade também é zero".[2] Para a maioria das pessoas, o espaço tradicional dos escritórios vai conviver, de alguma forma, com espaços de coworking, cafeterias, a mesa da cozinha dos amigos e as nossas próprias instalações caseiras. Independentemente de como era a sua instalação isolada e claustrofóbica durante a pandemia, não é *essa* a cara do futuro do trabalho.

Estamos vendo uma oportunidade real de consertar a nossa relação com o trabalho — algo que se encontra profundamente danificado, em particular nos Estados Unidos, mas cada vez mais também em outros países. O trabalho, que foi durante muito tempo uma fonte de inspiração, dignidade e da desejada perspectiva de mobilidade social, se estagnou e nos confinou. Não queremos parecer revisionistas; esse mesmo trabalho foi também, por vezes, infeliz. Para muitos dos que chamamos de "trabalhadores do conhecimento", se tornou uma entidade acima de tudo, corroendo lentamente as outras partes que compõem uma existência humana rica e equilibrada.

A boa notícia é que podemos mudar isso se nos comprometermos a redefinir o local de trabalho em nossa vida. Neste exato momento, nossas prioridades estão invertidas. Em vez de mudar nossa *vida* para nos tornarmos trabalhadores melhores, temos que mudar nosso *trabalho* para melhorar a nossa vida.

Para chegar a esse potencial de mudança, organizamos o livro em torno de quatro conceitos principais. Fizemos uma análise do que cada um deles compreendia até a pandemia, o que estava falindo ou danificado havia muito tempo, e como o trabalho remoto poderia alterar, agravar ou, de modo mais otimista, começar a consertar os problemas existentes e evitá-los no futuro.

Flexibilidade

Nos últimos quarenta anos, os livros sobre negócios, as publicações financeiras e os líderes da indústria criaram um fetiche em torno da ideia de "flexibilidade" das empresas. A preocupação com as empresas "ágeis" deveria, em tese, implicar uma obsessão semelhante em relação à adaptação: de diferentes horários, estilos de trabalho, locais de atuação. Em vez disso, a "flexibilidade" tornou-se uma metáfora para a capacidade de uma companhia contratar e dispensar rapidamente empregados, de acordo com suas necessidades. Aos poucos, ela foi se tornando a justificativa para uma economia baseada no trabalho independente e terceirizado, que engana os trabalhadores com a promessa de libertá-los das obrigações de um emprego tradicional, com carga horária de 9h às 17h.

Os benefícios da economia flexível se concentraram quase inteiramente nas empresas, enquanto os trabalhadores se veem diante de níveis inéditos de instabilidade no emprego. Trabalhadores temporários podem adaptar seus horários de acordo com suas necessidades, mas também estão sempre à procura de um novo serviço, sempre se perguntando se estão trabalhando o suficiente, sempre batalhando para encontrar alguma coisa que se aproxime da segurança do trabalho em tempo integral em um escritório, em vez do sempre precário e instável *freela*.

O futuro do trabalho em escritório deverá ser guiado por uma nova e genuína forma de flexibilidade, na qual o *trabalho*, e não os próprios trabalhadores, se torna ainda mais maleável. A flexibilidade genuína é o pilar desse projeto de renovação do trabalho; sem ela, você não poderá mudar significativamente a cultura do trabalho nem a sua dedicação à comunidade. Ao libertar os trabalhadores de seus horários de trabalho arbitrários, cria-se espaço para mudanças de toda natureza — na experiência durante a jornada de trabalho, na capacidade de realizar o ofício, na relação com as pessoas que fazem valer a pena viver.

Como se reconhece, na prática, a flexibilidade genuína? Ela significa reimaginar quais tipos de tarefas e colaborações devem ser sincrônicos; o que pode ser feito, na verdade, de maneira assíncrona; e quantos dias nós gostaríamos que as pessoas estivessem no escritório — por quanto tempo e para qual finalidade. Ela inclui uma ampliação das descrições de funções (*job descriptions*) para ajustá-las melhor ao tempo e às necessidades de locação das pessoas com deficiências (PcDs) e daquelas que precisam cuidar de outras. Isso vai exigir a fixação de limites reais e respeitados para garantir que o "trabalho flexível" não ocupe todo o espaço da agenda.

Cultura

Existe a maneira como uma organização se define publicamente, e existe a forma como os empregados sentem a vida cotidiana dentro dessa organização. Em algum lugar entre essas duas definições se encontra a *cultura da empresa*, a qual, uma vez determinada, pode ser incrivelmente difícil de mudar — a menos que aconteça algo drástico, como uma pandemia, capaz de alterar paradigmas.

Analisaremos como as empresas se veem — como um clube, um grupo de trapaceiros, um coletivo de viciados em trabalho (*workaholics*), um bando de conservadores inflexíveis, porém confiáveis ou, mais comumente, uma "família" — e quais padrões de comportamento, exploração, desperdício, produtividade, hierarquia, respeito (ou falta dele) fluem a partir dessa observação.

Quando um escritório se torna parcial ou integralmente remoto, existe o risco potencial de suprimir a cultura presente, geralmente por conta do medo. As companhias criam mais reuniões e comunicações de microgerenciamento, numa tentativa de preservar as hierarquias existentes. Mas o gerenciamento em favor da gerência não é algo competente — algo que o ano de pandemia tornou abundantemente claro. É *possível* mudar a cultura da empresa. A mudança, porém, não pode começar apenas pelo CEO e pelos trabalhadores individuais, e sim por uma radical reinvenção do que a gestão é de fato, dentro e fora do escritório tradicional.

Se a cultura da sua empresa é boa, não apenas na teoria ou somente para os gestores, mas *de fato* boa, ainda assim serão necessários planejamento e rigor para imaginar como implementar a flexibilidade no trabalho. Mas, se a cultura for tóxica, o trabalho flexível não vai resolver a questão. Ele poderá, no entanto, proporcionar uma abertura para começar a pensar no que essa cultura poderá ser daqui em diante.

Tecnologias dos escritórios

Em geral, pensamos que a tecnologia presente nos escritórios está nos dispositivos digitais: nossos computadores, smartphones e os programas e aplicativos que rodam neles. Mas uma boa parte da cultura dos escritórios resulta da tecnologia do design, o que inclui desde a arquitetura que organiza os trabalhadores dentro de um edifício até a arquitetura digital, que determina quando e como você interage com as mensagens recebidas em aplicativos. Grande parte da tecnologia dos escritórios, das temidas salas em conceito aberto até o e-mail, foi projetada com esperanças utópicas, até colidir com os imperativos da corporação e regredir lentamente, fazendo o trabalho ficar *muito* pior. A mesma coisa aconteceu com o *campus* bacana do Vale do Silício, a cadeira Aeron e a agenda do Google: as coisas "legais" que deveriam resolver os problemas criaram outros, mais pesados e assustadores do que seus criadores jamais imaginaram.

A questão, portanto, é: como mudamos a nossa atual confiança na tecnologia e no design, que dão mais trabalho, e o tornam ainda mais maçante? Como reenquadramos a nossa tecnologia, fora da noção vaga, porém brutal, de produtividade? Como criamos espaços para que o trabalho presencial seja mais adequado à flexibilidade, mas que não façam você sentir que está alienado num hotel, trabalhando sem reconhecimento? Esses são desafios que demandam mais estratégia do que o método Inbox Zero, uma visão mais ampla do que um gigante como WeWork, e mais sutileza que as ferramentas que equiparam "o tempo trabalhado" com "o tempo em que o cursor se move".

É aqui, em nossa tecnologia, nossas ferramentas e nosso design que podemos vislumbrar mais rapidamente as mudanças mais profundas. A mudança na maneira como nos comunicamos em nosso trabalho — e os vários espaços em que o fazemos — pode transformar nossa agenda diária e redesenhar os contornos de nossos dias. No passado, a tecnologia e o design dos escritórios buscavam a maneira de obrigar os empregados a ficar mais tempo no trabalho e/ou trabalhando. Agora a tarefa é utilizá-los para nos ajudar a fazer o contrário.

COMUNIDADE

O que você faria se tivesse maior controle sobre a sua vida? Começaria cada dia com uma caminhada? Ou finalmente criaria aquela rotina de exercícios? Que tal ter novos hobbies? O que o está impedindo, no momento? Provavelmente, o seu emprego.

O trabalho sempre ocupará uma parcela significativa da nossa vida. O que estamos sugerindo, no entanto, é que ele deveria deixar de ser o fator mais importante na organização dela: a fonte principal de amizade, valor pessoal ou senso comunitário. Porque quando o trabalho domina nossa vida, nosso círculo pessoal suporta as consequências. Nós damos e recebemos *menos*: menos cuidados, menos intencionalidade, menos comunicação. Mas um trabalho genuinamente flexível — e a descentralização dos nossos empregos que o acompanha — pode nos liberar para recultivar e reestruturar nossas relações conosco *e* com a nossa comunidade. É possível que você não seja tão próximo de seus colegas. Mas se existem outras áreas da sua vida nas quais se sente amado, compreendido, valorizado e essencial, isso tem importância?

Na prática, essa descentralização pode liberar o tempo necessário para equalizar a distribuição do trabalho no lar. Pode permitir que você descubra o que de fato gosta de fazer durante seu tempo livre, em vez de usá-lo para se recompor depois de uma grande quantidade de trabalho. Talvez você descubra que cuidar dos mais velhos ou das crianças pode ser menos desgastante. Mas não pode significar se tornar multitarefas; quanto mais tarefas você tem em casa, mais pressão você sente para fazer tudo para todos. Quando o trabalho se torna verdadeiramente mais flexível de acordo com as nossas necessidades, então conseguimos obter mais espaços significativos, consistentes e revigorantes nos nossos dias — para nós e também para as pessoas que fazem a nossa vida valer a pena.

E isso quer dizer se conectar também com a sua comunidade no sentido mais amplo. Antes da pandemia, os EUA atingiram um dos níveis mais baixos de coesão social na história moderna. As pessoas estão menos comprometidas e têm menos confiança umas nas outras. A vontade de se sacrificar por alguém que não conhece é menor. As pessoas estão muito mais focadas no destino do indivíduo — *em mim e no meu* — do que no destino da sociedade como um todo. Quando a nossa sobrevivência é ameaçada e se torna precária, tendemos a nos comportar do jeito que nos orientaram para momentos de crise: *ponha primeiro a máscara de oxigênio em você mesmo, depois ajude os outros que estão próximos.*

Existem infinitas razões para esse declínio na coesão social, a maioria ligada a um capitalismo desenfreado, e à escassez e à recusa de enfrentar as profundas e persistentes desigualdades de raça e gênero. Mas, na qualidade de trabalhadores do conhecimento, nós tanto contribuímos como reagimos a esse declínio *trabalhando mais*. Essa estratégia às vezes produz uma renda (marginalmente) mais estável, mas também leva à alienação, solidão e a sentimentos marcadamente diminuídos de pertencimento. Quando trabalhamos o tempo todo, nos apresentamos menos como voluntários, passamos menos tempo com pessoas que são e não são como nós. Podemos gostar do lugar onde moramos, mas não manifestamos essa afeição por meio de um envolvimento real.

O trabalho flexível, quando bem-feito, significa trabalhar menos e dedicar mais tempo, investimento e intenção à comunidade mais ampliada. Na prática, significa mais do que apenas ter tempo para ser voluntário na biblioteca comunitária. É ter certeza de que a biblioteca não conta apenas com pessoas como você. É mais do que se inscrever no comitê local de apoio às crianças carentes. É dedicar tempo para encontrar soluções para a falta de acesso à alimentação na sua comunidade. É achar tempo para você mesmo e então, depois que achá-lo, usar um pouco para melhorar a vida de todos à sua volta.

É por isso que também pensaremos em como uma mudança para o trabalho genuinamente flexível pode ter efeitos significativos no planejamento urbano, nos locais de encontros públicos e privados e nas ideias sobre todas as coisas, dos cuidados com a infância à solidariedade entre os trabalhadores. As cidades se contraem e se expandem o tempo todo, mas como resistiremos ao tipo de transformação que limita o acesso confiável ao transporte público, a escolas com recursos e a fontes de comida saudável? Como as cidades pequenas se adaptarão à chegada de trabalhadores bem-pagos enquanto os salários locais continuam baixos? Que projetos devem ser desenvolvidos, tanto nos governos quanto nas empresas privadas, para combater uma diferença ainda mais grave entre os que conseguem controlar o ritmo do seu trabalho e aqueles que não conseguem?

A saúde futura da comunidade, no sentido amplo, exige que prestemos atenção nessas questões *agora*. Porque, afinal, todas essas mudanças parecerão superficiais e vazias se a comunidade que nos rodeia está sofrendo.

O trabalho de conhecimento — o principal tipo de trabalho feito remotamente — é, em última análise, um trabalho privilegiado. E os problemas nele são, às vezes, superestimados: poucas pessoas às voltas com o trabalho em casa estão com dificuldades para sobreviver. Se a pandemia nos ensinou algo, foi que nossos critérios para identificar e remunerar o trabalho essencial estão descalibrados. Nossa obsessão com a produtividade afastou o nosso olhar das desigualdades sistêmicas, absorvendo o tempo e a energia necessários para lutar por mudanças. Um dos slogans do presente momento é "não sei como fazer com que você se preocupe com as outras pessoas". E uma das soluções mais diretas seria dar aos indivíduos o tempo e a liberdade mental para de fato pensar em coisas que não são eles mesmos, nem a sua família próxima.

Existe ainda uma segunda possibilidade para uma mudança maciça em relação a quem e ao que damos valor. Se mudarmos o nosso foco da obsessão com a produtividade, poderemos repensar coletivamente na forma de avaliação social do sucesso. Uma sociedade obcecada com o ganho dos acionistas, o Produto Interno Bruto (PIB) e a criação de riqueza para as empresas valoriza aqueles que fazem esses números crescerem: banqueiros, investidores, operadores do mercado financeiro. Uma sociedade obcecada com a qualidade de vida, com os cuidados e a saúde dos cidadãos, valoriza e remunera um grupo muito diferente de pessoas. Antes e durante a pandemia, nossos trabalhadores mais "essenciais" lutavam para receber salários justos e proteções adequadas, precisamente porque seu trabalho não era valorizado. Mas o que aconteceria se fosse? E se um dos passos mais importantes para chegar lá fosse que os trabalhadores não essenciais (como nós!) mudassem a maneira como se viam?

Durante anos, muitos de nós nos comportamos como se os nossos empregos fossem a coisa mais importante de nossa vida. Não ousamos dizê-lo em alto e bom som, mas nossas ações revelam a verdadeira história: damos mais valor ao nosso desempenho no trabalho do que às nossas famílias, ao nosso crescimento e saúde pessoais e às nossas comunidades. Parte desse comprometimento está enraizado no medo da instabilidade. Mas parte dele também provém da maneira como nos convencemos de que o nosso trabalho é importante, justificamos para nós mesmos o quanto de nossa vida, quantos anos e quantas horas dedicamos a ele.

Esse tipo de abnegação emocional torna mais difícil avaliar o trabalho pelo que ele é: não um salvador, não uma "família", mas um *emprego*. Ela também torna mais difícil organizar ou demandar melhores condições para os demais empregados, no seu local de trabalho ou em outros. É paradoxal, mas a capacidade em deslocar o trabalho do centro da sua vida — e separá-lo, ainda que só um pouco, da sua identidade — o torna um melhor defensor dos *outros* trabalhadores.

Se realizado erradamente, o trabalho flexível só agravará as divisões de classes, afastando ainda mais os trabalhadores realmente essenciais daqueles que podem realizar o seu trabalho na segurança de seus lares. É nessa direção que estamos nos dirigindo se não fizermos mudanças significativas na maneira como percebemos nosso trabalho e como defendemos os demais. Mas um futuro flexível bem pensado poderia também produzir algo notável: libertação, de forma significativa e duradoura, do trabalho. Não trabalhamos de casa porque o trabalho é a coisa mais importante. Trabalhamos em casa para ter a liberdade de focar nas coisas que de fato são as mais importantes.

1
Flexibilidade

Caso você já tenha ligado para o serviço de atendimento ao consumidor da Airbnb, Instacart, Amazon, Disney, Home Depot, Peloton, Virgin Atlantic, Walgreens, Apple ou AT&T, provavelmente falou com um "parceiro de serviços" da Arise e nem notou. Parceiros de serviços são atendentes de uma central de atendimento sem a central de atendimento. Eles trabalham em casa, compram seus próprios equipamentos, pagam para ter uma linha de telefone extra e para receber um treinamento de algumas semanas. E competem entre si por horários de trabalho. Não são empregados das empresas com cujos clientes conversam. Nem são, tecnicamente, empregados da Arise, a qual, como tantas companhias do mundo digital, trata seus empregados como "fornecedores independentes". Não têm plano de saúde, direito a férias ou qualquer outro benefício. O que eles têm é "flexibilidade".

"A Plataforma Arise não garante o sucesso de ninguém", a companhia declarou à ProPublica, organização jornalística independente e sem fins lucrativos baseada em Nova York. "O trabalho apresenta desafios como qualquer outro, e pode depender da demanda, como muitos acordos com fornecedores — mas propicia uma flexibilidade significativa."[1] Liberdade, como o website da Arise coloca, para "ser seu próprio patrão" e "definir os seus próprios horários" a partir do conforto da sua casa. Mas os benefícios dessa flexibilidade vão, em sua totalidade, para as empresas que utilizam os serviços da Arise, do Airbnb à Amazon. Ao contrário dos empregados de uma central de atendimento, os "parceiros de serviço" não têm direito à hora do almoço paga pelo empregador, ou a intervalos, ou a treinamento. Como declarou o seu ex-CEO ao *Argyle Journal*, a Arise ajuda as empresas "a eliminar os desperdícios de um dia típico de trabalho".[2]

Esta é a promessa sombria da flexibilidade de hoje: ela dá aos trabalhadores a "liberdade" de trabalhar de acordo com sua própria agenda, por muito menos e sem qualquer garantia trabalhista. E mesmo que você trabalhe para uma companhia que pareça muito diferente da Arise, os princípios da "flexibilidade" já impregnaram o DNA da organização. Porque "flex", tal como é definido hoje, não se refere à opção de sair um pouco mais cedo para ir buscar as crianças na creche. É a habilidade de se expandir e se contrair rapidamente: em tamanho, em força de trabalho, em espaço físico, em produção. É a capacidade de produzir mais trabalho — às vezes exponencialmente mais — com uma força de trabalho menor. É uma falsa política de redução de custos disfarçada de benefício. E o seu sentido precisa mudar se quisermos de fato mudar nossa relação com o trabalho.

Essa espécie de flexibilidade é frequentemente conhecida por outros nomes: "agressiva", "enxuta" e "engenhosa". Seu modelo inicial surgiu em algumas das maiores e mais conhecidas empresas, mas pode ser visto hoje em todos os tipos de organizações, das start-ups até as sem fins lucrativos. E, independentemente de como é chamada ou onde é encontrada, o princípio é sempre o mesmo: fazer mais com muito menos. Menos segurança, menos apoio e menos descanso. Ela traz benefícios, em primeiro lugar, para o resultado das empresas, e geralmente faz com que a força de trabalho fique menos resiliente, mais ressentida e menos qualificada. Como uma estratégia corporativa, a "flexibilidade" converteu muitos locais de trabalho em locais de ansiedade onde trabalhadores obcecados com a produtividade vivem com medo da próxima demissão em massa. Ao mesmo tempo, ela foi reapresentada, frequentemente a esses mesmos trabalhadores, como o futuro: *nós os demitimos, mas vamos devolver o seu emprego na qualidade de subcontratante "flexível", apenas com um pouco menos de benefícios e menos estabilidade, e vocês não terão escolha a não ser aceitar.*

A principal característica do local de trabalho flexível nunca foi a liberdade, não importa como ele tenha sido vendido. Sempre foi a precariedade do trabalhador. É uma falsa solução para o problema do mercado globalizado, oriundo do desespero. Para deixar essa definição para trás — e chegar a um novo conceito de flexibilidade *genuína*, que beneficie os empregados e, ao mesmo tempo, favoreça a organização como um todo —, precisamos compreender por que tantas corporações a consideraram desejável e como, por outro lado, ela se tornou a marca de uma força de trabalho exaurida. O futuro sempre apontou para algum tipo de configuração "flexível" do trabalho. Mas temos a rara oportunidade de redefinir o seu caráter e para onde vão fluir os seus benefícios.

No início dos anos 1970, a AT&T pediu ao famoso arquiteto Philip Johnson um projeto para a sua nova sede na Madison Avenue. O pedido da empresa, Johnson lembraria mais tarde, era de desenhar um prédio que fosse percebido como "a porta de entrada para o nosso império".[3] Para tanto, o projeto de Johnson lembrava os grandes arranha-céus da Idade do Ouro de Nova York e os palácios da Itália renascentista, incluindo um arco com sete andares de altura na fachada, que engolia todos os que entravam por ele, e um entalhe no topo que lembrava uma grande mordida circular no alto do edifício.

Além de sugerir um império, o prédio também tinha a intenção de confundir os funcionários da AT&T. Ele lembraria aos trabalhadores a sua importância — eles trabalhavam para uma das companhias mais poderosas do mundo! —, mas também o quão pequenos e insignificantes eles eram em comparação com a dimensão e importância da história da empresa. Este último conceito foi tornado claro antes mesmo que a companhia se mudasse para a nova sede. Em 1982, a AT&T, que funcionara durante anos como um monopólio de telecomunicações, perdeu um grande processo judicial e foi obrigada a criar um plano para vender dois terços dos seus ativos. Na prática, isso significou demitir mais de 107 mil empregados.

Ao saber disso, a companhia tomou a decisão de alugar quase a metade da sua área de escritórios e preparou o restante do prédio para novas mudanças. Todos os tetos haviam sido projetados com ranhuras especiais que permitiam mover facilmente as paredes divisórias, de modo a aumentar ou reduzir as dimensões de uma dada sala de escritório. O prédio, em outras palavras, era flexível. Mas a flexibilidade do espaço físico tem um alcance limitado. Em 1992, o prédio da AT&T estava em grande parte vazio. Alguns funcionários foram transferidos para outros escritórios em Manhattan e em Nova Jersey; outros passaram a trabalhar de casa. A AT&T concordou em alugar o prédio, com opção de compra, para a Sony, que ocupou o espaço, até que ele foi vendido a incorporadores em 2013 e, novamente, para um conglomerado saudita em 2016. A AT&T foi obrigada a se tornar flexível — no seu espaço de escritórios, na sua organização, no número de trabalhadores empregados, onde eles trabalhavam e o tipo de segurança que podiam esperar da companhia que os empregava. Mas, ao longo dos anos 1980, a flexibilidade foi adotada por centenas de outras empresas que buscavam competir em uma escala global, assumir maiores riscos no seu negócio, aumentar o valor para os seus acionistas e seguir o conselho de consultores cujo objetivo era reduzir o inchaço da típica empresa norte-americana.

O objetivo: uma organização "enxuta", na qual as redundâncias, ineficiências e outras formas de desperdício são eliminadas. A AT&T tivera a ideia correta com os seus espaços de escritórios modulares (que foram alugados), mas o ideal seria aplicar esse princípio em toda a empresa: vantagens e benefícios "flexíveis" em geral significavam vantagens e benefícios menos robustos, com os planos de aposentadoria, por exemplo, transformados em fundos de pensão privados — com "contribuições" dos empregadores que poderiam ser aos poucos reduzidas ou eliminadas por completo; a mesma coisa se aplicava a contratações "flexíveis", que queriam dizer facilmente contratados e, mais importante, facilmente sujeitos a demissão. Como o historiador Louis Hyman escreve em *Temp: How American Work, American Business, and the American Dream Became Temporary* (Temp: como o trabalho, os negócios e o sonho americanos se tornaram temporários), "em vez de investimentos de longo prazo em forças de trabalho estáveis, o novo ideal das empresas norte-americanas passou a ser resultados a curto prazo e trabalho flexível".[4]

Entre 1979 e 1996, mais de 43 milhões de empregos foram eliminados da economia dos Estados Unidos. Nos anos 1980, a composição do conjunto dos trabalhadores demitidos pendia mais para o lado da indústria e outros empregos "de baixa qualificação", cujos salários médios eram inferiores a 50 mil dólares por ano.[5] Entre 1990 e 1996, esse número mudou: a maioria das pessoas que perdeu o emprego era de "colarinhos-brancos", e elas o perderam a uma velocidade duas vezes maior do que havia ocorrido nos anos 1980.

No mesmo período, mais de 43 milhões de empregos foram novamente adicionados à economia. A diferença, como seria o caso também depois da Grande Recessão, era o tipo de emprego que foi criado. Em 1972, se você fosse demitido do seu emprego, havia uma grande possibilidade de que não apenas acharia rapidamente um novo emprego, como também que o seu salário seria tão bom quanto o que recebia antes. Em 1996, só cerca de 35% dos trabalhadores demitidos conseguiram encontrar empregos que pagassem o mesmo ou mais do que o anterior.[6]

O mercado de trabalho havia "rachado": a palavra que o economista David Well usa para descrever o processo segundo o qual as companhias terceirizam funções importantes para freelancers, subcontratantes e empresas inteiramente diferentes.[7] A lógica: por que uma companhia seguradora deveria empregar e ser responsável pela limpeza, por exemplo, quando ela pode contratar uma empresa especializada em serviços de limpeza a um custo muito inferior? Ao longo das últimas quatro décadas, uma teoria idêntica se espalhou por todos os níveis do organograma: responsáveis pela folha de pagamentos, especialistas em tecnologia da informação, assistentes executivos, fabricantes dos seus produtos e até mesmo membros dos recursos humanos podiam ser terceirizados, engajados em contratos de curto prazo ou contratados por meio de agências de empregados temporários, todos a um custo final menor para a empresa do que um empregado em tempo integral.

A empresa não precisa pagar seu plano de saúde, não precisa oferecer um plano de aposentadoria, não precisa sequer considerá-lo seu empregado. Maior flexibilidade significa menor responsabilidade em relação às pessoas que realizam o trabalho da empresa; menor responsabilidade significa maiores lucros e maior estabilidade para a empresa no mercado global. Quem pagou por esse processo? O trabalhador. "A charada", como apontaram Louis Uchitelle e N. R. Kleinfield no *New York Times* em 1996, "é que o que as empresas fazem para se tornar mais seguras é exatamente o que faz com que seus empregados se sintam inseguros".[8]

Não importava há quanto tempo você estava na companhia ou quantas pessoas gerenciava; os gerentes intermediários, principalmente, cujo trabalho era menos visível, eram mais suscetíveis aos cortes. Na sua abrangente história do trabalho em escritórios intitulada *Cubed*, Nikil Saval cita um trecho de 1983 do diário de um gestor da AT&T. "Vivo um alto nível de estresse no momento [...] principalmente por causa do meu trabalho", escreveu o gestor. "Nesta era de ambiguidade, incerteza e excessivas disputas territoriais, o gestor que *de fato* se importa pode acabar se matando de ansiedade, preocupação e do que essas emoções geram — estresse."[9]

Ao final da primeira década do século XXI, a pesquisadora Melissa Gregg começou a colecionar livros sobre negócios, adquirindo cópias usadas em sebos. Ela percebeu padrões na retórica desses textos, com suas capas chamativas e títulos desconcertantes, e a explosão de aplicativos de produtividade depois da Grande Recessão. A primeira onda aconteceu nos anos 1970 e início dos 1980, uma outra, no início dos anos 1990, e de novo na primeira e segunda décadas do século XXI. Cada pico coincidia aproximadamente com momentos de ansiedade de massa a respeito de demissões, *downsizing* e precariedade generalizada no mercado de trabalho. Essa precariedade se traduzia, para os empregados em escritórios e trabalhadores intelectuais, em uma maior necessidade de demonstrar o seu valor — em particular para os consultores que muitas companhias chamavam para decidir quais eram os empregos e tarefas "essenciais" e quais eram um peso morto.

Os trabalhadores tentavam controlar o seu estresse — e provar o quanto valiam — se transformando em otimizados e produtivos. Mas o que é de fato a produtividade? No sentido estritamente econômico, é a relação entre o PIB e o total de horas trabalhadas: se o pessoal em uma fábrica trabalha 40 horas por semana e produz 4 mil itens por semana em um dado ano, e 5 mil itens por semana no ano seguinte, então a sua produtividade aumentou. Nesse cenário de uma fábrica, é relativamente fácil obter informações sobre o número de horas trabalhadas e a produção total, e dessa forma medir a sua produtividade. Mas como é que se mede a produtividade de um gestor de nível intermediário assalariado? Pelo trabalho dos seus subordinados, talvez. Mas mesmo isso pode ser difícil de calcular. Seria necessário gerar a percepção de que ele trabalha muito e produz muito, simplesmente fazendo muitas coisas. Surge a cultura da produtividade.

A cultura da produtividade se baseia no desempenho do trabalho: fazendo uma lista de tarefas a realizar e as riscando da lista, zerando a caixa de entrada, escrevendo e enviando memorandos, ou fazendo reuniões, ou completando tarefas que transformam os produtos intangíveis do trabalho do conhecimento em algo tangível. Parte desse trabalho serve a algum propósito e parte dele cheira a desespero, mas todos conferem aos trabalhadores o *sentimento* de que são produtivos, visível e inegavelmente, a ponto de outros também o sentirem.

A cultura da produtividade não dá espaço à criatividade. Ela não inclui gerenciamento ponderado ou orientação inspirada, do tipo que faz a sua organização funcionar mais suavemente e que facilita o lançamento de produtos. É *cumprir as tarefas*. Avançar nas tarefas, descarregar trabalho e, mais importante, portar uma aura de eficiência — tornar-se a pessoa que é conhecida por responder primeiro a um e-mail, mesmo se essa resposta for insípida e sem sentido, ou por estar sempre no escritório, fazendo... *alguma coisa*, sabe-se lá o quê, mas que deve ser trabalho. Eficiência e longas horas de trabalho deveriam ser contraditórias, mas são os dois pilares do trabalhador flexível ideal: obcecado por produtividade, mas, em vez de trocar essa produtividade por menos trabalho, ele trabalha o tempo todo.

Isso faz novamente sentido, de uma forma curiosa: o sinal mais direto de comprometimento do trabalhador do conhecimento com o trabalho é a presença e a correspondência. Nos anos 1980 e 1990, isso significava presença no escritório, cedo pela manhã e até tarde da noite, e também nos fins de semana; ao longo dos últimos vinte anos esse desempenho se expandiu até incluir a disponibilidade constante, seja qual for a localização da pessoa, acompanhada da prova de trabalho naquela localização. O e-mail no meio da noite a respeito de uma reunião que vai acontecer, as notas de sábado à tarde sobre uma apresentação — tudo isso são meios de demonstrar a quantidade de trabalho que está acontecendo fora das horas convencionais.

Parte dessa atitude veio dos banqueiros de investimentos e consultores que, durante os anos 1980 e 1990, se tornaram os executivos de mais alto nível nas empresas norte-americanas.[10] Suas companhias desenvolveram práticas agressivas, nas quais o comprometimento era igual ao número de horas cada vez maior no trabalho; quando avaliavam o padrão de comprometimento nas empresas que agora dirigiam, eles se baseavam, ainda que no nível subconsciente, nesses mesmos fatores — não importando se os trabalhadores nessas companhias ganhassem menos em relação ao tempo que passavam no escritório. De acordo com esse paradigma, muitos dos atributos inefáveis do trabalho de qualidade e gerenciamento efetivo foram naturalmente postos de lado. Se você não escrevesse muitos memorandos, se não trabalhasse

72 horas por semana, se tivesse as melhores ideias enquanto passeava — tudo isso pode parecer bom na teoria, e podia até produzir um trabalho de melhor qualidade. Mas não *parecia* produtivo.

No entanto, o medo dos consultores só é responsável por parte da cultura da produtividade. Uma porção significativa da obsessão tem origem no desafio básico de absorver o trabalho de colegas cujos empregos foram eliminados. Entre esses, o trabalho administrativo e auxiliar de secretárias e assistentes que cuidavam da datilografia e da correspondência, das agendas e das chamadas telefônicas. Ou somente as contas e responsabilidades de um colega que foi considerado "redundante". Mas como você se otimiza para realizar o trabalho feito anteriormente por duas pessoas? Três? Quatro?

Os livros, aplicativos e a retórica da cultura da produtividade prometiam um ajuste sedutor: ali estava um esquema que lhe permitiria se transmutar em um computador trabalhando em velocidades de processamento mais altas, conexões de internet mais rápidas e maior capacidade de memória. Às vezes isso se traduzia apenas em mais horas de trabalho. E às vezes significava aprender a ignorar as demandas dos outros — no trabalho, na sua comunidade, na sua família — de modo que a sua produtividade ostensiva pudesse brilhar ainda mais.

Bíblias da produtividade como *Os sete hábitos das pessoas altamente eficazes* funcionavam, como escreve Gregg, como "uma forma de treinamento segundo a qual os trabalhadores se tornam capazes de atos cada vez mais extremos de solidão e impiedade necessários para produzir uma carreira competente".[11] Mas a outra coisa que elas ensinavam era a satisfação, ou pelo menos uma atitude que se aproximava dela. A vida em uma companhia flexível podia ser instável, com alterações constantes em demandas, objetivos e expectativas de pagamentos e benefícios futuros. Mas os trabalhadores bem-sucedidos eram aqueles que conseguiam viver com isto: tornar-se eles mesmos flexíveis e permanecer animados. O incentivo não era para a companhia propiciar estabilidade, mas sim para os trabalhadores corrigirem a sua atitude com relação à sua ausência.

O trabalhador infeliz ou insatisfeito é, afinal, um trabalhador mais caro. A cada ano, o Instituto Gallup publica um amplo estudo sobre os efeitos da "falta de engajamento", que ele avalia em uma pesquisa junto a trabalhadores, aos quais é submetido um questionário com doze afirmações do tipo "Eu sei o que se espera de mim no trabalho" ou "No trabalho, minhas opiniões parecem ser levadas em conta". No conceito do Gallup, "engajamento" é uma medida não apenas de quanto os trabalhadores investem no seu trabalho, como também de quanto seus gestores e líderes investem *neles*. Em 2019, o Gallup descobriu que 52% dos trabalhadores nos Estados Unidos "não investiam", e que 18% adicionais "ativamente desinvestiam" no seu trabalho.[12] Esse tipo de desobrigação pode custar às empresas milhões de dólares por ano: empregados desengajados são menos produtivos e também mais passíveis de roubar a companhia, exercer "influência negativa" sobre os colegas e afugentar clientes.[13] Por essa razão, as companhias, assustadas com estatísticas como as do Gallup, aplicam dinheiro em programas de bem-estar (*wellness*) e comunicação interna, planejam "exercícios de construção de equipes", patrocinam *happy hours* e consultam "profissionais de felicidade", na expectativa de manter os trabalhadores "engajados", o que quer dizer "produtivos" e "felizes".

Os sociólogos Edgar Cabanas e Eva Illouz argumentam que essas estratégias não se destinam, *na realidade*, a aumentar a felicidade dos trabalhadores, o que é uma ideia profundamente subjetiva. Elas são, em vez disso, utilizadas para "ajudar os indivíduos a aumentar o seu desempenho e a sua autonomia em trabalhos competitivos, adaptar-se às mudanças organizacionais e às demandas por multitarefas, aprimorar o seu comportamento flexível, controlar as suas expressões emocionais, perseguir objetivos novos e mais desafiadores, reconhecer oportunidades promissoras, construir redes sociais ricas e extensas, e racionalizar as suas falhas de uma forma positiva ou produtiva".[14]

O trabalhador "feliz" ideal, de acordo com Cabanas e Illouz, se define por sua "resiliência": sua capacidade de considerar cada revés, cada corte de recursos, cada afastamento do trabalho, desrespeito ou pedido para fazer mais com menos como uma "esplêndida oportunidade de autodesenvolvimento".

Se isso soa perfeitamente normal e até incontestável, parabéns: você internalizou com sucesso as demandas da cultura do trabalho flexível, na qual o problema não é nunca estrutural, corporativo ou cultural, mas sim individual. Os "ônus" da flexibilidade "foram desigualmente distribuídos", escreve a acadêmica Carrie M. Lane, especializada em empregos técnicos. "Espera-se dos empregados que eles sejam infinitamente mutáveis, ao passo que os empregadores se tornam cada vez mais rígidos, torcendo para que os trabalhadores não peçam nada além de um salário — nenhum benefício, nenhum treinamento, nenhum auxílio-moradia, nenhuma promessa de segurança ou de possível promoção."[15] Até a responsabilidade básica do empregador (por exemplo, pagar aos trabalhadores pelo seu trabalho) foi redefinida como uma forma de benevolência. Os trabalhadores não deveriam se sentir merecedores dos salários: eles deveriam, em vez disso, ficar agradecidos.

Pense no quanto você teve que trabalhar, na disciplina que teve que cumprir, entra ano, sai ano, para alcançar e manter esse ideal. Não existe licença verdadeira para doença, tristeza ou cuidados com terceiros. E, se você tira um tempo para descansar, essa será a oportunidade para outros se mostrarem mais flexíveis — portanto mais valiosos — do que você. Não existe solidariedade, só uma rede extrativa: não há resistência às demandas das empresas, apenas a sua habilidade em demonstrar maleabilidade diante delas. É uma forma incrivelmente individualista e impiedosa de estar no mundo. E isso é exatamente o que a flexibilidade exige de nós.

O ideal flexível, adotado como uma medida de redução de custos e aumento de competitividade, nos transformou em trabalhadores mais obcecados com o *desempenho* no trabalho e na felicidade do que nas suas efetivas realizações. Seguindo adiante, como podemos criar uma cultura do trabalho que promova flexibilidade real e genuína — do tipo que de fato seja benéfica tanto para o empregado quanto para a organização? Apresentamos aqui alguns pontos de partida.

QUAL É A QUANTIDADE DE TRABALHO EXISTENTE?

Antes da pandemia, uma amiga costumava reservar o intervalo entre 21h e 23h — depois que ela botava os filhos para dormir e enquanto seu marido via televisão ao seu lado — para o que ela chamava de "terminar de fato meu trabalho". Tecnicamente, ela trabalhava aproximadamente no horário-padrão, chegando ao escritório às 9h e saindo por volta das 17h para pegar o filho mais velho na creche. Mas essas horas eram gastas em reuniões, algumas mais importantes do que outras. O único momento em que ela podia realizar um trabalho cuidadoso e concentrado era em casa, durante essas duas horas extras a cada noite.

Para os empregados assalariados, trabalhar fora das horas normais tem sido há muito tempo uma forma de se mostrar mais empenhado. Você chega mais cedo, fica até mais tarde, vem trabalhar nos finais de semana, ou, dependendo do tipo de trabalho que faz, leva o trabalho para casa. Como mostraremos mais amplamente no final deste livro, o uso disseminado de notebooks, a internet e outros dispositivos inteligentes tornaram o trabalho ainda mais portátil. O trabalho se expandiu até preencher todo o tempo disponível para ele, e as tecnologias digitais extraíram de modo gradual e eficaz mais e mais tempo da parte sem trabalho da nossa vida.

Mas em vez de nos ajudar a trabalhar de forma mais eficiente — e, consequentemente, menos eficiente —, toda essa tecnologia só nos fez trabalhar mais. Com o tempo, esse acréscimo de produção não foi mais considerado algo além. Passar mais umas duas horas trabalhando em casa deixou de ser um meio para se diferenciar. É apenas a norma. É seguir a tendência. É ficar na mesma. Mas é também, na grande maioria dos casos, trabalho não pago.

Um gerente pode saber ou não quanto tempo alguém está trabalhando além das horas normais. Mas muitos, e mesmo a maioria, nem pensam em perguntar. Talvez eles não queiram saber quanto tempo é necessário para realizar dada tarefa, e a maioria dos trabalhadores é transparente no que tange à quantidade de horas que gasta. Parte do problema é que muito do trabalho realizado fora das horas normais é mais difícil de ser quantificado: é ler os e-mails atrasados, o que não deveria tomar muito tempo, mas acaba tomando. É encontrar meia hora para poder pensar sem ser interrompido. É organizar os documentos de forma que você possa encontrá-los mais tarde. É revisar uma apresentação pela quarta vez e ensaiá-la.

Em *Work's Intimacy* [A intimidade do trabalho], Melissa Gregg estudou a vida produtiva de dezenas de trabalhadores australianos depois da Grande Recessão, quando os smartphones, os notebooks mais baratos e a disseminação do wi-fi tornaram o trabalho remoto mais fácil do que nunca. Ela descobriu que as tecnologias digitais eram não apenas responsáveis por "aperfeiçoar" a obsessão da classe média com o trabalho — sobre a qual nos estenderemos mais adiante —, como também levou a uma significativa "invasão funcional". "Cargas de trabalho que poderiam ser inicialmente aceitáveis terminam por gerar expectativas e responsabilidades futuras que não são reconhecidas", escreve Gregg, "e jamais serão, se o trabalho feito em casa continuar sendo ignorado".[16]

Para muitos empregados, a capacidade de levar trabalho para casa equivale a absorver o trabalho que poderia ser alocado a outro trabalhador em tempo total ou parcial. O que é pertinente, uma vez que depois da Grande Recessão os que conseguiram manter seus empregos foram chamados a cumprir as tarefas dos colegas que haviam sido dispensados. Nos dois casos, poucas companhias se deram o trabalho de fazer uma reavaliação. Se o mesmo trabalho está sendo feito por menos pessoas, por que consertar o que não está quebrado?

A questão, na verdade, é que o trabalhador está se quebrando. Muitos anos poderão transcorrer antes que essa quebra se traduza em consequências mensuráveis, mas isso acabará acontecendo. A mudança recente para o trabalho remoto propiciou uma oportunidade única para avaliar o quanto você está trabalhando. Não o trabalho "oficial" realizado no escritório comparado ao trabalho oculto feito em casa, e sim o *trabalho total*.

Pare um momento e tente fazer isso em relação ao seu próprio trabalho. Pense nisso como uma autoauditoria, ou um balanço, ou uma análise, mas o que interessa principalmente é ser honesto consigo mesmo quanto ao trabalho que está fazendo. Quantas horas você gasta mantendo presença nos horários de folga? Quanto tempo gasta organizando a sua caixa de entrada? Quantas horas passa em reuniões — e em que tipos de reunião — a cada semana? Uma das vantagens de ter uma agenda digital é que fica incrivelmente fácil saber quanto tempo você esteve em reuniões (e o caráter dessas reuniões) numa dada semana. Então o que acontece se você fizer isso? Eis uma maneira possível de avaliar: seja qual for a essência do seu trabalho, quanto tempo você dedicou a ela? Pode ser complicado definir o que é essa "essência", mas pode ser o trabalho prioritário se, por exemplo, você tivesse apenas dez horas para completar todas as suas tarefas em determinada semana. Podem ser as estatísticas de vendas, pode ser uma apresentação ou um projeto, pode ser o rascunho de uma bolsa de pesquisa. Existem aplicativos que ajudam a rastrear com o que se gasta tempo no computador a cada dia, mas esse controle digital tem suas limitações. Você vai ter que pensar no que fez com o seu tempo, mesmo se achar que vai ficar envergonhado com os resultados.

Para os gerentes, cujo trabalho tem resultados menos visíveis, isso pode ser particularmente difícil, mas também tem importância crucial. Pense em como você gasta o seu tempo a cada dia. Está convocando reuniões porque gosta desses momentos em que todos estão no mesmo recinto ou cada reunião tem um objetivo específico? As reuniões são úteis para cada empregado ou são apenas a maneira mais fácil de descarregar informação? Se a resposta é que elas são principalmente do seu interesse, é bem possível que esteja criando mais trabalho em tarefas terciárias e administrativas, que está transferindo para outros. Não é culpa sua. É parte de uma armadilha clássica na qual o trabalho performático gera mais trabalho performático.

A partir do momento em que avalia a quantidade de trabalho que está de fato realizando, você pode começar a ter conversas produtivas sobre onde e como esse trabalho será completado. Se você é um gerente ou executivo, pode compartilhar os resultados com outros membros da sua equipe. Nesse caso, deixe indiscutivelmente claro que não está tentando rastrear produtividade, que essa não é uma oportunidade para eliminar posições, e depois manter essa promessa. Se não fizer isso, no início ou no final, você estará somente estimulando as pessoas a falsear o tempo que estão de fato dedicando ao trabalho, que é parte do que nos levou em primeiro lugar a essa situação.

Uma vez completada a autoauditoria, você pode pensar em algumas questões: qual é a tarefa de fato mais importante? Qual tarefa é secundária, supérflua ou uma completa perda de tempo? Que tarefa poderia ser realizada com mais eficácia por outra pessoa em sua equipe, e qual tarefa você poderia realizar com mais eficácia do que outra pessoa? Em nossa pesquisa com cerca de setecentos trabalhadores, pedimos aos que responderam que fizessem uma versão superinformal desse processo. Muitos consideraram que só gastavam uma parcela da sua semana fazendo o que classificariam como "seu verdadeiro trabalho". "Sempre existe alguma coisa a ser feita, mas eu honestamente poderia trabalhar não mais do que 30 horas para dar conta da maior parte das minhas tarefas", declarou um analista de dados de Seattle. "Eu poderia fazer o meu trabalho em menos de 35 horas por semana. Talvez durante algumas horas pela manhã e algumas horas à tarde", confirmou um consultor de TI em Londres. Um escritor técnico no Havaí admitiu que só trabalhava algumas horas "de forma realmente focada e altamente produtiva" por semana.

A sua tarefa, portanto, é descobrir como trazer o número de horas que está de fato trabalhando o mais próximo possível do número do "seu verdadeiro trabalho". Para isso, você terá que atribuir prioridade ao trabalho que está fazendo. Não por ele ser feito durante as horas tradicionais no escritório ou na presença de outras pessoas, e sim por ele ser de fato essencial para completar as suas tarefas.

A partir daí, vale a pena revisitar as descrições de funções e alterá-las de modo que realmente coincidam com o trabalho que é exigido (o que veremos em maior profundidade no próximo capítulo). Se você está fazendo essa reavaliação por conta própria, sem uma aceitação explícita dos colegas ou da direção, a descrição de função poderia potencialmente oferecer um caminho mais neutro para iniciar a conversa sobre a mudança de seus hábitos de trabalho para algo mais flexível. *Aqui está a minha descrição de função*, você poderia dizer, *e aqui está no que de fato venho usando meu tempo. Devemos mudar minha descrição de função ou mudar meu foco?*

Essa ainda poderá ser uma conversa muito difícil para algumas pessoas. Mas isso não quer dizer que você não pode ter maior conhecimento a respeito de como está usando o seu próprio tempo ao longo do dia e quais tarefas devem ser priorizadas. A menos que esteja perfeitamente de acordo consigo mesmo e/ou com a sua equipe no que diz respeito ao trabalho pelo qual é de fato responsável, você não poderá mudar quando nem como ele será realizado.

QUAL TRABALHO DEVERIA SER RÍGIDO E QUAL DEVERIA SER FLEXÍVEL?

As organizações são naturalmente resistentes a mudanças. É disto que precisamos nos lembrar: a sua empresa não brigou contra o trabalho remoto durante a pandemia da Covid-19 porque vocês são todos muito sérios, chatos e quadrados. Vocês lutaram porque mesmo uma companhia com quinze pessoas pode ser tão difícil de mudar de rumo quanto um transatlântico. A maior parte das empresas abandonou seus escritórios muito de forma rápida, com pouca preparação e treinamento no que se refere à adaptação de seus fluxos de trabalho normais. O resultado: as pessoas tentaram simplesmente continuar fazendo o que faziam antes, apenas virtualmente. E como todos estavam lidando com a pandemia, o estresse resultante e a comoção que a acompanhou, houve pouco espaço para pensar em como e por que o trabalho poderia mudar.

Uma vez que você se dá conta de quanto trabalho está realizando, é chegado o momento de entender quais tipos de trabalho precisam ser rígidos — realizados em sincronia com outros, num momento específico — e quais tipos de trabalho podem se tornar mais flexíveis e adaptados às suas necessidades. Você teve que ser muito honesto consigo mesmo para chegar à quantidade real de trabalho bem-definido que de fato realiza durante uma semana, e agora terá que ser honesto consigo mesmo de outra maneira. Que tipos de trabalho são inflexíveis por conta de hábitos ou protocolos? Do que você de fato sente falta nas interações do escritório? A quais ideias relativas ao seu trabalho você se apega só por falta de melhores opções?

O melhor ponto para começar: as reuniões, que constituem os verdadeiros pilares da maior parte da vida nos escritórios. Por exemplo, você trabalhava em um escritório, antes da pandemia, e queria testar uma ideia de um colega. Era muito complicada para mandar por mensagem ou e-mail, então você parava junto às mesas dos colegas e pedia um momento do seu tempo. Algumas pessoas gostam muito dessas interações pessoais; outras acham que são perda de tempo.

Mas isto é uma das coisas das quais as pessoas dizem sentir falta: interações orgânicas, não planejadas. O que as pessoas sentem que está faltando são na verdade duas coisas. Algumas de fato necessitam de interrupção e dinamismo durante seus dias de trabalho, um sintoma de que provavelmente não precisam estar presentes no escritório por tanto tempo. Mas a maioria deseja ter conversas produtivas e colaboradoras, do tipo que fazem o trabalho que você está fazendo parecer, enfim, vivo. Não é o encontro informal que é em si mesmo essencial. É o espaço para geração de ideias e interação humana autênticas. E isso pode existir em diferentes lugares, se nos permitirmos abandonar nossas ideias limitadas sobre os locais onde podem acontecer.

Voltemos à hipótese na qual, no passado, você faria um encontro informal. Talvez desse um pulo até a sala ou a mesa de um colega e visse que ele estava ocupado, falando com outra pessoa. Sem problema, era só voltar mais tarde. Agora ficou mais complicado. Você poderia ligar para o colega, mas não sabe se ele está ocupado com outra coisa e não pode ser interrompido, o que seria um problema, principalmente porque esse colega está em um nível superior ao seu. Você decide, usando a terminologia do escritório, "reservar um tempo em sua agenda". O que está disponível: um intervalo de meia hora perto do final do dia.

Ao chegar a hora, você liga o Zoom ou o Microsoft Teams e uma das pessoas está três minutos atrasada porque uma reunião anterior se prolongou. Vocês passam algum tempo jogando conversa fora, já que não se falam há algum tempo, e seria falta de educação não falar. Você se lembra da ideia que gostaria de submeter a eles, eles respondem com outras ideias, e você chega a um momento de dúvida: terminar a reunião rapidamente e ter uma folga de doze minutos antes da próxima reunião, ou continuar conversando sobre outros projetos, uma vez que há esse tempo reservado na agenda e você quer mostrar um pouco do trabalho e das reflexões que tem feito em casa. Então fala por mais dez minutos e um de vocês termina a chamada de forma abrupta, e você já está três minutos atrasado para a sua próxima reunião, que alguém um pouco abaixo na hierarquia colocou na sua agenda.

O problema: essa reunião não deveria ter acontecido. Não quer dizer que a conversa não era necessária, mas não precisava ter acontecido na forma de uma reunião sincrônica e rigidamente agendada, que tomou meia hora da sua tarde, espremida entre duas outras reuniões devoradoras de horas.

"Existe uma entropia associada às reuniões", nos disse Eric Porres, dirigente da companhia MeetingScience. "Elas acabam adquirindo vida própria. Nós fomos treinados e condicionados a agendar reuniões de meia hora a uma hora. Quando olhamos para uma empresa e vemos que todas as suas reuniões estão previstas para acontecer em módulos de trinta, sessenta ou noventa minutos, nós dizemos: opa, você tem um grande problema. Não há tempo disponível para processar. E quando é que você consegue realizar alguma tarefa?"

A MeetingScience reúne uma grande quantidade de informações disponíveis nas agendas eletrônicas da companhia e as analisa, ao mesmo tempo que envia um questionário de treze perguntas a respeito do que aconteceu em cada reunião às pessoas que participaram delas, as quais respondem anonimamente. Havia uma lista de assuntos? Sabia o que esperavam de você? Os próximos passos foram expostos com clareza? A reunião foi satisfatória? Foi importante para você ter participado? A reunião começou na hora ou atrasou?

Considerando simplesmente a quantidade de tempo que as companhias gastam em reuniões, a maioria tem uma compreensão muito limitada do que acontece nelas e de qual é o seu efeito global sobre os empregados. As pessoas têm mais dificuldade em tomar decisões à tarde, por exemplo, mas nós acabamos marcando reuniões que exigem a tomada de decisões nesse horário, de qualquer maneira. Precisamos de tempo para processar as informações e nos preparar para o próximo compromisso, mas não temos tempo suficiente nem para ir ao banheiro entre as reuniões. Uma reunião que se estende por mais cinco minutos de manhã pode produzir um efeito borboleta que afetará quinhentos empregados ao longo do dia. Cinco minutos não parecem muito, mas aquele sentimento de atropelo que você tem quando chega tarde em uma reunião vai se acumulando durante o dia e produz grande frustração.

"Quando contratam nossa empresa e recebem de volta os primeiros dados, a reação é sempre uma imprecação", disse Porres. "As pessoas não têm ideia de participar de tantas reuniões. Mas é possível otimizar o que não medem. Quando uma pessoa percebe que passou 75% do seu tempo em reuniões em um mês, fica espantada. Ela entende por que tinha que trabalhar até mais tarde, nunca tinha tempo, nem espaço para a vida familiar. Além do sono, a segunda coisa que ocupa a maior parte do nosso tempo são as reuniões."

Algumas reuniões são de fato importantes — em geral por volta de 20% daquelas para as quais você é convocado, segundo a Meeting-

Science. Algumas poderiam ser resolvidas por meio de um e-mail ou de uma conversa ao telefone. Algumas deveriam ser apenas uma conversa entre duas pessoas, e não uma conversa entre duas pessoas com mais oito funcionários presentes assistindo ao falatório como se fossem uma plateia. Alguns acham que convocar uma reunião é uma maneira de mostrar que são importantes, quando é na verdade uma maneira de fazer com que todos fiquem ressentidos com você. Algumas reuniões — como as chamadas silenciosas, que estavam ficando populares antes da pandemia — são apenas uma reserva de tempo, de modo que as pessoas possam de fato ler um documento, uma apresentação ou um relatório e falar brevemente a respeito, o que não conseguiram fazer antes porque, como vimos, seus dias estão lotados de reuniões.

A companhia de tecnologia Hugo, que combina agendamento com notas das reuniões, registra o número de reuniões por semana entre seus clientes. Como era de esperar, os números durante os meses de pandemia foram expressivos: entre janeiro e maio, o número médio de reuniões subiu de doze para quinze, antes de cair para 14,5 durante a maior parte do verão. Mas, no início de setembro, o número começou a subir novamente: em novembro, os usuários já atingiam a média de 16,5 reuniões por semana, ou mais de 3 por dia, todos os dias da semana. (Os dados do Microsoft Teams mostram que esse aumento de reuniões foi global: entre fevereiro de 2020 e fevereiro de 2021, a duração média das reuniões do Teams subiu de 35 minutos para 45.)[17]

Os usuários da Hugo começaram a se reunir mais quando foram para o trabalho remoto, e mais tarde aumentaram de novo quando as crianças voltaram às aulas presenciais. Quanto mais estressados ficamos, mais reuniões convocamos. Na nossa cabeça, as reuniões são organizadas como uma tentativa de exercer maior controle sobre um projeto ou uma decisão particular. Imaginamos que maiores deliberações representam maior controle, o que se traduz em menor estresse. Mas ter mais reuniões não reduz o estresse, porque elas raramente realizam as coisas que de fato diminuiriam o nível de estresse, como completar uma tarefa ou receber sugestões claras e convincentes sobre a maneira de completá-la. Em lugar disso, caímos nas reuniões de informação sobre a situação atual, reuniões de *brainstorming* nas quais ninguém está a fim de fazer um *brainstorm*, e reuniões sobre futuras reuniões, que sugam o tempo dos nossos dias e nos tornam inflexíveis em relação às necessidades das pessoas, incluindo as nossas próprias, sem trazer nenhuma contribuição. Elas são desnecessariamente rígidas.

Companhias como a Hugo e a MeetingScience operam para fazer uma reflexão sobre o número de reuniões que acontecem na sua organização e ajudá-lo a melhorá-las. A MeetingScience só permite que as pessoas agendem reuniões em módulos de vinte ou cinquenta minutos de duração, por exemplo, e pode determinar pontos de sobrecarga nas agendas pessoais dos trabalhadores, quando reuniões em excesso começam a produzir efeitos claros sobre seus níveis de preparação e de estresse. Tudo isso tem valor.

Isso, no entanto, não quer dizer que você deve cortá-las inteiramente, ou que uma reunião que vai mal é um sinal de falência da empresa como um todo. Algumas das melhores e mais criativas reuniões das quais participamos começaram em um ponto e terminaram em outro totalmente imprevisto. Excessos de análise e otimização sempre correm o risco de eliminar a vibração e as descobertas inesperadas no trabalho. Essa é uma das razões pelas quais você não necessita obrigatoriamente de companhia para ajudá-lo, mas precisa ter uma visão ampla. As reuniões regulares deveriam ser colocadas sob luz forte e examinadas, mesmo aquelas que já existem há anos. Não é só descobrir qual o objetivo da reunião. É avaliar, antes de mais nada, se é a melhor maneira de atingir determinado objetivo.

Muitas empresas passaram a confiar tanto nas reuniões como a sua principal ferramenta de realização — e demonstração de seriedade — que é difícil pensar em alternativas. Ou, quando pensam, acham que são tecnicamente muito avançadas para ser adotadas em larga escala. No entanto, você ficaria surpreso ao se dar conta de que algumas dessas soluções são bem tradicionais.

Veja o Loom, por exemplo. A premissa é muito simples: em vez de e-mails, Slack e reuniões desnecessárias no Zoom, o Loom permite que você grave vídeos curtos de si mesmo (*Looms*) e os envie com rapidez a outras pessoas. Descrito dessa forma, parece um Snapchat de escritório: divertido, porém apenas um truque. Isso era o que pensávamos até que falamos pelo telefone com Karina Parikh, uma gestora de conteúdo de marketing do Loom. Era supostamente uma espécie de entrevista prévia antes da entrevista marcada com o CEO, mas a história contada por Parikh foi mais interessante.

Antes da pandemia, Parikh trabalhara numa companhia inteiramente diferente, ajudando abrigos de animais em todo o país quando eles tentavam usar o software que torna possíveis as adoções. Muitas das pessoas que gerenciam esses abrigos não estão entre as que mais entendem de tecnologia; logo, a maneira mais fácil de mostrar a elas como resolver um problema com o seu software não é pelo telefone ou via e-mail, mas gravando um vídeo — um Loom — de alguém mostrando a solução. Um Loom é enviado via e-mail; tudo o que os usuários precisam fazer é clicar no play.

Então começou a pandemia, e no final de março o emprego de Parikh foi cortado. Ela tirou um tempo para descansar, jogou videogame até dizer chega e, num belo dia, quando dava uma olhada no Twitter, viu um tuíte de Susannah Magers, a editora/gerente do blog do Loom. Era um anúncio de emprego — do jeito do Loom. Como Magers havia gravado como era o emprego, em vez de descrevê-lo por escrito em um parágrafo, Parikh pôde ter uma ideia de quem ela era, e como seria trabalhar para ela, antes mesmo de se candidatar ao cargo.

Quando Parikh foi contratada, ela recebeu as suas boas-vindas via — é claro — Loom. "Foi o processo remoto de integração mais suave que já experimentei", explicou Parikh. "Em outras companhias onde trabalhei, eles geralmente dizem 'está aqui um laptop, te vejo on-line'!" As "boas-vindas" via Loom eram menos constrangedoras do que caminhar por todo o escritório e encontrar mil pessoas de uma só vez, porém mais íntimas do que receber mensagens de um monte de gente em resposta a um e-mail anunciando que você foi contratado. Ela podia vê-las no seu ritmo, tomando notas entre uma e outra. No seu primeiro dia, ela fez algumas brincadeiras com a sua equipe — via Loom, novamente, com todos descrevendo suas fobias e seus encontros fortuitos com celebridades. "Era muito diferente de entrar e apenas ver as imagens estáticas de todos os seus colegas no Slack", disse Parikh.

O Loom pega a intimidade dos contatos interpessoais e os torna disponíveis para ser aplicados e consumidos ao longo do dia. Aquela ideia rápida que você queria mostrar a alguém no escritório? Faça um Loom. Quer demonstrar como atualizar um software ou usar uma nova ferramenta? Faça um Loom. Você baixa um suplemento para o seu navegador e, cada vez que você quiser gravar um, você clica nele. Ele cria automaticamente um arquivo e, quando integrado ao seu e-mail ou Slack, publica um aviso para ser enviado.

Não se trata de publicidade para uma ferramenta tecnológica específica; é apenas um endosso enfático para conversas não baseadas em textos (particularmente aquelas nas quais você também não precisa ficar se vendo em um quadradinho no canto). Um vídeo pode transmitir sentimentos de um modo que nenhum número de emojis consegue. Nossos cérebros, no final das contas, usam imagens e sons, como expressões faciais, para adicionar contexto às palavras. As imagens podem clarificar eventuais confusões, demonstrar seriedade e, mais importante ainda, ajudar a relaxar a nossa mente. Segundo Roderick M. Kramer, que estuda o comportamento nas organizações, a sua ausência no trabalho feito a partir de casa pode exacerbar a incerteza sobre status, a qual leva ao excesso de processamento de informações.[18] Resumindo, ficamos paranoicos sem saber se estamos fazendo um bom trabalho, se estamos prestes a ser demitidos, se estamos aborrecendo nossos gestores etc.

Mas reuniões via vídeo obviamente não são a solução, tampouco voltar a fazer chamadas coletivas (*conference calls*). Em vez disso, você deve tentar adaptar a interação à sua necessidade específica. O Loom é excelente para integrar uma pessoa à equipe e para treinamento, mas não é tão bom para uma comunicação rápida. Em última análise, todos esses aplicativos importam menos do que eles representam: real flexibilidade. Uma reunião matutina de verificação da situação pode se adaptar melhor a um *check-in* do Slack, no qual todos listam não apenas no que estão trabalhando, como também onde vão precisar de ajuda durante o dia. Se você gosta de novas experiências, pode reforçar o espírito de equipe com o Oculus, o que é precisamente o que fazia o Loom no auge da pandemia, em lugar dos grandes congressos anuais, que envolviam "esculpir" um navio pirata em colaboração. (Vantagem de um congresso em realidade virtual: visão espacial do auditório, o que permite "caminhar" até uma pessoa e dizer "oi". Desvantagem, ao menos nesse tipo de interação: um grupo de crianças na plataforma entrou e começou a jogar pedras no seu navio pirata, o que se tornou uma piada em toda a companhia.)

Locais de trabalho em realidade virtual podem parecer totalmente estranhos! Mas assim é também tudo o que tornamos natural na vida dos escritórios, incluindo reuniões e semanas de cinco dias. Mesmo antes da pandemia, algumas empresas de vários países começaram a fazer experiências com variações sobre as semanas de quatro dias. Os detalhes da implementação variam de uma empresa para a outra, mas o essencial não muda: o pagamento é o mesmo que antes, mas se trabalha menos. E isso não é um benefício suplementar (*fringe benefit*) em alguma start-up focada em trabalhadores jovens. Uma das mais conhecidas e bem-sucedidas implementações da semana de quatro dias aconteceu na Perpetual Guardian, uma companhia muito séria e tradicional que gere fundos na Nova Zelândia.

Quando a Perpetual Guardian executou inicialmente o programa, alguns trabalhadores escolheram a segunda-feira como dia de descanso suplementar; outros escolheram a sexta-feira; outros ainda gostaram de tirar um dia no meio da semana de trabalho — mas todos tiraram esse dia a mais, dos recém-chegados aos gestores mais veteranos. O efeito foi impressionante: ao final de um teste de dois meses, a produtividade aumentara 20%, e os índices de proporção "trabalho/vida" subiram de 54% para 78%. Depois que essa mudança foi tornada permanente, as receitas aumentaram 6% e a lucratividade, 12,5%. Outras experiências produziram resultados igualmente surpreendentes: na Microsoft japonesa, a semana de quatro dias levou a um ganho de produtividade de 40%; um estudo realizado em 2019 com 250 empresas britânicas com semanas de quatro dias descobriu que elas haviam economizado cerca de 92 milhões de libras, e 62% das empresas declararam que os empregados tiveram menos faltas por motivos médicos.[19]

Durante a pandemia, a Buffer — que cria ferramentas para campanhas nas mídias sociais, usadas atualmente por mais de 75 mil marcas — tomou a drástica decisão de mudar para a semana de trabalho de quatro dias. Em abril de 2020, eles haviam feito uma pesquisa junto aos seus empregados a respeito das suas maiores barreiras à vida em família ou aos cuidados individuais, e como a empresa poderia eliminar ou reduzir essas barreiras: 12% queriam ter mais tempo livre pago pela empresa; 24% prefeririam ter menos horas de trabalho diário; e 40% queriam experimentar a semana de quatro dias.

Em consequência, iniciaram um programa-piloto de quatro semanas. "Esse período de semanas de quatro dias tem como propósitos o bem-estar, a saúde mental e levar em consideração nós mesmos, como seres humanos, e nossas famílias, em primeiro lugar", explicou Joel Gascoigne, CEO da Buffer. "Trata-se de escolher um bom momento para fazer compras no supermercado, agora que isso passou a ser uma tarefa mais importante. E de permitir aos pais passar mais tempo com seus filhos, agora que eles estão tendo que ajudar na sua educação escolar. Não se trata de tentarmos ter a mesma produtividade com menos dias."[20]

Contudo, a produtividade aumentou: os empregados sentiram-se tão produtivos quanto durante as semanas de cinco dias, se não mais, e o nível de estresse deles diminuiu. E isso incluiu desenvolvedores e engenheiros: os dias de codificação caíram (de 3,4 para 1,7 para os produtos; 3,2 para 2,9 para os celulares e infraestrutura), mas o "impacto produtivo", ou seja, o quanto eles estavam de fato produzindo, aumentou de forma significativa, e, no caso dos celulares, a infraestrutura duplicou.[21] A Buffer estendeu a sua experiência por mais seis meses, para verificar se era sustentável, e, em fevereiro de 2021, decidiu adotar oficialmente o novo horário de trabalho.

A semana de quatro dias é uma solução ligeiramente diferente para empresas que combinam trabalho remoto e presencial, mas o princípio é o mesmo, em última análise. Elas descobriram como priorizar o trabalho mais importante, com a promessa de que poderiam dessa maneira trabalhar menos. Mas não foi tão simples como apenas dizer às pessoas que elas deveriam tentar ser mais produtivas. Na experiência da Microsoft japonesa, todas as reuniões eram de trinta minutos ou menos, e limitadas a cinco pessoas. A lógica era esta: se fosse necessária a presença de mais de cinco, deveria ser um comunicado, não uma reunião.

Na Perpetual Guardian, a empresa instalou bandeirinhas nos locais de trabalho (vermelhas, amarelas e verdes) para que os indivíduos pudessem sinalizar se estavam disponíveis para conversar, e reorganizou inteiramente os escritórios, para que as pessoas perdessem menos tempo subindo e descendo escadas. Providenciaram armários nos quais os empregados poderiam guardar seus celulares — e, consequentemente, suas distrações — e verificaram que o tempo navegando na internet foi reduzido em 35%.[22] Mas a mudança mais significativa envolveu a liderança: eles precisavam fazer com que todos, inclusive os gestores, concordassem com o projeto e se comprometessem coletivamente a desperdiçar menos o tempo uns dos outros. Do contrário, eles compreenderam, toda a experiência ruiria: basta uma pessoa menos consciente para fazer uma reunião descarrilar, entupir a sua caixa de e-mails ou interromper de maneira contínua seu fluxo de trabalho. Por essa razão, assim que a Perpetual Guardian fez o primeiro anúncio do seu projeto de semana de quatro dias, encarregou cada equipe — liderada por um gestor — de expor suas próprias ideias e estratégias sobre como o horário poderia funcionar na sua área de trabalho em particular. Não o CEO dizendo aos empregados como eles deveriam funcionar, mas os empregados dizendo ao CEO como eles achavam que poderiam fazê-lo funcionar.

A verdadeira inovação da semana de quatro dias, como de outros horários de trabalho flexíveis, é a troca consciente da falsa produtividade por trabalho em colaboração genuíno, cobrindo toda a organização. Para as companhias de quatro dias, a estratégia foi tão eficaz que liberou um dia inteiro. Para a sua empresa, essa troca pode liberar as manhãs, ou o meio do dia, ou qualquer hora depois das 14h, dependendo do ritmo do seu negócio e da vida dos seus empregados. Se isso parece mágica para você, não é porque envolva qualquer misticismo ou faz de conta; é um sinal de quão profundamente você internalizou uma compreensão rígida de como o trabalho funciona.

A pandemia obrigou muitas organizações a ser mais flexíveis do que jamais foram. Subitamente, alguns componentes cruciais dos escritórios tradicionais — ideias sobre onde e como o trabalho deveria ser realizado — revelaram-se arbitrários. Mas também percebemos que algumas das maneiras como fazíamos as coisas anteriormente, seja no escritório, seja na presença física de outras pessoas, tinham a sua razão de ser. A conclusão, portanto, é cultivar a honestidade e falta de preciosismo, por um lado, e a imaginação, por outro, e perceber a diferença entre elas.

IMPLANTAR CERCAS DE SEGURANÇA, NÃO LIMITES

Quando as pessoas chegam enfim à caixa de entrada de Daisy Dowling, já estão em geral exaustas. Ela trabalha principalmente com pessoas que costumam ser, como diz a própria Dowling, "superambiciosas, supercomprometidas e muito intensas, que sempre trabalham muito, mas que também querem ser pais amorosos". Assim como tantos entre nós, elas estão lutando para que tudo aconteça o tempo todo. E procuram Dowling para ter uma versão focada nos pais do *coaching* de carreira.

Dowling notou, desde o início da pandemia, que seus clientes sofrem de uma nova crise, quase existencial. "As pessoas imaginavam que o trabalho em casa seria a salvação da lavoura", ela disse. "Se elas pudessem convencer o seu chefe a deixá-las trabalhar em casa, todos os seus problemas estariam resolvidos."

A realidade do trabalho em casa — ao menos durante uma pandemia — as desiludiu quanto a essa fantasia. Mas o que elas não aprenderam é que trabalhar em casa consiste em uma habilidade específica e bem-definida. "Se você vai fazer uma apresentação em PowerPoint ou desenhar um projeto, você considera que essas tarefas exigem habilidade, algo que precisa aprender e treinar, receber reações e continuar a aprender", disse Dowling. "Mas ninguém ainda pensou em ensinar como trabalhar em casa como uma habilidade: não é ensinado; ninguém menciona o assunto. É como se fosse apenas 'ligar o seu notebook em casa'. Mas isso simplesmente não é o bastante."

Quando você entra em um escritório, é imediatamente apresentado a modelos do que deveria fazer: qual é "a cara" do trabalho. Você já esteve antes em outros locais de trabalho, ou seus pais já lhe falaram sobre o local onde trabalham. Você imediatamente percebe a *vibe* e, depois de algum tempo, a cultura. "Ninguém lhe ensina, mas você *aprende*", Downing nos disse. "Ao passo que, quando você trabalha em casa, está completamente isolado."

Uma das principais razões desse problema é que os gestores não estão se encarregando de ensinar. Muitos também não têm eles mesmos nenhuma experiência com o trabalho em casa e estão provavelmente tendo que encarar a mesma questão com *seus* superiores. Mas o cerne da questão é o mesmo: as expectativas ou não foram definidas, ou não estão claras; os limites são pouco nítidos e a comunicação é falha. Os empregados se viram de repente trabalhando e cuidando dos filhos de dezesseis a dezoito horas por dia, transformando-se em versões infelizes, exaustas e improdutivas deles mesmos.

Trabalhar logo que se sai da cama pela manhã? Por que não? Trabalhar em uma sexta-feira à noite? O que mais há para se fazer? Trabalhar durante o fim de semana? Claro, o que é um fim de semana? Parece uma paródia, mas não é. Em 2020, um colega pediu para ter um tempo na agenda de outro, no Dia de Ação de Graças. "Bem, eu sei que você não vai viajar ou comemorar com a família", a pessoa respondeu meio que brincando. Algumas pessoas estavam fazendo trabalho extra para compensar o tempo perdido com os cuidados com os filhos durante as horas de trabalho tradicionais. E alguns se sentiam apenas acuados pelo medo: de que a situação financeira da sua empresa se deterioraria em breve e as demissões estivessem à vista. Outros estavam somente entediados ou motivados para usar a quarentena como desculpa para relaxar, sem pensar nas expectativas que estavam criando para os seus colegas.

Durante a pandemia, algumas empresas de fato dispensaram ou licenciaram funcionários de escritório, e outras definiram cortes nos salários. Mas, para um grande número de empresas, o temido apocalipse econômico nunca aconteceu. Ainda assim, naqueles primeiros meses assustadores, nada — inclusive o tamanho da recessão financeira que viria — estava claro. E a primeira coisa que tentamos para nos proteger foi demonstrar nossa produtividade e dedicação. Nas recessões anteriores, as duas coisas podiam ser demonstradas por meio das horas passadas no escritório. Mas o que fazer para mostrar a todos como você está trabalhando duro se ninguém pode vê-lo?

Uma resposta é completar as tarefas que lhe são delegadas com precisão e entregá-las pontualmente. Mas isso é muito simples para um cérebro desgastado e ansioso em razão da pandemia. Em vez disso, nosso estresse dificulta a concentração, dificuldade exacerbada pelo número cada vez maior de pedidos de reuniões, e-mails e mensagens que os cérebros, desgastados pela pandemia e ansiosos das outras pessoas, nos enviam. Nós nos sentimos como se não estivéssemos produzindo o bastante, e compensamos trabalhando mais horas, mesmo quando não são contínuas, tornadas ineficientes pelo cansaço, pelo álcool e outras formas de distração. É tão incrivelmente fácil entrar no estado de fuga quando nos sentimos permanentemente meio que trabalhando — ou meio que não.

À noite, a sua cabeça não para de imaginar todas as coisas que o seu gestor pensa sobre você. Quando ele fez uma pergunta no Teams e você demorou a responder porque estava preparando o almoço, será que ele achou que você estava descansando? Você faz planos para mostrar mais comprometimento no dia seguinte, mandando mais e-mails, ou reservando mais tempo na agenda das outras pessoas, ou participando mais nas conversas do seu grupo — na verdade, empurrando seu trabalho, mais uma vez, para os espaços nos quais costumava acontecer a sua vida fora do trabalho.

A má notícia é que, uma vez ignorados esses limites, fica muito difícil recuperá-los. Existe uma razão pela qual algumas pessoas nunca revelam o seu número de celular pessoal a ninguém, com exceção dos recursos humanos, ou mantêm o e-mail de trabalho fora dos seus telefones. Depois que o trabalho se instala em uma parte da sua vida, torna-se necessário um esforço real e concentrado para botá-lo para fora. Os limites não bastam mais. Precisamos de cercas de segurança.

Uma cerca de segurança é conceitual e essencialmente diferente de um limite. Limites são fáceis de imaginar como demarcações neutras e maleáveis, linhas que delimitam uma propriedade: não são barreiras suficientes para manter longe os enormes caminhões que pressionam para que você preencha todo o seu tempo com trabalho. As cercas de segurança, ao contrário, são projetadas a partir da ideia de que você precisa de proteção. Não porque seja frágil ou indisciplinado, mas porque as forças que fundamentam o trabalho atualmente — em particular a obsessão com o crescimento e a produtividade — são desordenadas em sua destruição. Elas esmagam até as nossas melhores intenções e se fortalecem na nossa precariedade.

Limites são pessoais. Mas cercas de segurança são *estruturais*. Se você diz a todos "trabalhe onde você quiser, quando quiser", por exemplo, incluindo o escritório, há uma grande possibilidade de que as pessoas que trabalham do mesmo jeito que os gestores, ou aqueles que aparecem mais no escritório, sejam percebidos como mais dedicados. Como ressalta o professor Prithwiraj Choudhury, da Harvard Business School, "se toda a companhia está trabalhando remotamente, mas os principais executivos trabalham em um escritório, então os gestores intermediários vão fazer fila só para encontrá-los".[23]

Na ausência de cercas de segurança, as hierarquias do antigo escritório vão simplesmente se reproduzir: privilegiando as pessoas que não têm responsabilidades de cuidar de familiares, no lugar daquelas que têm, ou pessoas que batalham para ter mais interações pessoais, em vez daquelas que acham isso cansativo. A flexibilidade pós-pandêmica seria a mesma bolha de trabalho, favorecendo as mesmas pessoas que sempre foram favorecidas.

Contudo, existe um caminho diferente. Kramer, o professor de gerenciamento organizacional de Stanford, fez em 1999 uma pesquisa sobre como a confiança é criada, mantida e destruída nas organizações. Quando analisou os estudos anteriores, viu um padrão: as regras explícitas sobre a maneira como uma organização *trabalhava* ajudavam a desenvolver níveis altos de "confiança mútua" na organização.[24] Regras claras, implantadas de forma justa, tornam-se cercas de segurança: não apenas maneiras de responsabilizar e penalizar as pessoas, mas também como componentes estruturais da cultura da empresa.

A questão, então, é que, no que tange aos limites no trabalho, essas regras, instruções e "melhores práticas" foram completamente esvaziadas por conta de anos de degradação corporativa. As empresas que prometiam oferecer aos empregados um equilíbrio "trabalho/vida" contratavam e promoviam com base numa ideia exatamente oposta. Quanto menos obrigações fora do trabalho, melhor. Mas ninguém ousava dizê-lo nas mensagens da empresa. Em vez disso, as palavras "equilíbrio" e "limites" tornavam-se mentiras que as empresas contam a si mesmas sobre a sua própria cultura, as quais circulam em e-mails e são amplamente distribuídas até perderem todo o sentido.

Isso é uma cultura empresarial tóxica, é óbvio (um assunto que trataremos extensivamente no próximo capítulo). Algumas versões dela continuam na maior parte das empresas, e acontece quando uma companhia declara um valor e não age de fato no sentido de criar as políticas que fariam dele uma realidade. Neste caso, a tarefa de resistir à erosão dos limites recai inteiramente sobre os empregados: é tarefa deles, e apenas deles, manter as cercas de segurança que impedem a invasão do trabalho na vida privada. Se elas fracassam, a culpa não é da cultura ou dos gestores, mas dos próprios empregados: *eles* falharam em definir e respeitar um conjunto de regras, embora ninguém as esteja seguindo.

Digamos, porém, que você consiga manter firmes esses limites obtidos a muito custo. Digamos que não vê nenhum problema em dizer não. Se ocupa uma posição de senioridade e privilégio no seu trabalho, poderá fazê-lo sem graves consequências — se não está aproveitando essa oportunidade, você é um otário. Foi isso o que Timothy Ferriss sugeriu no livro *Trabalhe quatro horas por semana*, que vendeu mais de 2 milhões de exemplares desde que foi publicado em 2007.

A mensagem que Ferriss transmitiu em seu livro, baseada no exemplo vívido e audacioso da sua própria vida, era animadora. Em resumo, sugere que a vida não precisa ser tão dura. Ele oferece algumas instruções proveitosas sobre como eliminar o "trabalho pelo trabalho" da sua vida e preencher esse tempo com coisas que dão sentido a ela. (O conceito não é muito diferente do que escrevemos neste livro!) Mas as táticas que ele sugere para atingir esse novo estilo de vida exuberante são traiçoeiras, na melhor das hipóteses, se você não detém o capital social ou o status necessário dentro de uma organização. Ele estimula os leitores a adotar o egoísmo e cultivar a habilidade de preparar o seu chefe para conseguir o que querem; em vários trechos do livro, lembra a imagem de uma criança esperta e mimada que sabe exatamente como aborrecer os seus pais até que eles cedam aos seus desejos.

"Aprenda a ser difícil quando vale a pena", escreveu Ferriss. "Pense nos seus dias no playground. Sempre havia um garoto maior e mais agressivo, e incontáveis vítimas, mas havia também uma criança pequena que lutava loucamente, batendo e correndo para a cerca. Ele ou ela podia não vencer, mas, depois de duas ou três lutas exaustivas, o garoto agressivo decidia não mais chateá-lo(a). Era mais fácil achar outra vítima. Seja essa criança."[25]

A leitura do livro de Ferriss pode ser catártica, em especial se você se sente desgastado ou frustrado no seu trabalho. Quando ele sugere limitar estrategicamente sua produtividade, de modo a produzir mais nos dias em que propõe um "teste" de trabalho em casa, é fácil sorrir diante dessa manipulação travessa. Mas você só pode alcançar o nível de produtividade ao qual Ferriss se refere se descarregar sem dó as tarefas em outros (Ferriss escreve uma seção inteira sobre a terceirização das tarefas mais simples para assistentes virtuais baratos, baseados em outros países) e violar de forma constante os limites de comportamento aceitável — uma estratégia disponível apenas para homens brancos.

Os limites *podem* funcionar, em teoria, mas só para um grupo privilegiado dentro da sua organização. Eles simplesmente não são uma opção sustentável para a grande maioria dos trabalhadores, em particular aqueles que não ocupam posições de destaque, que são mulheres, não são brancos ou PcDs. Para esses grupos, tentar manter os limites pode fazer com que adquiram a reputação de difíceis, indiferentes, distantes ou o temido "sem espírito de equipe". Pode significar ser esquecido nas promoções ou, mais adiante, ser demitido. Você não vai conseguir "trabalhar quatro horas por semana" sem esses problemas. Você precisa de alguma coisa estrutural.

Em 2016, foi aprovada uma lei na França conhecida como "Lei El Khomri", que desestimula qualquer pessoa que trabalhe para uma empresa com mais de cinquenta empregados a enviar ou responder a um e-mail depois do horário oficial de trabalho. Os franceses, assim como os cidadãos de muitos outros países europeus, resistiram durante muito tempo à fetichização da ética do trabalho, endêmica nos Estados Unidos. Eles se opuseram mantendo seus horários diários de trabalho, com um grande intervalo no meio do dia para o almoço e algum descanso; resistiram mantendo a semana de trabalho de 35 horas, e as suas férias pagas anuais de cinco semanas. Todas essas políticas foram mantidas graças aos esforços dos sindicatos, não porque os trabalhadores nesses países são preguiçosos, mas porque eles estão convencidos de que o emprego não é tudo na vida. As políticas são cercas de segurança: quando você não as respeita, não se trata apenas de uma falha social, mas de uma ofensa contra a qual cabe uma ação judicial.

Quando ficou claro que os e-mails e os contatos digitais eram uma forma de saltar sobre as cercas de segurança, os líderes reconheceram que não podiam confiar nas empresas — ou nos indivíduos dentro delas — para atingir o que era, na verdade, um objetivo nacional. A legislação pode se contrapor à inércia do crescimento capitalista, mas não pode travá-lo por completo. Se você é um "executivo", pode violar o limite das 35 horas semanais. E os não executivos o extrapolam o tempo todo: um estudo de 2016 mostrou que 71,6% dos empregados franceses trabalhavam mais de 35 horas por semana.[26] A Lei El Khomri, ao menos em sua forma atual, não pegou. Um estudo de 2018 com mais de cem trabalhadores em companhias com mais de cinquenta empregados chegou à conclusão de que 97% dos participantes não perceberam nenhuma mudança relevante desde que a lei entrou em vigor, em janeiro de 2017.[27] Trata-se, em última análise, de um código do trabalho, mas não há penalidades reais para quem o viola, se é que as empresas de fato o respeitam.

Assim como outras tentativas de regular o mundo dos negócios na França, a legislação do trabalho falha ao não reconhecer esse país como parte de um mercado global em expansão. Não há como impedir as empresas multinacionais de cumprir com as suas obrigações fora dos horários de trabalho estabelecidos. Um limite rígido para os e-mails, digamos às 18h, também enrijece o horário-padrão de trabalho, que privilegia desde há muito tempo as pessoas que não têm que cuidar de outras. Como disse um empregado francês, "se eu tivesse filhos, preferiria sair do trabalho mais cedo, pegá-los na escola, passar algum tempo com eles e começar a trabalhar novamente mais tarde; mas como isso é possível se não posso ter acesso aos meus e-mails depois das 18h?".[28]

A lei supostamente criou uma nova cerca de segurança entre o trabalho e a vida pessoal, mas é ao mesmo tempo fraca e inflexível demais para as realidades do trabalho contemporâneo. É, no entanto, um fracasso instrutivo. Não se pode proteger os empregados restabelecendo apenas os modelos antigos de trabalho, e não se consegue alterar uma prática mediante o simples anúncio de uma política. As cercas de segurança reais devem ser construídas com base na nova realidade flexível. Não são incrivelmente difíceis de construir, mas é *enormemente* difícil mantê-las. E a manutenção depende de respeito.

Começamos frequentemente uma conversa, uma reunião, um e-mail ou um pedido no trabalho com "quero respeitar o seu tempo". A maioria de nós de fato quer respeitar nossos colegas e o seu tempo. Mas costumamos pensar em respeito apenas no sentido de ser breves, como se fosse de fato mais respeitoso tomar de alguém cinco minutos em vez de dez, com uma reunião desnecessária ou um e-mail em cópia.

O respeito pelo tempo dos outros exige cuidado, conhecimento e implementação bem pensada de políticas e práticas. Muitas das reuniões de equipe para verificação do status foram estabelecidas há anos por alguém que pode nem ser mais o seu gestor num momento relativamente arbitrário. Talvez elas funcionassem para todos os membros da equipe naquela época. Mas têm pouca utilidade para a sua equipe agora, quando a agenda das pessoas ficou ainda mais flexível.

Exercer o respeito significa ter consideração contínua quanto à utilidade de uma reunião, seu lugar durante o dia e a sua forma. O mesmo serve para os e-mails. Isso necessita de um e-mail? Preciso mandá-lo agora? Como eu me sentiria se recebesse esse e-mail neste momento?

Como posso fazer para que ele chegue à caixa de entrada do meu colega em um momento mais respeitoso em relação ao seu tempo?

A empresa tecnológica Front foi fundada por uma francesa, Mathilde Collin, que percebeu que não é possível simplesmente matar o e-mail, mas se pode mudar fundamentalmente a maneira como as pessoas pensam ao enviar uma mensagem. A Front permite que os usuários integrem fluxos de trabalho, conversas e "próximos passos" no e-mail; nas empresas que lidam com dezenas de milhares de e-mails com solicitações de clientes, por exemplo, ela permite aos trabalhadores delegar responsabilidades, agir e acompanhar cada um deles. O sistema pode limitar o número de "encargos" que dado trabalhador tem em determinado momento e garantir que nenhuma atribuição lhe seja dada no futuro depois de certo tempo (por exemplo, quinze minutos antes do final oficial do seu dia de trabalho).

Trata-se de uma ferramenta útil para o fluxo de trabalho no serviço de atendimento aos clientes. Ainda mais interessante é como a Front utiliza o seu próprio aplicativo na totalidade da empresa. Os empregados podem fechar suas caixas de entrada de modo que uma mensagem de "Ausente" desvie os e-mails sendo recebidos diretamente para um receptor designado. "Mudou completamente a forma como penso a respeito de estar indisponível", explicou Heather MacKinnon, responsável pela comunicação na Front. "Sei que alguém vai de fato ver qualquer e-mail que chegue."

Muitas pessoas ligam o aviso de ausência quando estão de férias ou de licença. Mas ainda é possível ver os e-mails chegando. Você também pode estar recebendo os textos, chamadas e mensagens com "apenas uma pergunta rápida". Ainda pode sentir a pressão para ficar de olho em sua caixa de entrada, porque está com muito medo de quanto trabalho estará esperando por você quando voltar. Mas a Front funciona como uma barreira magnética, mandando de volta, antes mesmo que chegue a você, a falta de respeito de outros pelos limites que você traçou em torno do seu trabalho.

Muitos de nós contamos para nós mesmos histórias de que, se não fizermos alguma coisa, ninguém mais fará. Esta é geralmente uma narrativa de autojustificativa: quando não deixamos os outros fazerem algo, não há como criar a confiança de que vai ser feito. Ao se ver como essencial em um processo, você acaba mesmo sendo.

Porém, uma boa parte dessa mentalidade é apenas um mecanismo antigo de adaptação à precariedade do trabalho. Ser essencial, ao menos nas funções de escritório, equivale a construir uma barreira de proteção para si mesmo em tempos de insegurança econômica. É uma estratégia de sobrevivência, construída a partir do medo e desespero. E faz todos se sentirem miseráveis, principalmente você mesmo. A verdadeira utilidade da Front é a sua capacidade de transformar o e-mail de um peso individual em uma tarefa coletiva e colaborativa. Para que isso aconteça, no entanto, você tem que confiar nos seus colegas e ser menos rígido quanto ao seu papel essencial no processo.

Existe ainda um efeito secundário nesse processo: um melhor entendimento de para onde vai o seu trabalho e de qual forma ele impacta nos outros. Suponha que a totalidade de uma empresa adote o método da barreira magnética para o e-mail. Uma cultura começa a se desenvolver em torno das folgas. Os que estão de folga saberão melhor quem vai assumir a sua carga de trabalho. Eles ficarão mais agradecidos — e se tornarão mais respeitosos — quanto ao tempo dos demais. Pode haver mais coordenação, mais cuidado e mais respeito na transferência de responsabilidades. Ainda mais importante, os colegas na situação de barreira magnética podem ficar mais conscientes de que as demandas dirigidas a eles recairão sobre outros. Na melhor das hipóteses, poderia levar outros a listar as suas demandas no tempo de outros.

Como veremos mais adiante, a confiança não pode ser construída na ausência de recursos adequados. E não pode ser mantida, a não ser que abandonemos os limites que sempre fomos premiados ao ultrapassar, e os substituamos por cercas de segurança em toda a empresa.

Pular as cercas de segurança não pode ser visto como uma forma de se destacar, e respeitá-las deve ser uma qualidade que é contínua e autenticamente elogiada.

Como iniciar o processo de reconstrução dessas estruturas de respeito? Se você for um gestor, ou dirigente da sua própria empresa, não pode surgir de repente com ideias que pensa que poderão funcionar. Você tem que começar por uma conversa com a sua equipe — grande ou pequena — para construir os tipos de cercas de segurança que vão de fato protegê-los. Isso pode mudar de uma equipe a outra, dependendo da natureza do trabalho e das pessoas que as compõem. Uma equipe pode querer tornar fisicamente impossível marcar reuniões no Google Calendar depois das 16h. Outra pode decidir que aceita que as pessoas concentrem as suas comunicações depois do horário de trabalho, mas você deve sem dúvida programar os seus e-mails para chegar durante as horas de trabalho estabelecidas. Se alguém tentar trabalhar durante um intervalo, o ato de repreendê-lo e deixar que isso aconteça apenas torna ainda mais normal o comportamento. Quando um empregado tira uma folga, sua atribuição passa a ser *não trabalhar*. Então como fazer com que a sua equipe determine que essa atribuição deve ser levada tão a sério quanto o trabalho diário? Sejam quais forem as políticas, elas devem ser mais do que "sugestões" hipócritas e ser definidas com a anuência dos próprios trabalhadores.

Deixando bem claro, essa é outra mudança realmente difícil em uma lista de mudanças verdadeiramente difíceis. Manter as cercas de segurança é trabalho contínuo e difícil, particularmente quando muitos dos seus antigos hábitos e ideias sobre o trabalho tentam corroê-los. Mas a verdadeira flexibilidade — no trabalho e na vida — os exige.

NÃO DEIXE UMA GERAÇÃO PARA TRÁS

Kiersten R. formou-se na universidade justo em meio a uma pandemia e a um mercado de trabalho precário. Ela conseguiu encontrar um emprego de estagiária com um empreiteiro contratado pelo governo, o qual permitiu que ela trabalhasse na segurança da sua casa. Não houve nenhuma cerimônia em seu primeiro dia; ela simplesmente abriu o seu notebook e iniciou uma longa série de sessões de treinamento via Zoom. As sessões foram úteis, como lembra Kiersten, mas muito formais, com pouco espaço para socializar. Kirsten se sentiu distante, mesmo entre os colegas que também estavam começando. "Eu olhei para as suas caixas no Zoom e pensei que poderíamos nos tornar amigos", ela nos disse. "Mas nunca tivemos a oportunidade de interagir."

Passado algum tempo, ela se acostumou com o ritmo diário do seu trabalho. Mas ainda se sentia uma estranha em sua própria empresa, cujas políticas relativas ao trabalho remoto eram descuidadas, na melhor das hipóteses. Para conversar, os empregados utilizavam uma versão superada do Skype; nas reuniões via Zoom, quase todos os colegas deixavam as suas câmeras desligadas. Depois de meses em seu emprego, ela só conseguia identificar os seus colegas por meio de seus apelidos nas conversas e suas vozes. Em dado momento, ela diz que começou a "acompanhar obsessivamente" as avaliações da sua empresa no Glassdoor, só para ter uma ideia da cultura da companhia. Ela admitiu que estava se sentindo completamente desenraizada, não supervisionada e insegura, incapaz de aprender com seus colegas. Uma coisa é começar um trabalho remotamente. Outra é iniciar a sua carreira dessa forma.

"Fiquei chocada ao ver como todas as habilidades que eu havia adquirido sobre a maneira de agir estando presente nesse tipo de ambiente evaporaram ao trabalhar remotamente", disse Kiersten. "Essas habilidades agora parecem inacessíveis." Ela não é a única. Enquanto pesquisávamos para este livro, ouvimos histórias semelhantes de jovens em início de carreira que se sentiram perdidos durante a pandemia. Todos estavam gratos por estarem empregados, mas muitos se sentiam negligenciados, invisíveis e, em alguns casos, inseguros a respeito de como fazer o seu trabalho. Se por um lado as suas empresas adaptaram os seus fluxos de trabalho para serem realizados em casa, poucas dentre elas se deram ao trabalho de criar políticas para acompanhar os jovens profissionais, muitos dos quais se acharam presos em seus sofás, tentando decifrar e-mails e emojis herméticos enviados via Slack.

A maioria dos recém-chegados sente medo de fazer besteira e hesita antes de fazer perguntas que podem parecer ingênuas. O que, na verdade, quer dizer que eles estão com medo também de já estarem fracassando. "Acho que não adquiri muitas das competências que geralmente se adquire nos primeiros anos de trabalho", nos disse Haziq, um jovem de 22 anos que vive na Irlanda. Ele achou praticamente impossível socializar com colegas e não tem a confiança necessária para fazer alguma pergunta informalmente aos seus superiores ou parceiros de trabalho. "Se estivesse sentado perto do meu gerente, eu poderia simplesmente ter uma conversa rápida e mudar de assunto", ele disse. "Mas dificilmente vou usar o Slack para perguntar ao meu superior, porque não sei o que ele está fazendo no momento. A quantidade de aprendizado no trabalho se reduziu dramaticamente."

Para Kiersten, que nunca botou os pés em seu escritório, a vida profissional parece uma abstração — a ponto de ela às vezes duvidar se está mesmo empregada (ela está). Pior ainda, seu emprego parece ser inteiramente transacional, com as suas conversas limitadas, nas suas próprias palavras, "à troca de informações em busca de um objetivo imediato ligado ao trabalho".

É possível atribuir algumas dessas experiências à natureza devastadora da pandemia, que obrigou muitas organizações a traçar um plano de trabalho em casa simultaneamente à sua implantação. Mas muitas das vantagens do trabalho realmente flexível — horários de trabalho pessoais, distanciamento de colegas tagarelas, afastamento das fofocas e politicagem do escritório — podem também agir contra os trabalhadores mais jovens. Se as companhias não criam deliberadamente programas de orientação estruturados para ajudar os colegas no início de carreira a aprender enquanto estão em home office, corremos o risco de deixar uma geração para trás.

Gastamos muito tempo argumentando neste livro que as interações espontâneas no cafezinho do escritório são frequentemente romanceadas, mas isso não quer dizer que não reconhecemos as diferentes maneiras por meio das quais as fofocas, a cerveja depois do trabalho e até a linguagem corporal se complementam para ensinar aos novos empregados os padrões de comportamento no escritório. O bate-papo, as falas passageiras e até a simples observação dos caminhos do seu superior dentro do escritório podem parecer triviais, mas no conjunto são muito mais valiosas do que qualquer manual da empresa. Mas isso não quer dizer que elas não possam ser traduzidas para o ambiente do trabalho remoto ou flexível.

Praticamente todas as histórias que ouvimos de empregados perdidos e isolados tinham a mesma causa principal: gestores bem-intencionados, mas desgastados, que trabalham dentro de sistemas que se adaptaram à pandemia tentando enfiar à força o trabalho do escritório para dentro de casa. "Quando entrei, minha gerente comentou que 'se estivéssemos no escritório, eu a convidaria para almoçar e a teria conhecido melhor'", disse Kirsten. "Ela percebia que algumas coisas faziam falta, mas não tinha nenhuma estratégia para substituir esse tipo de experiência." Contudo, Kiersten não criticava a sua gerente por não fazer mais; estava claro que ela não contava com nenhum apoio ou prática para integrar remotamente os empregados.

Para Joe, um advogado que começou um estágio no governo pouco antes do fim da quarentena, o home office fez com que o seu já distante gestor desaparecesse inteiramente. Antes da pandemia, ele descrevia seu supervisor como "um desses sujeitos que estava visivelmente muito ocupado e se desculpando constantemente por conta disso". As coisas ficaram ainda piores quando eles abandonaram o escritório. "Não estou exagerando quando digo que é como se eu tivesse deixado de existir para ele", ele disse. Assim como Kiersten, Joe não culpa ou sente qualquer má vontade em relação ao seu supervisor, o qual, segundo ele, batalhava claramente com questões ligadas à educação dos filhos. No entanto, já que o escritório de Joe não formalizou nenhum plano para adaptar seus horários e fluxos de trabalho ao home office quando a pandemia começou, as dificuldades do seu supervisor repercutiram nele.

Esse é um exemplo clássico de como o trabalho flexível — na ausência de sistemas de apoio projetados especialmente — pode afetar os empregados mais inexperientes em uma organização. Se o escritório de Joe tivesse implementado um projeto remoto, é possível que o seu supervisor tivesse alterado a sua agenda para adaptar as suas necessidades ou delegar parcelas do seu trabalho para outros empregados ou departamentos. Caso ele se sentisse mais apoiado, talvez não tivesse sentido a necessidade de lidar com relações diretas que não tinha tempo de supervisionar. Talvez a organização pudesse ter desenhado políticas e procedimentos claros de recursos humanos de modo que os empregados a quem faltavam orientações pudessem se sentir confortáveis em solicitá-las. Alguma coisa, qualquer coisa, teria sido melhor do que nada.

Perguntamos a trabalhadores iniciantes quais eram os recursos aos quais eles gostariam de ter tido acesso durante os meses iniciais da pandemia do novo coronavírus, e as respostas vieram cheias de ideias úteis para qualquer companhia. A mais importante é que eles queriam ter um mentor claramente designado, o qual essencialmente não seria o mesmo supervisor ou superior encarregado de avaliar o seu desempenho. Um deles sugeriu um programa de supervisão dupla, que juntava cada novo empregado a um colega em posição semelhante na empresa, o qual daria conselhos relativos a preocupações mais cotidianas, bem como a um empregado mais veterano que poderia aconselhar sobre a carreira no longo prazo.

Outros desejavam ter mais sessões agendadas para que os empregados se reunissem e estabelecessem relações pessoais. "As reuniões via Zoom não são suficientes", nos disse Joe, embora ele ainda estivesse tentando articular exatamente qual tipo de relação poderia funcionar. "Talvez trazer para dentro da empresa algo que as pessoas já façam — amigos via correspondência, videogames, um grupo de leitura ou de filmes. Sinto-me meio idiota ao escrever essas coisas! Mas precisamos tentar alguma coisa." Kiersten, pelo seu lado, acabou forjando amizades nas iniciativas de diversidade, igualdade e inclusão da sua empresa. "Passamos a maior parte da primeira sessão nos apresentando e falando sobre o equilíbrio trabalho/vida na quarentena", ela disse. "Mas ainda assim foi muito legal ter dedicado tempo e espaço para encontrar pessoas que não faziam parte da minha equipe e conhecê-las pessoalmente, e não apenas por intermédio do seu trabalho." É importante sublinhar que essas sessões foram apresentadas como oportunidades informais e seguras para estabelecer conexões, como também para reclamar e se lamentar, que representam frequentemente a mais importante (embora não reconhecida) utilidade das interações pessoais entre colegas de trabalho.

Contudo, essa necessidade dos profissionais iniciantes por alguma estrutura ia muito além das reuniões via Zoom. Eles queriam ter a oportunidade de participar de reuniões remotas com membros de nível superior de diferentes equipes — o equivalente a participar silenciosamente de uma reunião presencial — apenas para ter uma ideia melhor sobre em que consistia o trabalho dos outros. Eles queriam ter acesso a modelos de e-mails para tipos específicos de comunicação para dentro e para fora do escritório. Queriam saber qual seria o horário normal para responder aos e-mails. Resumindo, queriam ser informados sobre o que deveriam fazer no trabalho e como fazê-lo corretamente. Mesmo aqueles que admitiam que essa supervisão poderia se tornar logo sufocante concordavam que era melhor isso do que se debater com expectativas vagas e nenhuma orientação.

Falando com aqueles que se sentem deixados para trás no home office, nos demos conta de que não existe um modelo para criar oportunidades de orientação e apoio. Para as organizações híbridas, nas quais os empregados dividem o seu tempo entre a casa e o escritório, alguns desses problemas podem diminuir rapidamente. Alguns dias no escritório não vão resolver as questões mais importantes. Mas um projeto específico poderia. O trabalho verdadeiramente flexível pode *parecer* leve e despreocupado, mas é na verdade o produto de um planejamento cuidadoso e de comunicação clara. Ele requer análises detalhadas e tentativas de detecção das necessidades e dos problemas antes que eles provoquem inflamações. Parece oneroso no início, sobretudo quando "vamos voltar ao modo como as coisas eram antes" parece ser uma opção clara.

Mas não é. Já passamos desse ponto. Se levarmos a sério a construção de um futuro sustentável no trabalho, não poderemos deixar um monte de trabalhadores para trás. Eles só criarão maus hábitos e perderão um infinito número de horas tentando entender as regras do jogo, quando alguém poderia simplesmente *ter explicado a eles*. Você tem que decidir: vai fingir que o problema não existe, permitindo que ele afete a sua organização de todas as formas tangíveis e intangíveis, ou vai investir no tipo de orientação e estrutura específicas que vão gerar dividendos no futuro?

Alocar os recursos para que isso aconteça; não, de verdade

Os limites são baratos e triviais ou puramente teóricos. As sólidas cercas de segurança exigem tempo e gastos. Sem elas, o trabalho vai simplesmente pesar sobre o indivíduo — e mais tarde sobrecarregá-lo. Não podemos dizer isso em mais alto e bom som: *se você não investir recursos nessas mudanças de alguma forma, elas vão desabar.*

Vejamos o exemplo do Front, analisado anteriormente, e o potencial para libertar os trabalhadores das suas caixas de entrada, de modo que eles possam sair de férias, ter tempo para cuidar de outras pessoas ou se recuperar de uma doença ou cirurgia. Se uma empresa não tem empregados suficientes para absorver o trabalho de alguém que está de férias ou licença — seja de curto ou longo prazo —, ela acabará criando um ambiente de ressentimento e sobretrabalho.

Digamos que você precise tirar uma semana para se recuperar de uma cirurgia. Você tem certeza de que outros cobrirão a sua falta e assumirão a sua correspondência. Mas os seus colegas já estão trabalhando o tempo todo e não têm como absorver o trabalho extra. Os seus e-mails ficarão sem resposta ou serão respondidos de forma inadequada. Quando você voltar da sua convalescença, ficará dias tentando correr atrás do prejuízo. Talvez fosse melhor acompanhar o seu e-mail do hospital: pelo menos haveria menos confusão e você não ficaria com sentimentos passivo-agressivos quanto à incompetência dos seus colegas. Mas a culpa não é sua, nem dos colegas. É da sua equipe — ou da empresa —, que não previu os recursos necessários para cobrir faltas eventuais.

Existem duas maneiras para cobrir as faltas. Você pode reduzir temporariamente as expectativas de produtividade. Ou contratar pessoas em número um pouco superior às necessidades, prevendo que parte da sua força de trabalho possa faltar a qualquer momento e que isso não sobrecarregará o sistema. Muitas empresas são teoricamente organizadas dessa maneira: a carga de trabalho média de um empregado deve tomar cerca de 80% a 85% do seu dia, deixando-o livre para utilizar de 15% a 20% quando um colega fica doente, sai de férias ou tira uma licença. Muitos dos que responderam à nossa pesquisa admitem que fazem o seu trabalho principal em menos tempo, de qualquer forma.

Contudo, muitas empresas, em especial aquelas que foram recentemente "reorganizadas" — um eufemismo frequente para "medidas eficazes de corte de gastos" —, preveem que cada empregado trabalhará entre 100% e 200% da sua capacidade. Essa é a versão de escritório da programação "na hora certa" (*just-in-time*), uma estratégia adotada pelas cadeias de varejo para que elas não paguem por um "excesso" de trabalhadores. Um algoritmo acompanha o número histórico de clientes ao longo do dia e da semana, e determina quantos empregados precisam estar presentes para assegurar uma quantidade de trabalho "suficiente". Na prática, esse tipo de programação é destrutivo em relação à saúde mental dos trabalhadores no comércio: simplesmente não é sustentável operar em capacidade máxima durante um expediente inteiro. E quando a afluência de clientes aumenta subitamente, de modo não previsto pelo algoritmo, eles esperam mais tempo e ficam mais irritados, a qualidade cai e o estresse vai às nuvens. Tudo fica uma merda.

Tal exemplo do mundo do varejo deveria ser instrutivo: se você tem um número de empregados que mal consegue dar conta do trabalho, está preparando uma situação na qual os funcionários têm, teoricamente, permissão para uma folga, mas deverão arcar com os encargos resultantes da folga de alguma forma. Ou eles tentam continuar fazendo parte do seu trabalho enquanto estão fora, ou um colega assume uma carga de trabalho ainda maior, ou uma parcela do trabalho essencial não será feita, atrasando todos da equipe.

Vimos essa estratégia sendo aplicada em nosso emprego anterior. A organização havia se expandido de modo muito rápido, esgotando os seus recursos financeiros, e precisava contratar. Ela então fez cortes generalizados, inclusive em departamentos que já estavam sobrecarregados, como arte, projeto e edição de textos. Em vez de reduzir as expectativas quanto ao número de artigos que publicávamos, aumentou as expectativas com relação à rapidez e ao número de artigos pelos quais cada editor de arte e de texto eram responsáveis. O resultado foi um engarrafamento que afetou toda a empresa, aumentou a frustração e o estresse. Num dado momento, só havia dois editores de texto checando os erros tipográficos e frases mal escritas em toda a área de notícias do site. Se um deles tirasse só um dia de folga mais do que necessário — ou ficasse doente —, a empresa estava colocando o peso de todo o site sobre os ombros de um colega. Essa não era a maneira correta de trabalhar, e certamente também não um estilo de vida.

Nosso empregador anterior estava operando no estilo clássico de uma start-up enxuta: nós ouvíamos com frequência que éramos "briguentos", o que é uma forma alternativa de dizer "subequipados". Mas como é que uma empresa distingue a linha fina que separa a subcontratação da supercontratação? Qual é a diferença entre "navegar em um barco compacto" e pedir a vinte empregados que façam o trabalho antes realizado por 25? Como deixaremos claro no próximo capítulo, as empresas gastam milhões de dólares com consultores todos os anos tentando encontrar esse ponto ideal, e historicamente isso significa fazer cortes no gerenciamento intermediário e em atividades meio. O resultado final: os empregados são cada vez mais obrigados a se autogerenciar e fazer as atividades essenciais dos que foram demitidos, geralmente sem a mesma qualidade, em vez de fazer o trabalho para o qual foram efetivamente contratados. Consequência: horas de trabalho aumentadas, e a ideia de que se você não está conseguindo fazer todo o trabalho durante as horas tradicionais; a culpa é de novo sua por não definir as prioridades corretas.

Nos Estados Unidos, em particular nos empregos não sindicalizados, este tipo de subcontratação crônica adquire uma lógica própria. Se você pode reduzir o número de empregados, deve fazê-lo; se não pode, está desperdiçando possíveis lucros. Empregar corretamente não é uma forma de criar um ambiente de trabalho melhor, é "inchaço". As empresas tentam compensar os efeitos negativos do número insuficiente de trabalhadores com desenvolvimento profissional, bônus, benefícios, lanches, animais de estimação, pagamento de mensalidades em academias de ginástica, *happy hours*, acesso a sites de meditação: a lista é verdadeiramente interminável. Uma pessoa de recursos humanos nos disse que ficava sempre surpresa ao ver que os empregados reclamavam de estresse e excesso de trabalho, mas nunca aproveitavam os benefícios. Mas isso faz sentido. Eles não têm tempo. O que melhoraria a sua vida não é um aplicativo de meditação, e sim a contratação de mais alguns empregados sem a expectativa da realização de mais trabalho.

Ter menos empregados do que o necessário pode ser mais barato no curto prazo, mas tem repercussões na moral, na criatividade, na qualidade da produção e na retenção dos funcionários. Essa política afeta a maneira como os empregados interagem uns com os outros e com o mundo exterior. Ela se reflete, embora de maneira difusa, na reputação geral de uma empresa e na sua capacidade em atrair e recrutar novos empregados. E, como se isso ainda não fosse convincente o bastante, quando a empresa tem um *turnover* alto e taxas de estresse importantes, acaba gastando muito dinheiro em contratações, treinamento e contas médicas. A empresa é também uma porcaria da qual ninguém gosta. Ou, se ela é sem fins lucrativos, pode ter a impressão de que as pessoas de fora a respeitam e admiram, mas trata seus funcionários de um modo que é diretamente oposto aos valores da organização.

Investir recursos na flexibilidade é uma das maneiras de corrigir isso. Não definindo um dia obrigatório de desenvolvimento profissional dedicado aos cuidados pessoais, mas contratando de fato um número suficiente de empregados para que os cuidados pessoais sejam possíveis.

"O crescimento funciona se você cresce ao mesmo tempo que a empresa", nos disse Russ Armstrong, que dirige a área de desenvolvimento humano em uma start-up canadense do mercado financeiro. Ele acha que o foco exagerado no crescimento ou na produtividade não é ruim em si, na medida em que a empresa o sustente com o pessoal adequado. "Como você garante que as pessoas não estão trabalhando demais e enlouquecendo e passando dos limites? Você precisa entender o que seus empregados estão de fato fazendo. Onde estão os furos no fluxo de trabalho? O que está provocando a sua frustração? O que pode aliviá-los? Se a resposta for mais trabalho, então você precisa saber quais são as contratações-chave para torná-lo possível. Frequentemente, é a contratação de um especialista que alivia a carga e resolve a questão."

Em outras palavras, o alívio não virá de *happy hours* depois do trabalho para levantar a moral, mas de medidas efetivas para apoiar a sua organização com os recursos necessários, de tal modo que a moral não precisará ser levantada.

***

Um sistema de trabalho não é flexível se não for universalmente acessível. David Perry, um consultor acadêmico veterano do Departamento de História da Universidade de Minnesota, sabe disso por experiência própria. Na qualidade de pai trabalhador, ele se considera afortunado por seus empregadores sempre terem propiciado a ele uma ampla flexibilidade para ajudá-lo a cuidar do seu filho, que tem síndrome de Down. Mas ter licença para acompanhá-lo em sessões de terapia e outras necessidades chamou a sua atenção para o quanto a maioria das políticas de licença é desigual.

"Mesmo os melhores ambientes de trabalho se baseiam em condescendência", nos disse Perry. "Identificamos certas necessidades que acreditamos serem virtuosas e válidas, e as apoiamos." No caso de Perry, ter um filho com deficiência era uma causa suficientemente "virtuosa" para ensejar um horário de trabalho flexível. Mas será que os recursos humanos dariam uma licença semelhante a um empregado sem filhos cujo animal de estimação estivesse doente? E quanto a um parente mais velho que se mudou há pouco tempo e necessita de mais atenção? Ou um empregado aparentemente "saudável" que esteja profundamente estressado?

Perry começou a pensar em como deveria funcionar um sistema igualitário, flexível, simples e intuitivo de licenças e benefícios. Ele deveria ser transparente, mas também tolerante com erros e, teoricamente, abusos. Ele o chamou de "projeto universal para o equilíbrio trabalho/vida".

"Projeto universal" é a expressão usada para criar espaços, ferramentas e ambientes vividos que são acessíveis a todos, independentemente da idade ou capacidade. O truque a respeito do projeto universal é que seus benefícios não se dirigem apenas àqueles que mais necessitam deles. Uma rampa na calçada, por exemplo, a torna acessível às pessoas em cadeiras de rodas, mas também facilita a vida de ciclistas e pessoas empurrando carrinhos de bebê.

Para algo como licença para deixar o trabalho, o projeto universal significa criar políticas que permitam que as pessoas decidam qual a sua hora de sair, sem ter que se explicar — seja para fazer alguma coisa que as outras pessoas consideram virtuosa e necessária, como levar para casa um recém-nascido ou uma emergência médica, ou seja simplesmente por que você precise para... outra coisa. Segundo Perry, a parte mais importante da política é o sentido vago de "outra coisa". "Tirar parte de todas as tardes das terças-feiras para ter aulas de violão não é a mesma coisa que tomar conta de um bebê", ele disse. "Mas em um ambiente de trabalho realmente justo as duas coisas dariam direito à exceção."

Perry sabe que a ideia é provocante; é evidentemente compreensível que as companhias definam políticas de recursos humanos que determinem regras e exceções. Mas ele também alega que em um lugar de trabalho diverso os empregados terão necessidades diferentes em momentos diferentes da vida, algumas mais simpáticas para os recursos humanos do que outras. É justo que pais de filhos recém-nascidos tenham direito a uma generosa licença enquanto os que optam por não ter filhos nunca têm acesso a uma licença sabática? Não é, se não se quer criar ressentimentos. "Ao longo de uma carreira, um trabalhador vai precisar de coisas diferentes", ele disse. "Empregados de meia-idade com pais muito idosos precisam de uma coisa, ao passo que os jovens hiperambiciosos que ficam estressados precisam de outra. Por que não cuidamos dos empregados ao longo de toda a sua carreira?"

Um projeto universal de equilíbrio trabalho-vida é naturalmente mais inclusivo, o que significa que as empresas deveriam tratar dos níveis de acessibilidade desde o princípio, em vez de instituir de forma apressada políticas improvisadas quando empregados com necessidades especiais, sejam elas quais forem, são contratados. E Perry, que passou os últimos três anos apresentando o seu projeto universal de equilíbrio trabalho-vida para empresas como a Hulu e para departamentos de recursos humanos em lugares como a universidade Northwestern, acredita que esses sistemas poderiam, em última análise, propiciar o surgimento de forças de trabalho mais felizes e produtivas, embora o seu objetivo final não seja de fato, de modo algum, a produtividade. Em vez disso, o que defende é que os trabalhadores tenham acesso ao tempo de que necessitam para desafogar a sua vida.

Mas políticas como o projeto universal para os recursos humanos requerem confiança: algo, novamente, que as empresas não têm o hábito de cultivar. Com base em sua própria experiência em conviver com benefícios destinados às pessoas com deficiência, Perry sabe o quanto muitos departamentos de recursos humanos complicaram o acesso às licenças especiais, e conhece muitas pessoas com deficiência que não conseguiram acessar os benefícios por causa das medidas antifraude draconianas, criadas para combater o trabalhador imaginário que quer explorar a boa vontade do seu empregador.

Algumas pessoas conseguem, com certeza, abusar do sistema — se apropriando de uma quantidade absurda de tempo livre ou falsificando despesas feitas fora do trabalho —, mas quando os benefícios em recursos humanos são estabelecidos com vistas a combater esse pequeno número de pessoas, o que resulta é um sistema para se proteger contra uma parcela de maus agentes, em vez de um sistema que propicie confiança e respeito autênticos. "Tentamos sempre construir sistemas resistentes aos abusos em vez de maximizar a quantidade de pessoas que eles ajudam", ele disse. "Quando construímos sistemas universais, podemos descobrir benefícios marginais que não sabíamos que iríamos encontrar, e que são para todos."

Este é o tipo de revelação que se encontra no cerne de toda essa reflexão: vai dar muito trabalho, mas os benefícios irão se espalhar durante anos. Mas se não houver alguém escalado explicitamente para pensar nisso, ou o sistema não vai acontecer, ou não vai colar. Durante a pandemia, muitas entre as grandes organizações contrataram um diretor de trabalho remoto e o encarregaram de pensar e repensar constantemente em como tornar o home office sustentável.

Talvez isso se torne a sua tarefa em tempo integral. Talvez ocupe metade da sua descrição de função. Mas não se pode apenas acrescentar essa tarefa às responsabilidades profissionais existentes de uma pessoa. Se fizermos isso, já estaremos ressaltando o quanto levamos essa tarefa pouco a sério. Tampouco podemos simplesmente dizer a cada gestor que comece a pensar dessa forma; eles precisam receber o treinamento e as ferramentas para fazê-lo. Como veremos no próximo capítulo, o trabalho remoto vai exigir mudanças substantivas na forma como gerenciamos de fato uns aos outros, e se somente adicionarmos "coordenador de trabalho flexível" à descrição de função de cada gestor, eles fracassarão.

A flexibilidade também fracassará se os trabalhadores não se sentirem o suficiente seguros para experimentá-la. Os empregados praticaram durante anos uma forma insustentável de flexibilidade: eles se tornavam aquilo que era demandado deles, mesmo se isso significava ser cada vez em menor número, a fim de garantir a sua segurança. Eles se dobraram e se dobraram, e agora estão quebrando. A flexibilidade era uma estratégia de adaptação, utilizada no desespero para se encolher de forma defensiva. Vai levar tempo e dedicação — da parte de todos os envolvidos — para começar a pensar nela como algo cujos benefícios não fluem simplesmente para a empresa.

Esse processo não deve acarretar a adoção de um monte de novos aplicativos ou ferramentas. Assinalamos algumas opções em potencial, mas menos é sempre mais quando se trata de artifícios para o fluxo de trabalho. Não precisa significar o abandono do seu escritório. E certamente não quer dizer que você nunca mais reverá os seus colegas. Mas de fato exige algo do qual fugimos durante muito tempo: honestidade ampla sobre a real quantidade de trabalho que realizamos, o quanto ela se tornou insustentável e como a flexibilidade verdadeira poderia nos apoiar para seguirmos adiante.

Durante muito tempo a flexibilidade significou perceber o trabalho como um tsunami que inevitavelmente inundará até as partes mais sagradas da sua vida. Combater essa destruição não quer dizer apenas redefinir de forma ativa essa palavra. Significa lembrar que vale a pena salvar essas partes da nossa vida e de nós mesmos submersas há muito tempo.

2
Cultura

S. C. Allyn, presidente da National Cash Register, gostava de repetir uma história sobre os primeiros tempos da sua empresa. Ele sobreviveu à Segunda Guerra Mundial e, em 1945, foi um dos primeiros civis a ter permissão para entrar na Alemanha, a fim de verificar o estado de suas fábricas. Assim que chegou, descobriu que uma das fábricas fora destruída. Seus empregados estavam lá, esfarrapados, catando os destroços, mas, quando viram Allyn, sorriram e o abraçaram — segundo Allyn — e imediatamente começaram o trabalho de reconstrução. A moral da história, e a razão pela qual o presidente a repetia a todo momento, era que a cultura de uma empresa tem uma resiliência notável: a guerra havia devastado o país, deixando destruição e morte em seu rastro, mas os empregados da NCR se mantinham leais e dedicados. Uma família abalada pelos bombardeios, porém produtiva.

Essa é a anedota principal do livro *Corporate Cultures* [Culturas corporativas], uma obra seminal escrita pelos consultores Terrence Deal e Allan Kennedy, publicada em 1982. O livro se dirige a executivos e colegas consultores que buscavam a dedicação dos empregados, com histórias como a de Allyn funcionando como se fossem parábolas seculares. Mas que proveito podemos tirar dessa história? Que a NCR possui uma cultura corporativa durável a ponto de sobreviver a *bombardeios aéreos*? Ou que os empregados da NCR são tão dedicados a ponto de sentir a necessidade, em meio à destruição e a mortes indescritíveis, de ajudar a reconstruir uma fábrica, em vez de estar com suas famílias?

Deal e Kennedy parecem admitir que essa anedota é um tanto bizarra. Mas isso não os impede de afirmar que ela continua fazendo parte do panteão de "mitos e lendas dos negócios norte-americanos". Eles insistem que esses tipos de histórias criam um ambiente "no qual os empregados podem se sentir seguros e, em consequência, fazer o trabalho necessário para que o negócio seja um sucesso".[1] É verdade: as atitudes das companhias e de seus líderes — somadas às histórias que eles contam ou inventam — tornam-se a estrutura básica do ambiente de uma empresa, isto é, sua *cultura*. Mas, como qualquer outra história, a sua moral pode ser corrompida ou exagerada para o mal — para se colocar a serviço da produtividade, da lucratividade ou do valor para os acionistas.

Na melhor das hipóteses, a cultura de uma empresa é uma clara definição dos propósitos da organização: dos seus produtos, como também de como ela trata seus empregados. A definição da cultura da Procter & Gamble começa, por exemplo, com a seguinte frase: "A P&G se dedica a tornar a vida melhor — não apenas dentro da empresa, como também em todo o mundo." A Netflix declara que "valorizamos a integridade, a excelência, o respeito, a inclusão e a colaboração". As "crenças comunitárias" da Deloitte incluem "abrir caminhos", "servir com integridade", "cuidar uns dos outros" e "promover a inclusão".

Tudo isso cai muito bem em tese. No entanto, na maioria das organizações existe há muito tempo um afastamento entre *a cultura declarada* da empresa e a maneira como os empregados experimentam essa cultura de forma diária. A cultura *real* de uma empresa é um sentimento inefável que experimentamos quando trabalhamos em um dado lugar. Pode ser "esperamos que todos apareçam para trabalhar nos fins de semana" ou "não se espera que ninguém apareça para trabalhar nos fins de semana"; "dirigir-se aos recursos humanos ajudará a mudar as coisas" ou "dirigir-se aos recursos humanos significa que você nunca será promovido novamente". Pode tomar a forma de regras não escritas, transmitidas em palestras ou por meio de coquetéis depois do trabalho ou em mensagens de texto, e se manifestam na cornucópia de avaliações da empresa no Glassdoor.

Às vezes a cultura ruim é explícita, e não é segredo que se espera que os empregados se desfaçam em pedaços a serviço dos lucros. Mas às vezes um parágrafo animador inserido em um site funciona como uma cortina de fumaça para a exploração, a exclusão e as péssimas práticas de trabalho em geral. Se a organização é "amiga das famílias", mas encoraja sub-repticiamente as gestoras femininas a limitar o número de funcionárias em idade de engravidar em suas equipes, a cultura da empresa é ruim. Se um dos valores declarados for a "inclusão", mas tornar o escritório totalmente acessível é considerado muito caro, a cultura da empresa é ruim. Se for uma firma de advogados com um mês de férias previstas, mas ninguém tira mais que uma ou duas semanas, a cultura de empresa também é ruim.

A cultura empresarial se solidifica lentamente e vai tomando forma ao longo de anos e décadas. Mas é frequentemente considerada inacessível, embora não exista nada natural ou obrigatório em relação à cultura: trata-se de um construto, assim como a necessidade de salas no canto dos corredores e das folhas de ponto. Ainda assim, devemos estar preparados para o fato de que qualquer tentativa de descentralizar o local de trabalho, ou de tornar o trabalho mais flexível, vai ser interpretada como uma ameaça à cultura da empresa — o que de fato é.

Essa é a questão recorrente, tanto de líderes e gestores quanto dos empregados. *Gostaríamos com certeza que as pessoas tivessem mais flexibilidade quanto ao lugar e o horário em que trabalham*, eles dirão. *Mas o que acontecerá com a nossa cultura empresarial?* Essa reação esconde uma verdade desconfortável: em muitas organizações, essa cultura não presta. Ela é tóxica, repressiva, ou desumanizadora, embora ninguém ouse dizer isso em voz alta. E embora os executivos deem o tom e os parâmetros para essa cultura, ela é reforçada e reproduzida de cima a baixo na estrutura da organização pelos gerentes.

Quando começamos a fazer as entrevistas para este livro, conversamos com Adam Segal, o CEO da Cove, uma empresa que ajuda a coordenar mesas compartilhadas e espaços de reunião. "O futuro do trabalho", disse ele, "é ter de fato que gerenciar pessoas". Ele se referia ao fato de que no passado a maior parte da gestão acontecia presencialmente e que agora os gestores deveriam imaginar como conversar e avaliar os desempenhos a distância.

O comentário ficou na nossa cabeça. Não quer dizer apenas que os gestores deverão modificar suas táticas existentes. Em vez disso, as organizações deverão repensar o papel desempenhado pelos gestores ao longo dos anos e todos os papéis em geral impossíveis que eles são chamados a desempenhar hoje em dia. O papel dos gestores tornou-se irremediavelmente sujeito a variadas interpretações: na cultura pop, são ao mesmo tempo inúteis e excessivamente poderosos; na prática, geralmente trabalham demais e não recebem treinamento suficiente. Mas não é possível construir uma nova cultura do trabalho — para si mesmo, sua equipe ou para a empresa em sua totalidade — sem eles.

Temos um número pequeno de modelos de boa gestão, e menor ainda de boa cultura da empresa, no passado e no presente. A razão é muito simples: os objetivos declarados e não declarados de uma organização raramente estão alinhados com a saúde e a estabilidade do empregado, criando um abismo que nenhum esforço de gestão pode cobrir. Não é que a organização queira ter lucros, e sim que ela queira ter os maiores lucros possíveis, sem levar em consideração o efeito dessa demanda sobre os empregados.

O resultado é uma parábola que criamos. Em que se transforma a cultura da empresa quando os lucros e a otimização vêm antes de tudo, os sentimentos de alienação e precariedade vêm em seguida, e como iniciar o lento, porém essencial, processo de construir uma ponte sobre o abismo? O trabalho flexível não pode corrigir a cultura de uma empresa. Mas as práticas de gestão, a confiança e a responsabilidade que se acumulam em torno dela têm o verdadeiro potencial de transformá-la.

Gerencie a sua produtividade

Leia muitos livros sobre a história do trabalho e você verá o mesmo tema surgir seguidamente. Os seres humanos necessitam de sentido e dignidade, e uma das formas de obtê-los é por meio da realização de tarefas necessárias — também conhecidas como *trabalho*. Porém esses mesmos humanos também se ofendem com a ideia do trabalho moderno: transportar-se para uma locação, e então trabalhar para outra pessoa durante um dado número de horas. Em outras palavras, o trabalho pode ser satisfatório, mas quem quer fazê-lo o tempo todo e no horário definido por outra pessoa?

Era esse o problema que os antigos gestores deveriam resolver. E não pegava bem entre o pessoal. "Eu sentia o maior desgosto [...] da parte dos homens com relação às horas regulares e aos hábitos regulares", escreveu um produtor têxtil inglês do século XIX. "Os homens estavam bastante insatisfeitos porque não podiam entrar e sair à vontade, e tirar os dias de folga que queriam, e continuar como eles estavam acostumados a fazer."[2] E por que eles não ficariam insatisfeitos? O trabalho pré-industrial não era nada fácil, mas uma boa parte dele podia ser realizada da maneira como o trabalhador queria.

Forçados a trabalhar em sistemas fabris formalizados, os trabalhadores viam as semanas de seis dias como excessivas e talvez apenas temporárias, até que a produtividade desejada fosse alcançada. A presença era inconstante. Algo deveria ser feito para constranger a força de trabalho a executar um trabalho exaustivo em lugar de outros. Os proprietários começaram a impor multas e supervisão estrita porque, como assinala a psicóloga social Shoshana Zuboff, "os trabalhadores se submetiam ao rigor físico da disciplina fabril apenas quando não lhes restava alternativas".[3] O projeto das antigas fábricas se baseava em casas de trabalho forçado e prisões.[4] Estímulos positivos foram tentados, mas a recompensa era abandonada em favor da punição, mesmo quando se tratava de crianças que integravam cada vez mais a força de trabalho.

Em outras palavras, essa cultura corporativa, em seus primórdios, se baseava em intimidação, complementada por medidas punitivas usadas para condicionar o corpo humano a se submeter a tarefas repetitivas, dia após dia. Essa cultura da coerção física ainda prevalece em locais de exploração atualmente, desde armazéns de despacho de mercadorias até confecções clandestinas, ainda que seja uma forma grosseira de aumentar a produtividade. O desenvolvimento do capitalismo moderno, como veremos, exigia algo mais cirúrgico.

Essa forma de gestão surgiu no início do século XX, da cabeça de um engenheiro mecânico chamado Frederick Winslow Taylor. Na qualidade de empregado da Bethlehem Steel, Taylor lamentava que os trabalhadores eram preguiçosos por natureza e, para ir contra as suas atitudes relaxadas, ele começou a estudar de perto seus movimentos. Taylor se deu conta de que os carregadores de carvão, com pás de tamanho padronizado, poderiam levantar mais peso sem se cansar tão rápido. Ele cronometrou o tempo dos movimentos dos outros no chão de fábrica, observando os movimentos inúteis que poderiam ser eliminados de sua rotina. E era com frequência um manipulador desavergonhado: enquanto monitorava carregadores de ferro-gusa, ele experimentou desafiar os carregadores mais fortes a carregar o mais depressa que podiam. Quando terminaram a tarefa rapidamente, ele concluiu que homens "de primeira classe" poderiam carregar mais por dia, desde que trabalhassem mais depressa e sem tanto descanso.[5]

Taylor acreditava que a produtividade perfeita era possível: havia redundâncias por toda parte e espaço para a otimização, sempre. Isso tudo deve parecer bem conhecido, embora estejamos longe do chão da Bethlehem Steel. E, assim como hoje, fazia os trabalhadores se sentirem péssimos. "Não queremos trabalhar tão rápido quanto somos capazes", declarou em 1914 um maquinista, discutindo com Taylor. "Queremos trabalhar num ritmo que seja confortável. Não nascemos com o objetivo de verificar quanto trabalho podemos realizar durante a nossa vida. Tentamos regular o nosso trabalho de modo a torná-lo uma atividade auxiliar em nossa vida."[6]

Depois de algum tempo, as teorias de Taylor foram chamadas de "gestão científica", um eufemismo que ajudou a racionalizar o tratamento frio, impiedoso e desumano dos subordinados, emprestando-lhes uma aura de credibilidade empírica. Suas ideias continuaram a se espalhar, sem dar atenção aos críticos que sustentavam que ele estava criando ou interpretando à sua maneira seus próprios dados. Para os gestores, a possibilidade de aplicar a ciência ao mundo da indústria era muito entusiasmante, particularmente quando obrigava os trabalhadores a alinhar seus objetivos com os da empresa. E, assim como tantas teorias de negócios que vieram a ser criadas, o taylorismo foi ensinado e codificado na academia. "Taylor é o cimento [...] de todas as escolas de negócios dos Estados Unidos", escreveu a historiadora Jill Lepore, em 2009.[7] Os devotos do taylorismo levaram seus ensinamentos ainda mais adiante: no começo do século XX, os engenheiros de gestão Frank e Lilian Gilbreth, por exemplo, usaram câmeras para vigiar os trabalhadores. A especialidade, chamada de estudo de movimentos, reduziu o trabalho a cerca de dezessete movimentos distintos. O objetivo era "eliminar movimentos inúteis".[8]

Essa forma poderosa de gerenciamento deu aos supervisores as ferramentas para vigiar obsessivamente e quantificar cada movimento de seus empregados. No taylorismo, quanto mais dados se tivesse e maior controle se exercesse, melhor. Mas ele não poderia ser mantido sem determinado número de trabalhadores leais e competentes e uma ordem hierárquica rígida para impedi-los de resistir aos métodos desumanizadores e "científicos" de seus superiores. É aí que entra o gerenciamento intermediário. Taylor denominava esse papel de "supervisão funcional". Na prática, consistia em uma série de capatazes, cada qual com a sua especialidade: o chefe de turma, operando como capataz, supervisionando as operações, ou o disciplinador, que impunha os ritmos mecânicos da rotina de trabalho. Vale a pena notar também que esse foco intenso na otimização se expandiu para fora do mundo do trabalho, inclusive dentro de casa. Como assinalou Lepore em seu texto de 2009, as eficiências no escritório não resultaram em mais tempo livre em casa: elas tornaram a vida em casa mais agitada. "A gestão científica não é o tipo de coisa que se pode deixar no escritório", ela escreveu.[9]

O taylorismo evoluiu ao longo dos anos, enquanto a teoria da administração adotou o entendimento de que a atenção constante poderia também obrigar os empregados a trabalharem mais. Nos anos 1930, por exemplo, o teórico de administração Chester Barnard definiu bons administradores como "modeladores de valores preocupados com as propriedades sociais informais de uma organização".[10] Em outras palavras, criadores de cultura empresarial. Em vez de capatazes ferozes vigiando trabalhadores encurvados, os administradores eram agora concebidos como intendentes de organização, encarregados de manter a produtividade e também o bem-estar emocional de seus empregados.

Atualmente, o legado do taylorismo é mais visível em softwares dedicados ao monitoramento de empregados, que não apenas fotografam os sites que um empregado visita, como ainda calculam quanto tempo gasta escrevendo e movendo o mouse — um assunto do qual trataremos extensamente mais adiante. É algo que está presente também no processo gerencial de coletar e analisar dados, e na ideia de que a produtividade perfeita é possível, se você encontrar magicamente o equilíbrio entre levar os trabalhadores até o limite das suas forças e não os jogar literalmente no chão.

Manter esse equilíbrio tem se mostrado difícil, se não impossível. Os que estão no topo de uma organização costumam se manter distantes da grande maioria de seus empregados, o que quer dizer que têm apenas uma vaga compreensão do que está acontecendo em seu dia a dia no trabalho. A tarefa de manutenção cabe, portanto, aos gerentes, tecido conectivo entre o topo e a parte inferior de uma organização. Aquilo que os gerentes transmitem para cima e para baixo é, de alguma forma, a cultura da empresa. Eles são o seu canal primário de comunicação: ninguém, nem mesmo o CEO, toca nela, a formata e a direciona mais do que os gerentes.

O HOMEM DA ORGANIZAÇÃO

À medida que o trabalho em escritórios começou a se expandir, durante o último século, os trabalhadores foram convencidos de que teriam acesso a mais conforto e satisfação. Em vez de trabalhar em um chão de fábrica, repetindo uma solda idêntica sem parar, seria possível se sentar em um escritório, arquivando relatórios idênticos sem parar. Seus colarinhos, como Upton Sinclair os designou de forma célebre, seriam brancos; seu trabalho, ao menos na grande maioria dos casos, assalariado e estável.

Depois do trauma prolongado e agonizante da Grande Depressão e da Segunda Guerra Mundial, foi possível ver como essas ofertas eram enormemente atraentes. As corporações não apenas forneciam segurança financeira, como também um sentimento de pertencimento: tanto a uma corporação e sua missão como à classe média que se expandia rapidamente, e suas armadilhas culturais. Enquanto milhões de militares, voltando da guerra, se dirigiam às organizações da sociedade civil, como os Elks ou o Rotary Club, esperando com isso redobrar seu sentimento de missão coletiva, muitos trabalhadores também desejavam se dedicar ao amplo esforço empresarial, com a promessa de tornar a sua vida cotidiana mais *significativa*.

Um novo tipo de cultura empresarial, materializada no chamado "homem da organização", começou a crescer em torno desse sentimento. O jornalista William Whyte criou a expressão em seu livro de grande sucesso comercial de 1956, no qual descrevia um tipo específico de trabalhador de escritório competente e de classe média. Empregado nos escritórios de empresas como a General Motors, a General Electric e a 3M, ele não estava destinado a ocupar as salas no canto do corredor, mas achava isso aceitável. Trabalhava duro e tinha fé que os benefícios do bom trabalho seriam positivos para todos. Isso, novamente, era um sintoma daquele tempo, quando os sentimentos de coletivismo — tão estranhos ao nosso momento atual de individualismo exacerbado — estavam em seu ápice histórico.[11]

O homem da organização tinha confiança. Whyte notou que "os objetivos do indivíduo e os objetivos da organização evoluiriam até coincidirem completamente".[12] A cultura empresarial que surgiu daí era feita de lealdade e confiança, tanto entre os líderes quanto entre os colegas de trabalho. Por essa razão, a leitura do livro de Whyte hoje em dia dá uma sensação de estarmos observando uma terra estranha e utópica: o homem da organização está *satisfeito*. Ele não é ambicioso, mas também não é preguiçoso. Deseja manter algo que se parece com uma vida privada e não tem interesse em se destacar. "Os estagiários esperam ir longe e esperam também não ter que suportar o peso pessoal para chegar lá", escreve Whyte. "Eles falam em chegar a uma espécie de platô — uma posição boa o suficiente para ser interessante, mas não tão alta que os obrigue a esticar o pescoço para que outros possam cortá-lo."[13]

Mas o lado obscuro da cultura do escritório no pós-guerra está nesta ideia: faça-se conhecer — pensando de forma diferente, desafiando o *status quo* ou subindo muito rapidamente — e, assim, torne-se um alvo. A individualidade não era apenas desencorajada; ela equivalia a um suicídio na carreira. O objetivo era que as pessoas mantivessem a cabeça baixa, fizessem o que se esperava delas (e nada além disso!) e estimulassem os demais a se comportar da mesma forma. Os trabalhadores se conformavam, mas o faziam, segundo Whyte, com um sorriso nos lábios: eles recebiam sólido apoio, seja na forma do seu salário, aposentadoria ou sua segurança de emprego duradouro. "Não são os males da vida na organização que os intrigam, e sim *a sua verdadeira vantagem*", como explica Whyte. "Eles estão presos ao corporativismo." Esse aprisionamento se estendeu ao lar, cujo *ethos* da cultura do homem da organização foi fundamental para moldar as estruturas da classe média (branca). O subúrbio, em seus primórdios, foi pensado para alocar e incubar esses homens, suas famílias e sua vida social, que se tornaram extensões da corporação. O status se consolidou com regalias — como ser associado a clubes de campo. Enquanto isso, sua família, especialmente sua esposa, tornou-se uma *commodity* da empresa, cuja valorização estava em sua capacidade de recepção e socialização. Esperava-se que esses funcionários pudessem aproveitar sua vida familiar para cooptar clientes e executivos. "Na verdade", disse um gerente a Whyte, "é difícil dizer onde termina o dia de trabalho e começa o 'prazer'. Se contarmos todo o tempo perdido em coquetéis, jantares, conferências e convenções, o trabalho não acaba nunca. Qualquer executivo responsável hoje trabalha durante praticamente todas as horas que passa acordado".[14]

Não é apenas uma coincidência que durante esse período — os 25 ou 30 anos após o fim da Segunda Guerra Mundial — a ideia de uma "carreira" tornou-se a base do mundo dos colarinhos-brancos. Diferentemente de um emprego ou um trabalho temporário, uma carreira é antes de mais nada *estratégica* e exige não apenas trabalho, como também a assimilação da cultura do local de trabalho. Uma carreira implica aparecer todos os dias e trabalhar de forma concentrada, *além de* se apoiar completamente nos princípios da empresa, distinguindo-se *e* desaparecendo. Isso exige coordenação entre a sublimação do ego em benefício da corporação e um planejamento hábil do caminho a trilhar dentro da organização. Ser ambicioso, mas *de forma correta*.

Esse tipo de mensagem contraditória é um dos sinais de uma cultura corporativa tóxica, em parte porque traça uma linha muito tênue e quase invisível que os empregados devem seguir. É por isso que o seu legado principal, ainda evidente em milhares de empresas, é uma cultura feita de homogeneidade e exclusão, na qual o *pedigree*, expresso no grau de educação, no nome de família, nas roupas e até na maneira de falar, torna-se passaporte de vital importância. Sem ele, não há como galgar os degraus corporativos. Não importa que alguns desses passaportes estejam indisponíveis para grande parte da população. Eles se tornam, como escreveu um dos diretores da McKinsey, "a forma como se fazem as coisas por aqui".[15]

Para os que estão dentro da cultura da empresa, especialmente aqueles que a ela se entregaram, como uma criação inevitável, ela começa a ficar invisível. O que, afinal, é conveniente: é sempre muito mais difícil resistir àquilo que não se pode ver. Mas nada em relação a esse tipo de cultura empresarial, ou à cultura *de qualquer empresa*, é inevitável. Ela é criada por pessoas e quase sempre orientada em favor de interesses financeiros da companhia. Ainda assim, algumas culturas são mais duráveis que outras — mais convincentes para todos os envolvidos, dos trabalhadores aos clientes até líderes e acionistas, de que a sua forma de operar é a que protege melhor o interesse de todos.

As panelinhas, as vantagens e a estabilidade que resultaram da cultura do homem da organização eram bem reais. Mas a sua durabilidade era devida ao fato de que ela conseguia, ainda que temporariamente, convencer os trabalhadores burocráticos, os gestores intermediários e os executivos de que seus interesses estavam alinhados. Como em tantas culturas empresariais, havia um pouco de histórias coercitivas: uma mentira repetida até que parecia ser uma verdade. Ir trabalhar todos os dias era desgastante, até sufocante, mas o que mais se poderia pedir? A família vivia o sonho americano e continuaria a vivê-lo no futuro próximo. Principalmente para os homens brancos que conseguiam entrar no sistema, tudo funcionava muito bem. Até que não funcionou mais.

NÃO ESTAMOS TODOS JUNTOS NISSO

Do fim da Segunda Guerra Mundial até o início dos anos 1970, os Estados Unidos viveram um período de crescimento e estabilidade econômico inédito — um período ao qual alguns economistas se referem como "a idade de ouro do capitalismo norte-americano". Essa idade de ouro e as ideias sobre o crescimento empresarial que a acompanharam tornaram possível a cultura do homem da organização nos escritórios. Mas, a partir dos anos 1970, uma onda de recessões e estagnações econômicas abalou as fundações até das empresas mais sólidas. Os gigantes dos respectivos setores econômicos iniciaram a década gordos, felizes e ingênuos — características que, sob a pressão de uma economia impiedosamente enfraquecida, mostraram que eles estavam inchados, eventualmente preguiçosos e incapazes de competir na corrida global.

A solução encontrada, como vimos no capítulo anterior, foi os cortes. Nos primeiros oito anos da década de 1980, as quinhentas maiores empresas listadas pela revista *Fortune* eliminaram mais de trezentos milhões de empregos — muitos entre as posições estáveis de gerentes intermediários, que haviam não apenas ajudado a expandir a classe média moderna, mas funcionavam como os guias da cultura nas organizações. A DuPont, a Xerox, a General Electric — boas empresas com reputação impecável — começaram a reduzir os benefícios, primeiro com cortes temporários, depois com cortes permanentes e, finalmente, quando nem isso funcionou, com demissões. Os resultados foram devastadores. Os que haviam adotado a cultura empresarial coletivista e orientado suas vidas em função dessa lealdade se deram conta de que haviam sido vendidos. O que era bom para as empresas não era melhor para o homem da organização.

A jornalista Amanda Bennett descreveu a triste queda em seu livro *The Death of the Organization Man* [A morte do homem da organização], de 1990, no qual concluía que uma geração de trabalhadores havia sido atraída por empresas paternalistas apenas para ser traída por elas no momento em que as coisas ficaram mais difíceis. Antes de escrever o livro, Bennett trabalhou no *Wall Street Journal*, cobrindo a indústria automobilística de Detroit. Ela vira a sede central de empresas líderes da indústria, como a GM e a Ford, se aproveitarem da estabilidade trazida pela economia do pós-guerra. No restaurante executivo da Ford, por exemplo, garçons de luvas brancas serviam em bandejas de prata almoços de 120 dólares cada prato, subsidiados pela empresa.

Os trabalhadores nas linhas de montagem eram submetidos periodicamente a demissões e recontratações, mas no quartel-general os empregos abundavam. A companhia contratava aos montes, criando organogramas labirínticos com incontáveis gestores. Como explica Bennett, "uma boa parcela do trabalho de um gestor era inicialmente se relacionar com outros gestores", e à medida que "as organizações ficaram tão grandes e complexas, algumas pessoas eram contratadas simplesmente para ajudar a navegar dentro delas".[16] A cultura das empresas havia se tornado um salão dos espelhos, uma história tautológica desprovida de substância. Nós somos porque somos; fazemos porque fazemos.

Não demorou muito para que esse salão dos espelhos desabasse sobre si mesmo. À medida que as empresas começaram a fazer cortes, a lealdade fez com que "frequentemente o homem da organização trabalhasse contra os seus interesses pessoais e financeiros", escreve Bennett. "Dezenas de gerentes permaneceram em suas empresas enfrentando situações desastrosas, trabalhando e trabalhando duro. Eles eram os soldados leais que se mantinham no seu posto independente da situação."[17] Esses gestores intermediários poderiam se sentir como soldados leais naquele momento, mas estavam cegos em razão da lealdade, das vantagens e de uma "família" no trabalho, o que não os deixava ver que seu batalhão havia sido movido para a linha de frente, a fim de ser sacrificado.

Quando se cria um espírito corporativo no qual os empregados baseiam a sua autoestima — e os próprios fundamentos da sua identidade — no seu emprego, removê-los desse emprego é difícil. Bennett descreveu as consequências do *downsizing* como "a mesma coisa que passar por um divórcio ou uma morte na família".[18] Para quem é cortado, a perda do emprego não significa apenas a perda da estabilidade financeira, como também a expulsão da sua vida social. Perder o espaço físico no escritório quer dizer desconectar-se de seu ritmo diário e das centenas de ações aparentemente inconsequentes que definiam a sua vida. Muitos desses empregados estavam na mesma empresa havia décadas e não tinham a menor ideia sobre como procurar um novo emprego. Eles haviam construído carreiras e era nelas que consistiam suas vidas. Agora que a carreira havia terminado, o que sobrava de suas vidas, se é que sobrava alguma coisa?

O resultado foi um novo gênero de cinismo corporativo, que se incrustou profundamente na cultura empresarial contemporânea. A lição que muitas corporações tiraram dos cortes dos anos 1980 e 1990 é que deveriam evitar a todo custo se colocar de novo na posição de ter que cortar drasticamente. Mas, em vez de repensar a cultura da empresa de baixo para cima, optaram por eliminar metodicamente os elementos da vida corporativa que propiciavam estabilidade aos trabalhadores. Nesse gênero global de capitalismo bucaneiro, o futurólogo R. Morton Darrow explicou que os gestores que antes eram vistos e avaliados como *ativos* foram transformados em *custos*.[19] A ideia de trabalhar em um lugar durante toda a carreira tornou-se exótica, porque o espectro de uma nova rodada de demissões espreitava de todos os cantos. Os empregados ficaram a cada dia menos leais — e com boas razões. O novo mantra passou a ser "não é nada pessoal, são só negócios", que poderia ser entendido como verdadeiro se os resultados das decisões de negócios não fossem tão desestabilizadores no plano pessoal.

Mesmo Terrence Deal e Allan Kennedy, a mesma dupla de consultores que, em 1982, divertia os leitores com a história da "cultura de trabalho duro e orientada para as vendas" da NCR que sobreviveu a um bombardeio aéreo, foram reprovados. "Quando os tempos são difíceis", eles haviam escrito no parágrafo final de *Corporate Cultures*, "essas empresas podem ir buscar no fundo de seus valores e crenças para encontrar a verdade e a coragem que as ajudarão a sobreviver".[20]

Em 1999, tendo vivido quase duas décadas de demissões, fusões e terceirizações, Deal e Kennedy se deram conta de que estiveram profundamente enganados. Eles lamentaram a dedicação servil ao "valor para os acionistas e resultados de curto prazo", que erodiam e envenenavam conjuntamente a cultura empresarial. Execraram a "tendência ao anonimato corporativo" e "as ações administrativas descuidadas em busca de objetivos de curto prazo". Eles podiam ver uma lógica, embora falaciosa, nos cortes que as companhias haviam feito nos últimos dois anos e que demoliram a cultura das empresas. Mas agora era o momento para fazer correções.

Em seu novo livro, intitulado *The New Corporate Cultures* [As novas culturas das corporações], Deal e Kennedy sugerem inúmeras medidas para motivar um local de trabalho desmotivado, recosturar relações e até, como eles mesmos dizem, temperar o processo com um pouco de humor. Porém, sua obsessão em melhorar a cultura não tinha nada de novo. De fato, a dupla havia iniciado uma "mania" de cultura com a publicação do seu livro original, o primeiro a realmente delinear a "força fantasma", como eles a chamavam, que "está por baixo do verniz técnico e racional dos negócios".[21] Nos anos seguintes, a construção da cultura empresarial tornou-se uma panaceia nas escolas de negócios, enquanto as empresas tentavam seguir conselhos no sentido de cortar custos e "ficar enxutas", buscando ao mesmo tempo dar um jeito de fazer com que seus empregados se sentissem menos melancólicos e ansiosos em relação a tudo.

Enquanto os trabalhadores devoravam livros sobre a produtividade, os executivos e departamentos de recursos humanos ficaram obcecados com a cultura: eles seguiam em massa os gurus da administração, tentavam combinar quantificações com otimizações obsessivas e se perguntavam se uma organização mais "positiva" poderia gerar maior produtividade. Alguns achavam que se as empresas afrouxassem seu controle férreo — e adotassem um estilo de administração mais democrático — talvez os empregados se sentissem não apenas felizes, como também cuidados, como membros de uma família. Em vez de oferecer estabilidade real aos empregados, eles pensavam, ofereceriam mais liberdade em relação ao seu trabalho, o que em tese revitalizaria a cultura da empresa.

Os líderes podem não ter se dedicado às mudanças que de fato alterariam a cultura da empresa, mas certamente gostaram da ideia — e sacaram as suas ideias de livros, como o original *Corporate Cultures* e *In Search of Excellence* [Em busca da excelência], os quais venderam mais de 4,5 milhões de exemplares e se tornaram os textos definidores da administração corporativa nos anos 1980 e 1990.

Em *Excellence*, dois consultores, Thomas Peters e Robert Waterman Jr., analisaram dezenas de empresas, enfatizando as políticas de portas abertas e estruturas organizacionais fluidas, onde "pequenos grupos de entusiastas operam fora da estrutura principal" para sugerir novas estratégias e produtos. Eles não focaram nos homens da organização, e sim nos obcecados por inovação.[22] Para apoiar esses empregados, afirmavam que as companhias precisavam de gestores visionários, que davam autonomia aos empregados, embora ainda mantendo as rédeas. "Como um líder, ou você é autoritário, ou é democrático", eles declararam. "Na verdade, você não é nenhum deles e ambos ao mesmo tempo."[23]

Esse tipo de administração perde-e-ganha pode parecer iluminada; sua diretriz principal é, essencialmente, de tratar os empregados como adultos. No entanto, na prática, por vezes os gestores seguravam as rédeas com mais firmeza do que o necessário. Os líderes que Peters e Waterman adoravam "acreditavam em portas abertas", mas também eram "todos disciplinadores rígidos"; "eles davam muita corda, correndo o risco de que alguns dos seus seguidores acabariam se enforcando".[24] Uma família, portanto, porém bastante cruel.

Assim como *Corporate Cultures*, *In Search of Excellence* inspirou um grande número de continuações e sequências nas seções de livros de administração, todas apresentando estudos de casos de corporações bem-sucedidas que pareciam ter compreendido bem a nova economia global. Essas empresas eram mais ágeis, menos obtusas e mais abertas às experiências. Davam festas e lançavam produtos em eventos especiais. Quem se importa com os cortes — muitos dos quais haviam sido sugeridos, não por coincidência, por consultores como Peters e Waterman — quando se tem uma atmosfera "divertida" onde as pessoas trabalham e brincam pra valer?

Esses livros eram avaliados como portadores de novas "estratégias de administração", mas raramente mencionavam como lidar com a sua equipe durante uma troca de controle ou como administrar o fluxo de caixa. Eles não estavam ensinando aos líderes como reconstruir a cultura empresarial, mas sim como dar um jeito barato de consertar o que sobrou. Essas estratégias raramente, ou nunca, previam autonomia real ou igualdade para os trabalhadores. As hierarquias ainda eram rígidas. Os benefícios ainda eram um eco distante do que já haviam sido. As novas políticas e a construção de equipes, e a onda em torno da assim chamada Nova Administração, eram basicamente uma distração do aperto da corda em volta do pescoço dos trabalhadores.

Quem precisa da gestão intermediária quando existe o capital de risco?

Quando trabalhamos em um ambiente corporativo, somos cercados pelo legado das ideias sobre cultura e gestão acumuladas em mais de um século de teorias da administração. Elas estão no projeto de escritório aberto — algo que exploraremos em maior profundidade no próximo capítulo —, assim como na sala de relaxamento, ou na cantina, ou nos almoços encomendados fora. Elas estão em nossas saídas para a *happy hour* ou na recusa da empresa em pagar parte do nosso plano de aposentadoria. Mas estão ainda mais visíveis, e são mais negativas, no mundo das start-ups.

No livro *In Search of Excellence*, as descrições das práticas de perde-e-ganha dos anos 1980 parecem ser os rascunhos das companhias de hoje no Vale do Silício. Na 3M, havia grupos de gestão que não apenas toleravam, mas acolhiam e apoiavam os fracassos; a Hewlett-Packard e a Tupperware alardeavam "horários flexíveis" e "eventos" que incluíam "festividades" frequentes para os empregados. Na Caterpillar, eles tinham por hábito fantasiar os novos tratores e dar festas. Até chamar o local de trabalho de *campus* — agora uma moda entre as *big techs* — é citado como algo que promove o sucesso de uma empresa perde-e-ganha, como foram os casos da 3M, Kodak, Dana, Dow, P&G e Texas Instruments.

Mas a cultura das start-ups contemporâneas sempre terá um DNA diferente das corporações gigantes, as quais, independentemente do barulho que adicionam às festas dos empregados, foram construídas sobre fundações de homens leais à empresa. A cultura das start-ups partiu de uma premissa de rejeição: das regras de decoro da antiga escola, dos modos de vestir (*dress codes*) e da organização em departamentos, assim como das noções tradicionais de inovação e crescimento. Em vez de tentar encobrir e curar o cinismo corporativo dos anos 1970 e 1980, as start-ups o consolidaram e o usaram para implementar o "empreendedorismo".

Não nos surpreende que o interesse das escolas de administração no empreendedorismo tenha explodido ao longo dos anos 1980; foi uma nova blindagem contra a imprevisibilidade da vida corporativa. "É uma falta de confiança que está por trás do empreendedorismo", observou o professor de administração de Harvard Howard Stevenson. "Se vão dar com os burros n'água, é melhor eles mesmos fazerem isso do que confiar em algum idiota da Madison Avenue, ou em alguma outra coisa fora do seu controle."

As histórias de sucesso encorajaram futuros criadores, apesar do inchaço e estouro da bolha das empresas de tecnologia. A dimensão e a conectividade da internet ajudaram a acalentar a crença de que qualquer pessoa com a ideia correta, no lugar e tempo certos, poderia não apenas alcançar sucesso e riqueza extraordinários, como ainda revirar e "desintegrar" todo um ramo de negócios, mesmo com uma pequena equipe operando a partir da sua garagem. Era uma nova e muito atraente versão da meritocracia. O sonho americano estava com certeza quebrado. Mas era possível usar pedaços dele. Se ainda havia alguma dúvida de que o individualismo substituíra o princípio coletivista do passado, o *boom* da tecnologia acabou com ela.

Os capitalistas de risco, um grupo composto de desintegradores mais bem-sucedidos, assumiu essa fantasia. Ao longo de sua trajetória, eles ajudaram a construir o que chamamos hoje em dia de cultura das start-ups: um híbrido de elementos corporativos antigos e tóxicos, dos princípios do empreendedorismo e de uma celebração das ideias novas e iconoclastas. O setor desenvolveu uma devoção aos fundadores que parece ser parecida com os mecanismos vagamente religiosos da, digamos, IBM, cujo repertório musical incluía uma canção dedicada ao seu presidente, Thomas Watson, com a letra: "Nós o conhecemos e o amamos, e sabemos que você pensa antes de mais nada no nosso bem-estar."[25]

Mas o valor central era uma devoção obsessiva e total à companhia. Não apenas ao seu sucesso financeiro, como também ao seu grande ideal ou sua *missão*, frequentemente definida em linguagem utópica. Dadas as dimensões praticamente infinitas da internet, e os milhões ou bilhões de dólares de investimento em jogo, não era suficiente desenvolver apenas um aplicativo. Tratava-se de conectar o mundo como nunca havia sido feito antes, resolver um problema insolúvel e reimaginar um setor econômico protegido — "desintegrar" o *status quo*. *Nisso* valia a pena investir capital de risco. O que significava que também valia a pena abrir mão da nossa vida. A dedicação no altar do Deus da Escala exige que se façam sacrifícios em favor do negócio.

Se observarmos bem a cultura das start-ups, encontraremos vestígios do homem da organização e sua fidelidade ao bem supremo da corporação. Os empreendedores tecnológicos jogariam a sua caríssima cerveja premium na sua cara se você lhes dissesse isso. As start-ups se viam em oposição ao *"big business"*: elas são empresas, mas não corporações. Como prova, muitas delas adotaram uma cultura irreverente de trabalhe duro/divirta-se muito. Seus fundadores se entregam a uma espécie de adolescência prolongada: dias de farra no trabalho terminando com trabalho verdadeiro. Para os mais intensos, esse espírito servia à destruição definitiva de qualquer aparência de equilíbrio trabalho/vida. A devoção completa à causa significava viver no escritório e transferir todos os elementos externos da vida — festas, exercícios, romances — para esse espaço. As empresas inaugurais do Vale do Silício haviam recrutado durante décadas engenheiros cujas personalidades os conduziam naturalmente ao vício em trabalho (*workaholism*).[26] Mas isso era um outro nível.

À medida que cresceram, essas empresas se livraram de alguns dos elementos juvenis, mas não da obsessão e da devoção completas, valorizadas na cultura por meio de histórias heroicas sobre noites de trabalho em claro e festas de empresa épicas. Quando a cultura se tornou mais visível e desejável, essas histórias passaram a constituir um gênero e são hoje julgadas vergonhosamente como pornografia da fraude (*hustle porn*). Enquanto isso, um setor secundário dessa fraude começou a surgir, tomado por "líderes do pensamento" e congressos dedicados a promover instruções sobre como ganhar na loteria da desintegração. Inicialmente, era necessário ter uma ideia e talento. Depois disso, era uma luta incessante. Chamá-la de ética do trabalho seria injusto: é a sublimação integral de uma pessoa em busca de uma vaga ideia de sucesso.

Rejeitar a antiga cultura corporativa não significava apenas adotar equipes reduzidas e mesas de pingue-pongue. Queria dizer também livrar-se das hierarquias. Infraestruturas corporativas, como os recursos humanos — e mesmo coisas simples, como um organograma —, eram evitadas até se tornarem absolutamente necessárias. Eles estavam montando o avião em pleno voo, o que significava que boa parte dos elementos que carregavam o peso da companhia era instalada sem muita reflexão ou cuidado.

Tudo isso revelou-se culturalmente desastroso. Essas fraquezas estruturais demoraram a aparecer, no entanto, e os problemas que causavam eram encobertos, ao menos durante algum tempo, pelo crescimento espantoso e disfarçadas por uma história desconexa sobre as origens, um mito fundador e um sentido de missão exagerado. Quem tinha tempo, no final das contas, para se preocupar com a gestão intermediária, os organogramas ou as reclamações sobre os recursos humanos quando a empresa estava reorientando o mundo?

Porém, com o tempo, o crescimento e a exposição aos holofotes, as start-ups, como Google, Facebook, Amazon, Uber e centenas de outras, foram obrigadas a se ver como corporações. As idiossincrasias da sua cultura foram coligidas e copiadas — o posicionamento da administração em segundo plano, as vantagens vazias em lugar dos benefícios reais, a falta de atenção aos recursos humanos, a fetichização da produtividade e o apoio em trabalhadores submetidos a contratos "flexíveis" se espalharam pelos *campi* das empresas, junto com o sushi bar e serviço gratuito de lavagem de roupas — e adotadas por diferentes empresas estranhas ao mundo das start-ups. A cultura das start-ups não é hoje uma novidade ou uma moda; é o novo ideal para muitas empresas, independentemente de seus produtos ou sua história.

A pandemia da covid-19 tornou muito claro que essa cultura simplesmente não é sustentável. Nem para os indivíduos, dentro e fora do escritório, que a sustentam; nem para as famílias; nem para as comunidades; nem para o mundo em que nos abrigamos. Os lucros podem ser estáveis, ou mesmo crescentes, mas a força de trabalho — assim como as comunidades e os ambientes onde vivemos — está desmoronando.

Vale a pena fazermos uma pausa para explicar o que entendemos por "desmoronamento". Compreendemos que um executivo, ao ler essa palavra, pode interpretá-la como uma hipérbole. *Meus empregados não são infelizes. Eles não me detestam.* Isso pode ser verdade. Mas o desmoronamento do qual estamos falando tem a ver com a relação com o trabalho, a cada dia mais insustentável.

Em primeiro lugar está o grande número de horas que trabalhamos. De acordo com a Organização para a Cooperação e Desenvolvimento Econômico, o norte-americano médio trabalha mais horas do que o trabalhador médio em qualquer país comparável. Mas, ao contrário de muitas nações ocidentais, onde maior produtividade e a riqueza tendem a liberar mais tempo para o lazer, nos Estados Unidos os cidadãos continuam trabalhando muito acima da média, apesar dos ganhos de produtividade. A OCDE calcula que "os norte-americanos trabalham 269 horas acima do que seria previsível em sua economia enormemente rica — o que os coloca, com base nesse índice, em segundo lugar entre os que mais trabalham no mundo".[27]

E tem também a questão de como eles trabalham. "Muito antes da pandemia", escreve Anna North, na *Vox*, "a expectativa era de que os norte-americanos trabalhassem como se não tivessem família".[28] Embora não fosse formulada explicitamente, essa expectativa surgiu depois da Segunda Guerra Mundial, quando a força de trabalho nos escritórios, em particular, era majoritariamente composta por homens. Nos anos 1960, somente 20% das mães trabalhavam. Já em 2010, 70% das crianças viviam em casas onde todos os adultos tinham algum emprego.[29] Porém as políticas nas empresas, especialmente nos Estados Unidos, não evoluíram de modo a levar em conta essa nova realidade — seja quanto às licenças familiares, seja quanto às expectativas de trabalho depois do horário normal. O trabalhador "ideal" ainda é aquele com o mínimo possível de obrigações familiares. Ao fazer esforços para se adaptar a esse ideal, os pais — e as mães em particular — são acometidos de estresse, fadiga, esgotamento e, em alguns casos, abandonam por completo a força de trabalho.[30]

Algumas dessas expectativas e falhas ocorrem especificamente nos Estados Unidos. Mas os trabalhadores estão lutando globalmente também. O Work Trend Index [Índice de Tendência do Trabalho] da Microsoft pesquisou em 2021 mais de trinta mil trabalhadores em 31 países e descobriu que 54% declararam se sentir trabalhando demais, 19% se sentiam exaustos e 20% disseram que o seu empregador não se preocupava com o equilíbrio trabalho/vida.[31] Mesmo com todo esse tempo alocado ao trabalho, o PIB global continua estagnado desde 2012.[32] De acordo com o relatório do Gallup, State of the Global Workplace [Situação do Emprego Global], 66% dos adultos dizem não se sentir comprometidos com o trabalho e 18% afirmam ser ativamente descomprometidos. O relatório indica que as empresas que orientam o desempenho "a partir de necessidades humanas básicas para o comprometimento psicológico" são aquelas que em geral "obtêm o máximo de seus empregados".[33] Contudo, poucas organizações parecem ter se dado conta. Em vez disso, elas sufocam a produtividade com uma administração arbitrária, a falta generalizada de autonomia dos trabalhadores e o aumento de horas e expectativas no trabalho, que levam ao burnout dos trabalhadores.

É verdade que a força de trabalho mundial não desmoronou de fato. E talvez ela nunca chegue a isso. Mas todas as tendências aqui listadas parecem sinalizar que algo se deteriorou no cerne da maneira como pensamos sobre os nossos empregos e na forma como somos chamados a desempenhar nossas funções. Nossa relação com o trabalho está deteriorada. Nossas atitudes são tóxicas, nossas exigências em relação aos indivíduos, muito altas, as recompensas pelo trabalho não correspondem ao tempo dedicado, e muitas das nossas políticas — particularmente nos Estados Unidos — não propiciam o apoio necessário para continuar a trabalhar como o fazemos.

Essas são as condições que tornam o colapso possível. Embora possa não acontecer em um nível macro, nossos estudos sugerem que em um nível individual ele está acontecendo o tempo todo, todos os dias. De certa forma, isso significa que se você é um gerente ou executivo, essa não é uma questão (obrigatoriamente) pessoal. Essa dinâmica é sistêmica, e muitos trabalhadores acharão com razão que a única maneira de fazer frente a ela é por meio de um sindicato. Isso, no entanto, também quer dizer que mesmo que seus empregados pareçam satisfeitos com seus papéis e com você como seu líder, eles ainda estão operando nesse sistema. Como seu líder, qualquer compromisso para reavaliar e remodelar a sua relação com o trabalho depende em última análise de você. Nesse sentido, ele é algo profundamente pessoal. Parece piegas, mas você tem o poder de mudar de maneira significativa a vida das pessoas. O que você vai fazer a respeito disso?

Se voltarmos ao escritório e retomarmos o ritmo da vida na empresa como se nada tivesse acontecido, haverá um mês agradável no qual todos ficarão felizes com a novidade de estar em um local que não é a sua casa. Mas as feridas do ano de pandemia ainda estão abertas. Se as empresas mantiverem o seu foco no crescimento de curto prazo, se apoiando no tipo de flexibilidade que é apenas um eufemismo para transferir o risco e a precariedade para os trabalhadores, a falta de confiança e o cansaço vão continuar a aumentar. Os gerentes vão desabar sob o peso de ter que comunicar as demandas atuais da empresa a uma força de trabalho desgastada. A cultura, independentemente de suas características, vai se deteriorar. Se já não estava sucumbindo antes da pandemia de covid-19, vai sucumbir em breve.

Mas nós podemos rejeitar esse quadro. Podemos entender que se as empresas de fato querem desenvolver a sempre atraente cultura empresarial considerada "boa", elas deverão repensar não apenas os pequenos benefícios e o espaço de escritório que estão oferecendo aos seus empregados, como também o estilo de trabalho em sua integralidade e todo o espírito de otimização e presença. Para tanto, será necessário adotar de verdade a flexibilidade, tal como discutimos no capítulo anterior. Mas isso vai significar também reconsiderar alguns valores além do "crescimento" e da "escala", e a compreensão de que você não tem como forçar ou monitorar seu caminho até a produtividade sustentada e de qualidade. A produtividade é o resultado subsidiário de uma força de trabalho cujas necessidades essenciais foram atendidas.

Não se trata de enxertar uma ideia nova, chamativa e preconcebida da cultura à que já existe na empresa. Trata-se, sim, de repensar como a cultura da empresa é o que é, fazendo a conexão dessa estrutura com as lutas que ocorreram e pensar como a flexibilidade poderia mudá-la. Isso constitui um trabalho difícil e desafiador. Mas é necessário arar a terra antes de ver germinar as sementes de algo novo, vibrante e capaz de crescimento sustentável.

Com o que se parece a cultura de trabalho flexível?

Paul Hershenson não trabalha às sextas-feiras. Nos últimos oito anos, quando a maioria das pessoas no mundo do trabalho está ficando animada e começando a ver a semana se encerrando, Paul arruma uma mochila e entra em seu carro. Na viagem de sua casa, em San Diego, até um lugar ermo, ele talvez atenda a uma ou duas ligações — nem sempre, mas pode acontecer. "É um bom intervalo de tempo, durante o qual eu fico livre para pensar", ele nos disse quando conseguimos alcançá-lo durante uma dessas manhãs de sexta-feira, já bem longe da cidade.

Paul não trabalha em um escritório há trinta anos. E mesmo esse cálculo é um pouco desonesto. Na sua carreira como desenvolvedor de softwares, ele nunca trabalhou de fato no que chama de "um emprego normal". Mas a sua empresa, a Art+Logic, nunca teve um local de trabalho formal e atribui o seu sucesso à formação de uma cultura do trabalho harmônica. Apesar disso, ele evita dar conselhos sobre os negócios. Paul admite que o que funciona para ele pode não funcionar para *ninguém* mais, e isso inclui as pessoas dentro da empresa que ele codirige. É por essa razão que ele ajudou a conceber a Art+Logic como autenticamente flexível, e o trabalho, completamente assíncrono.

Os passeios de Paul são parte desse projeto. Para ele, ter tempo nos finais de semana para estar na natureza limpa sua mente e reduz o estresse. Com os filhos na escola, ele não está descarregando os cuidados com eles sobre sua companheira. E também não tem que estar trabalhando; o tempo de fato lhe pertence. Muitos dos demais 65 empregados na empresa também têm horários personalizados. Dois anos atrás, uma designer gráfica reorganizou o seu horário depois do nascimento do seu filho. Ela trabalha durante um período no meio do dia e outro entre aproximadamente 19h e 22h da noite. "Ela organizou o seu dia de modo a continuar ganhando um salário, fazendo o que gosta, e realizando o desejo de conseguir cuidar de seu filho, algo igualmente importante em sua vida", ele disse.

Outro desenvolvedor na companhia é um golfista dedicado que joga algumas vezes por semana. "Eu nem sei realmente quando ele joga e com que frequência", disse Paul. "Mas estou 100% seguro de que compensará esse tempo quando quiser."

É perfeitamente possível que você esteja revirando os seus olhos ao ler isso. *Que bom para o Paul e seus 65 empregados vivendo na Terra da Fantasia!* Você pode até ficar um pouco irritado. *Passeios na sexta-feira!*

Deve ser ótimo! Antes da pandemia de covid-19, você deve ter achado que esse tipo de flexibilidade era praticamente impossível na sua empresa. Depois de alguns meses trabalhando em casa, no entanto, você pode ter se perguntado "por que nós sempre pensamos que escolher o seu próprio horário de trabalho — ou organizar o seu trabalho em função de um hobby ou dos cuidados com terceiros — é uma extravagância".

O objetivo deste livro é, entre outros, romper essa mentalidade fechada e cínica. Mas é difícil imaginar esse rompimento quando não se consegue ver que ele pode funcionar. A Art+Logic é um exemplo de uma cultura flexível que funciona a serviço de seus empregados, incluindo os que estão no comando. Os objetivos da empresa e dos empregados são definidos com franqueza e comunicados claramente — parte do trabalho diário do que Paul descreve como "estabelecer expectativas razoáveis". Essas expectativas são pensadas para fornecer uma compreensão de qual trabalho é flexível e qual, se for o caso, precisa ser rígido. Por exemplo, espera-se que os empregados estejam amplamente disponíveis durante as horas normais de trabalho, mas eles podem criar horários que lhes sejam adequados, desde que avisem antecipadamente e os respeitem.

Os empregados da Art+Logic podem trabalhar de forma assíncrona porque são transparentes a respeito do que precisa ser feito, e isso, por sua vez, aumenta sua responsabilidade. A cultura deles baseia-se na confiança: não o tipo de expressão vazia que aparece em lemas e anúncios de emprego, mas a confiança verdadeira de que os empregados farão o que se espera deles. E parte dessa confiança nasce da permissão de liberdade real para tomar pequenas e, às vezes, grandes decisões sobre quando o trabalho deve ser feito. Mas a empresa também tem uma estratégia de longo prazo para responder e reforçar essa confiança. Ela não está focada em crescimento imediato, mas sim em uma visão de longo prazo: manter os empregados valiosos em um ramo de negócios competitivo.

A cultura da Art+Logic não pode ser transportada para qualquer empresa, porque não existe algo como uma fórmula mágica. A cultura obviamente apresenta resultados diferentes em diferentes escalas: o que funciona em uma companhia de software com 65 pessoas pode significar morte certa para uma firma global com 250 mil empregados. Mas não é o tamanho que explica o sucesso da cultura da Art+Logic. O sucesso acontece porque uma parte essencial da cultura da empresa é seguida corretamente. O que ela *diz* que está pedindo aos empregados e o que ela está *de fato* pedindo são a mesma coisa.

Então, o que produz uma cultura saudável e flexível? Bem, a administração. Não uma administração acrescentada à força, descartável, da velha escola, mas uma administração que atenda às necessidades do momento presente. Existem algumas áreas pelas quais se pode começar a verificar a cultura da administração existente e as maneiras de mudá-la, mas não se trata de uma lista de controle. Trata-se de um mapa. Podemos utilizá-lo para encontrar nosso próprio caminho — lembrando, porém, que as mudanças das quais uma companhia necessita são raramente aquelas que parecem as mais evidentes. Descubra a parte em que você se sente mais vulnerável, mais *observado*, mais desgastado e exausto. É por aí que você deve começar.

Quem é o gestor?

Melissa Nightingale e seu marido, Johnathan, faziam parte do primeiro grupo de empregados contratados pelo Mozilla na primeira década do século XXI. Eles eram jovens e não tinham muita experiência, mas, assim como muita gente talentosa que entra em uma start-up, subiram rapidamente os degraus hierárquicos da empresa. Eram constantemente promovidos e recebiam maiores responsabilidades de gestão, embora não entendessem bem que diabos deveriam estar fazendo.

Desde 2017 os Nightingale trabalham como consultores em administração, especializados em companhias em crescimento — um novo tipo de ocupação. Todos os dias eles passam algum tempo ouvindo como as empresas são deficientes na comunicação com os seus empregados e na sua gestão. *Muito* tempo. Depois, tentam resolver o problema.

"De um modo geral, não se trata de maldade", disse-nos Melissa, referindo-se à maneira como a maioria das companhias é administrada. "É ignorância. Existem agentes malignos, com certeza — pessoas que agem com base em fantasias de poder. Mas uma boa parte dessas táticas acontece de forma marginal. A razão pela qual o trabalho nos escritórios não é lá essas coisas é a mesma razão pela qual o trabalho remoto também poderá vir a ser péssimo. Isso acontece porque a administração é horrível."

Em sua posição no Mozilla, as primeiras equipes geridas pelos Nightingale estavam espalhadas por todo o mundo. Melissa e Johnathan foram encarregados de tentar coordenar o trabalho de suas equipes e, *ao mesmo tempo,* evitar atribuir tarefas que seriam realizadas fora das horas do dia no fuso horário de cada empregado. Naquela época, o Slack não existia. "A colaboração era difícil", disse Johnathan. "Nós estávamos tentando evitar conflitos", acrescentou Melissa. "E continuávamos recebendo mais e mais responsabilidades de nossos superiores. Até que chegamos a um ponto em que nos perguntamos: será que alguém vai nos ensinar como fazer esse trabalho?"

A resposta, como eles se deram conta, era essencialmente negativa. Eles estavam sozinhos. Olhavam para os outros gestores e percebiam que na maioria das vezes os novos administradores eram retirados de empregos não administrativos — em geral porque eram muito bons naquilo que faziam. Então lhes perguntavam: "Você quer ser um administrador?" A mudança era sempre considerada uma promoção. O salário também era melhor. A maioria dos empregados dizia sim e era lançada na parte mais profunda da piscina da administração com pouco ou sem nenhum treinamento.

"Eles acabarão sendo péssimos administradores e infernizando a vida de todos à sua volta", disse Johnathan. "Mas, insisto, não será por maldade. Será por ignorância. Ninguém disse a eles como devem trabalhar."

Esse tipo de prática não se limita a determinado setor econômico, mas os Nightingale afirmam que está particularmente presente em empresas de tecnologia. Durante anos, eles leram histórias sobre start-ups disfuncionais e comportamentos escandalosos vindos do Vale do Silício, e suspiravam, sabendo que o provável problema poderia ser consertado com facilidade, embora não de forma evidente. Eles fundaram a sua companhia, a Raw Signal, em Toronto, visando diagnosticar o problema que ainda subsiste.

Mas foi mais difícil do que eles pensavam. Apesar de toda a retórica a respeito da visão dos executivos, a experiência de trabalho diário em uma empresa — a cultura, as oportunidades, as frustrações — era raramente ditada por alguém no comando. Na verdade, eram os gerentes intermediários, o gestor *direto* de cada pessoa, que determinavam se o seu emprego seria sentido como uma experiência diária de batalha passivo-agressiva ou como algo colaborativo, criativo e satisfatório.

Vejamos, por exemplo, a manutenção de alguma coisa próxima do equilíbrio trabalho/vida durante a pandemia. Um administrador competente abordará cada empregado remoto de forma diferente. Ele tentará compreender quais são as necessidades individuais de cada um: como trabalham melhor longe do escritório, a quais estresses e pressões estão sendo submetidos em sua vida e como contorná-los. Ele oferecerá confiança e orientação, dependendo das necessidades do empregado. Resumindo, sua administração será ativa e dinâmica.

Porém, a maioria dos administradores não recebeu treinamento para atuar sequer em pequenas crises, e menos ainda em grandes crises causadas por pandemias. E, sem ter sido treinados, eles costumam administrar a partir de um de dois extremos. Ou eles fazem uma microgestão inútil, já que desconhecem outra maneira de fazer com que seu trabalho seja visível ou significativo, ou administram da forma como *seus* superiores o fazem: em segundo plano. Os empregados ficam desesperados à espera de algum feedback, mandando mensagens via Slack que se perdem no espaço.

Tudo isso era verdade antes da pandemia, quando a maioria das pessoas trabalhava em escritórios. O home office não criou um novo problema — ele exacerbou um problema que já existia. É por isso que Melissa e Johnathan acham que o sucesso do trabalho remoto e flexível pouco dependerá, em última análise, da adoção de novas tecnologias ou de planejamento organizacional estratégico, ou mesmo das preferências do CEO ou do conselho de administração. Ele viverá ou morrerá com a gestão intermediária.

"Quando as pessoas falam de trabalho remoto, eu ouço 'podemos trabalhar menos e ser produtivos ainda assim', e eu respondo 'OK, é verdade, estou animada'. Mas, se a administração é ruim, é possível trabalhar quatro horas por dia, cinco dias por semana, e ainda assim ficar totalmente estressado", disse Melissa. "Se eu viver com medo de ser demitida se não tiver um número suficiente de conversas olhos nos olhos ou mensagens via Slack com o meu chefe, o fato de trabalhar menos horas não vai adiantar. E tem mais: vou acabar não trabalhando menos horas. Vou compensar esse sentimento de precariedade produzindo o máximo e me desgastando (*burning out*)."

E os problemas vão além da questão do burnout. A falta de treinamento produz um tipo de impotência generalizada entre os gestores intermediários: em vez de funcionar como uma espécie de barreira para proteger os empregados, afastando as más decisões, eles se tornam vetores passivos do que (por vezes sem saber) os executivos demandam deles. A falta de (boa) administração favorece o crescimento das iniquidades e permite que as microagressões se transformem em macroagressões. Mas como é que se diz para uma pessoa que vem fazendo determinado trabalho há cinco, talvez até dez anos, que ela não entendeu o propósito de sua tarefa durante todo esse tempo?

É possível ser um mau administrador por conta de sua ignorância, mas isso não quer dizer que não há culpa no cartório. A má administração produz efeitos perniciosos em longo prazo. "Vimos mulheres terem seus salários corrigidos apenas porque seus gestores acordaram", disse Johnathan. "A razão pela qual elas recebiam um salário inferior não era que seu patrão estava rindo no canto. Foi porque ninguém disse ao patrão que eles tinham a responsabilidade de olhar a porra das planilhas."

Como Melissa e Johnathan assinalam, "se você está recebendo seu pagamento, está na hora de fazer um treinamento; não se pode fazer experiências e adivinhações quando se trata de lidar com seres humanos". Então como seria esse treinamento? Não pode ser uma sessão de treinamento de um único dia fora do local de trabalho, ou um seminário via internet passando na tela enquanto damos uma olhada no Twitter. Parte do trabalho tem que ser simplesmente se dar conta de que na maioria das organizações contemporâneas a "administração" tornou-se algo que é adicionado à descrição da função de alguém, como um professor de ensino fundamental que ganha um salário extra para dar aulas de vôlei. Não importa se ele jogou apenas algumas vezes na sua vida; alguém tem que assumir a tarefa. E quem não quer ter um aumento de salário?

Outra possibilidade é que a administração é usada como a atribuição de um prêmio para trabalhadores que se destacam pela sua produtividade, seja em vendas, seja em análise de dados, seja em qualquer outra área. Mas, como assinala um estudo recente da *Harvard Business Review*, as capacidades associadas à alta produtividade — incluindo conhecimento e prática, focar nos resultados e tomar iniciativas — são quase sempre indicativas de competências orientadas aos *indivíduos*. A administração requer habilidades orientadas para *os outros*: estar aberto ao feedback, apoiar o desenvolvimento dos colegas, comunicar-se com clareza, ter aptidão para as relações interpessoais.[34]

Os bons administradores são geralmente produtivos. Mas nem sempre pessoas produtivas administram bem. Eles ocupam esses cargos porque a maioria das empresas não valoriza o suficiente a boa administração para dedicar tempo identificando suas qualidades, bem como recrutando e mantendo empregados que as tenham.

Essa tendência de tratar a administração como um adendo — em vez de um trabalho específico, que exige um conjunto de habilidades

— é, segundo descobriram os Nightingale, crescente nas start-ups, tanto nas novas quanto nas que já estão consolidadas há tempos. Também é comum em organizações sem fins lucrativos com orçamentos apertados, em departamentos universitários (ver os chefes de departamentos) e em empresas "legadas", que fizeram correções excessivas nos organogramas sobrecarregados com funções administrativas dos anos 1960 e 1970. Naquela época, as pessoas lidavam com os problemas de administração preenchendo o organograma com administradores ainda mais malformados — agora apenas ignoram.

Muitas dessas empresas veem a gestão intermediária como um inchaço, um desperdício, o que David Graeber chamaria de "uma função de merda". Mas isso acontece porque uma administração ruim *é* um desperdício; a empresa *paga mais* a alguém cuja função é chatear todos à sua volta. E quanto mais pessoas sentem os efeitos dessa má administração, e acham que "é assim que as coisas são", menos elas valorizam a administração de forma geral. A chave, portanto, é pensar em como tratar a administração como uma capacidade valiosa e específica: um produto tangível que contribui para o valor e a resiliência de uma organização. De outra forma, os administradores continuarão a ser vistos como um peso morto, independentemente da atitude flexível adotada pela empresa.

Porém, antes que uma empresa chame alguém como os Nightingale — ou contrate outro tipo de treinamento de administração —, vale a pena pensar em quem ocupa atualmente os cargos administrativos. Quantas pessoas sem aptidão ou treinamento reais aceitaram a responsabilidade porque não tinham outra maneira de se destacar? Quantos detestam a função? Quantos gostariam de dedicar mais tempo à gestão da sua equipe, mas descobrem que há tão pouco tempo e espaço além de suas demais obrigações profissionais?

Em outras palavras, talvez alguns dos administradores da sua empresa não devessem ser administradores. Talvez *você* não devesse ser um administrador. Talvez você não seja um administrador, nunca tenha pensado em ser um administrador, mas na realidade tenha aptidão para isso. A administração foi durante tanto tempo associada à promoção que as qualidades vitais necessárias a essa posição foram apagadas. Isso não tem nada a ver com poder; tem a ver com como criar as condições para que a sua equipe possa fazer um excelente trabalho. Essa tarefa costuma ser invisível, mas sua empresa deveria tratá-la como algo muito valioso.

QUAL É A CARA DA ADMINISTRAÇÃO HOJE EM DIA?

As pessoas se sentiram perdidas, ansiosas e largadas em seu trabalho durante anos. Então agora é hora de repensar no que está faltando na administração e como reintegrá-la ao futuro total ou flexivelmente remoto.

Corine Tan, Andrew Zhou e Sid Pandiya se deram conta disso quase por acidente. Os três começaram suas carreiras em diferentes start-ups: Pandiya e Zhou trabalhavam em engenharia e produção, e Tan em desenvolvimento de negócios e marketing. Mesmo quando estavam em um escritório, eles perceberam que suas tarefas eram principalmente realizadas em telas e estavam mais isolados a cada dia. Os colegas estavam se tornando abstrações — a resposta a um e-mail esperando para ser enviada, em vez de um ser humano. Os três se interessaram em responder a uma questão fundamental: se as pessoas de fato entendessem as preferências de cada um quanto ao estilo de trabalho, poderiam trabalhar melhor em conjunto? Então eles criaram uma empresa, chamada Sike Insights, para estudar o trabalho remoto.

Em outubro de 2019, eles começaram a se dirigir a empresas de tecnologia por intermédio do LinkedIn com algumas perguntas básicas: o que você ama/detesta a respeito do home office? Eles conversaram com gestores, empregados e executivos de alto nível de empresas como Uber Eats, Glassdoor, Hubstaff, Evernote e Mozilla. Estavam nos estágios iniciais da análise de dados quando veio a pandemia.

"É uma loucura", nos disse Tan. "Abordamos uma ampla série de dados. No início era 'home office é ótimo!', depois 'opa, a pandemia global mudou tudo, está estressante', e, por fim, 'entrei na minha empresa há seis meses e nunca encontrei um único ser humano com quem trabalho'."

Os dados que a Sike Insights coletou forneciam um quadro triste. Com mais de 90 horas de conversas via Zoom com 110 empresas diferentes e seus empregados, eles descobriram que a maioria das empresas estava se vergando sob a pressão do trabalho remoto obrigatório. As pessoas estavam cansadas do Zoom e, mais que isso, lutando para se conectar emocionalmente com suas equipes. "Uma pessoa que entrevistamos resumiu perfeitamente a situação", disse Zhou. "Ela nos disse que estavam 'falando mais e dizendo menos'." A desconexão emocional estava criando ansiedade e também acabando com todas as pequenas e intangíveis alegrias do trabalho. As causas eram nítidas: a administração e a falta de inteligência emocional.

Eles descobriram que os administradores remotos que investigaram tinham em média 4,87 subordinações diretas. Não parece muito, mas estava esmagando a maioria dos gestores à medida que eles tentavam lidar com cinco seres humanos diferentes e emocionalmente complexos, todos sob estresse e com suas próprias demandas e necessidades. Pior ainda, 21,5% dos gestores remotos com os quais eles falaram tinham menos de um ano de experiência em administração quando o home office obrigatório começou. Eles encontraram o mesmo problema que os Nightingale: gestores subtreinados, sem experiência, sobrecarregados e forçados a viver em uma nova realidade. O resultado é que todos estavam sofrendo.

"Para ser um bom administrador, é necessário ser emocionalmente inteligente", nos disse Pandiya. "Esta é a tese da nossa companhia: a inteligência emocional dos administradores é o que faz com que a cultura de uma empresa seja terrível ou excelente. E é difícil ser emocionalmente inteligente quando não se está no mesmo ambiente." A consequência foi que o trio percebeu que os gestores intermediários estavam absorvendo a maior parte do estresse de seus empregados, enquanto *também* sentiam a pressão dos superiores para se certificar de que suas equipes se sentiam bem-cuidadas.

Sua tentativa de solução foi o Kona, uma plataforma digital que tenta medir a saúde emocional dos empregados que trabalham remotamente e ajuda os administradores a criarem uma "comunicação com base na empatia". A cada manhã, o Kona "verifica" como se encontram os empregados, pedindo a eles que avaliem seu estado de espírito naquele dia. Os empregados respondem por meio de uma cor (verde quer dizer se sentindo bem, amarelo é ambivalente e vermelho sugere que estão com dificuldades) e recebem a opção de acrescentar mais detalhes. Os resultados são então exibidos aos administradores, a fim de sintetizar o que a equipe do Kona descreve como "um sentimento geral de como as pessoas estão se sentindo".

Os administradores também podem computar a temperatura emocional de sua equipe ao longo do tempo de modo a ter uma ideia sobre como um projeto ou um conjunto particular de políticas pode afetá-la. A plataforma pede aos empregados que respondam a perguntas a respeito do estilo de trabalho e, se autorizada, usa inteligência artificial para analisar sua comunicação via plataformas, como canais públicos do Slack. O Kona, então, cria um perfil personalizado do empregado que pode ser visto e, se ele quiser, tornado público para que outros empregados possam usá-lo.

O que eles esperam, segundo a equipe, é que, com dados suficientemente honestos, o Kona possa ajudar os trabalhadores, e particularmente os administradores, a se comunicarem com mais eficácia em tempo real. "Imagine que você está digitando uma mensagem no Slack ou escrevendo um e-mail e o Kona aparece e diz 'vejo que você está falando com o Andrew e usando um raciocínio cheio de dados e números, mas nossa pesquisa nos diz que o Andrew responde melhor a uma argumentação mais emocional'", disse Pandiya. Ele descreveu outras situações plausíveis, incluindo um *pop up* do Kona para informar que o e-mail ao qual você está respondendo não é urgente e, além disso, Rebecca está numa reunião prevista para durar seis horas e se sentindo estressada hoje. Que tal responder amanhã?

Uma plataforma que fornece dados emocionais dos empregados é algo *incrivelmente* produtivo. Ela poderia ser utilizada de modo abusivo por colegas manipuladores; existem considerações reais sobre privacidade relativas à cópia de comunicações públicas em canais corporativos como o Slack ou aplicativos de agendamento. Alguns empregados podem não se preocupar em dizer a um programa de computador como estão se sentindo em determinado dia e não hesitarão em deixar que os outros saibam que estão se sentindo péssimos. Muitos acharão que isso é antinatural e invasivo. Mas, dizem os fundadores, é justamente esse o propósito. A opacidade e a falta de comunicação estão no cerne de muitos dos problemas atuais de gestão. A maioria das pessoas está em voo cego, andando cautelosamente na empresa para tentar não ser demitida, buscando adivinhar o estado emocional de seus colegas e superiores a partir de textos vagos. Se o trabalho remoto supõe menos contatos pessoais do que antes, como garantir que as pessoas ainda estão exprimindo e processando pequenos tiques, olhares, posturas e gargalhadas que funcionam como a linguagem não oficial do trabalho presencial?

"Falamos sobre a cultura da empresa o tempo todo, mas é muito vago aquilo do que estamos falando", disse Zhou. "Imagine se pudéssemos mostrar relatórios sobre a saúde da equipe e suas tendências para os administradores, e relacioná-las com decisões específicas que eles tomaram." É uma ideia de fato muito atraente. Suponha que um administrador excessivamente rigoroso antecipe em uma semana o prazo para a entrega de um projeto, obrigando seus empregados a abandonarem tudo para cumprirem essa demanda. A experiência leva todos a se sentir péssimos e o resultado é de qualidade inferior. Uma plataforma como o Kona teoricamente permitiria ao administrador (e seu superior) analisar essas decisões e aprender com elas.

"Pode parecer um preciosismo atualmente, mas as empresas vão se adaptar a esse tipo de gestão", disse Pandiya. "Daqui a dez anos, aqueles que não adotarem esse estilo híbrido vão parecer dinossauros. Vai ser como as empresas que no início dos anos 2000 viram a internet e disseram 'não estou interessado'."

Mas esse "estilo híbrido", no qual a administração se torna de fato uma mistura de avaliação analítica e a boa e velha sensibilidade humana, só é possível se os administradores criarem um ambiente no qual, por exemplo, os empregados não se sintam como se bastasse declarar seu estado emocional como "verde" todos os dias para que os administradores sejam de fato receptivos à história que os dados acumulados lhes contam, mesmo se são contraditórios com a sua própria percepção.

Veja o exemplo ligeiramente menos invasivo dos "Leadership Insights" da Microsoft, disponíveis para os administradores nas empresas que usam o Microsoft Teams. Uma vez ativada, a página do Leadership informa aos administradores quanto tempo de conversas pessoais, face a face, eles alocaram para cada um dos membros da sua equipe, a duração e as características das reuniões de equipe e quando acontecem naturalmente as "horas de silêncio" da equipe — isto é, o momento em que de fato não estão on-line e trabalhando. Os administradores podem ver quantos e-mails você está enviando, ou precisamente que tipo de trabalho está fazendo — desde que você esteja logado e utilizando o Teams.

Essa informação pode ajudar os administradores a serem mais honestos consigo mesmos a respeito de seu comportamento na administração: eles podem pensar que suas reuniões têm foco, mas a página Leadership mostra que eles estão fazendo outra coisa durante 74% delas — uma indicação, de acordo com um estudo feito pela Microsoft, de que o restante de sua equipe também está.[35] Eles podem pensar que estão se comunicando regularmente e de forma equitativa com todos os empregados, mas a análise vai mostrar se isso está de fato acontecendo.

Uma gestora, que trabalha como bibliotecária, nos disse que, no caso dela, a análise estatística, em particular durante as horas calmas, havia "aberto seus olhos". Ela costumava reservar o horário entre 17h e 19h para responder aos e-mails. Mas as estatísticas mostraram que seus e-mails estavam interrompendo constantemente as "horas calmas" de sua equipe — o período em que as pessoas haviam se afastado do trabalho, "trazendo-as" de volta. Agora ela ainda envia os seus e-mails entre 17h e 19h, mas os programa para chegar de manhã, durante o horário de trabalho de sua equipe. Ela precisava fazer uma escolha: continuar dizendo a si mesma, como fazem muitos gestores, que sua equipe entendia que não havia obrigação de ler e responder de imediato todos os e-mails recebidos depois do horário de trabalho ou dar uma olhada nos dados, perceber que eles continuavam lendo e respondendo nesse período, e mudar seu comportamento.

O segredo de uma boa cultura e mesmo de uma boa administração não é um encontro fora do escritório em algum fim de semana, ou mesmo alguma novidade tecnológica. Como diz Tan, "uma mesa de pingue-pongue ou uma *happy hour* nunca vai resolver a questão". As estatísticas não fazem com que os administradores fiquem melhores. Elas podem ser usadas para informá-los e mudar seu comportamento, mas só se eles estiverem de fato interessados em administrar com mais empatia e propósito.

Estamos todos tentando descobrir como nossos empregos ficarão nessa nova realidade, mas, se o fizermos separadamente, o trabalho remoto vai continuar sendo a confusão interminável do ano da pandemia. O processo vai exigir muita experimentação e tolerância, comunicação e transparência. Contudo, a maneira como nos propomos a fazê-lo, particularmente na qualidade de administradores, é entender como todos, de cima a baixo do organograma, são seres humanos integrais, confusos, complexos, vulneráveis e batalhadores, que necessitam de apoio, afirmação e limites. É possível ensinar a todos essas posturas. Mas os administradores têm que aprender por si mesmos.

MATE A MONOCULTURA

Em 2020, 92,6% dos CEOs das quinhentas maiores empresas listadas pela revista *Fortune* eram brancos.[36] Uma pesquisa realizada no mesmo ano junto a mais de quarenta mil trabalhadores em 317 empresas chegou à conclusão de que, embora os homens brancos constituam não mais do que 35% dos recém-contratados, eles ocupam 66% dos cargos executivos superiores.[37] Para cada cem homens promovidos a gestor, só 58 mulheres negras e de origem latina foram promovidas. E só 38% dos que responderam à pesquisa e eram recém-contratados correspondiam a mulheres de qualquer etnia.

Você já ouviu falar dessas estatísticas antes ou algo muito próximo disso. Não importa o número de workshops realizados pela sua organização sobre diversidade, equidade e inclusão; se os líderes e gestores não são eles mesmos diversificados, a monocultura vai prevalecer.

A palavra "monocultura" vem do mundo agrícola e descreve a plantação ou a criação de uma única espécie de vegetal ou animal. Os negócios não desenvolvem plantações, mas produzem trabalhadores; toda organização cria, consciente ou inconscientemente, as condições nas quais certo tipo de trabalhador vai florescer. Na maioria das empresas, o perfil desse trabalhador é aquele das pessoas que prosperam na maior parte das situações nos Estados Unidos: branco, do gênero masculino, com bom nível de educação, de classe média, simpático, sociável e capaz de delegar obrigações fora do escritório a terceiros — um(a) companheiro(a), um pai ou mãe, ou um(a) empregado(a).

Deixada solta, a monocultura vai se autofertilizar e se replicar indefinidamente. O que um homem branco, por exemplo, pode considerar pontos altos da "boa liderança" e da "boa administração" são as coisas que parecem *a ele* ser boa liderança e boa administração — características que se manifestam em tudo, dos padrões de profissionalismo ao tom de voz. Ele naturalmente promoverá e prestigiará trabalhadores com esses atributos e marginalizará ou ignorará os que não os possuem.

Os que perpetuam a monocultura costumam não se dar conta do que estão fazendo. Mas é assim que a monocultura persiste: pessoas promovendo continuamente outras pessoas iguais a elas durante todo o tempo. No mundo da agricultura, anos de monocultura acabam extinguindo todos os nutrientes do solo. Os fazendeiros são obrigados a usar cada vez mais fertilizantes e pesticidas para manter altos os níveis das colheitas. O processo acaba provocando destruição no ecossistema. Por que eles continuam fazendo isso? Em geral, porque é mais barato e mais fácil. Eles focam nos resultados de curto prazo em vez de pensar na devastação de longo prazo que vai acabar com o negócio deles e de suas famílias.

Não se trata apenas da devastação do solo. A produção também diminui. Alguns negócios se deram conta aos poucos de que criaram a sua própria versão de monocultura. Talvez seja *bom*, eles começaram a pensar, e até animador e produtivo ter uma empresa cujo pessoal não conta com uma única experiência de vida. É possível notar a popularidade crescente dessa ideia ao ler relatórios de consultores e artigos em revistas de negócios que usam expressões como "a diversidade é lucrativa", "a relação entre a diversidade e o desempenho dos negócios persiste" e "o tema da diversidade nos negócios é irresistível".

Esse "tema da diversidade" nos negócios desenvolveu-se paralelamente à crescente pressão social em favor da justiça social e racial nas empresas. Muitas companhias responderam a isso adotando algum tipo de iniciativa de "diversidade, equidade e inclusão" (DEI), o que quer dizer, na linguagem corporativa, esforçar-se para não apenas expandir a diversidade de empregados e terceirizados, em todos os sentidos, como também tornar a empresa menos tóxica para essas mesmas pessoas. Algumas empresas têm agora um "responsável" por DEI; outras terceirizam workshops e treinamento para o setor multibilionário de DEI. Em 2020, a Bain lançou uma consultoria em DEI com mais de vinte colaboradores disponíveis para auxiliar as empresas que aceitem pagar pelos seus serviços. A chefe do departamento, Julie Coffman, chamou a diversidade de "o novo digital".[38]

O resultado desses esforços foi médio, o que não surpreende. Mesmo as empresas que conseguiram obter sucesso no recrutamento de candidatos "diversificados" funcionam mal quando se trata de retê-los. Além disso, consultorias como a Bain geralmente avaliam o sucesso em termos numéricos — por exemplo, a porcentagem de candidatos "diversificados" entrevistados para algum cargo — que não requerem nenhuma mudança substantiva na forma como uma empresa trabalha, particularmente no que diz respeito à liderança. Dois estudos de 2007 e 2016 mostraram que as empresas com algum tipo de treinamento em DEI não contrataram um número significativo de administradores mais diversificados — na verdade, *reduziram* o número de mulheres negras em cargos de administração.[39]

Quando uma empresa pensa na diversificação como algo que pode ser adicionado a uma monocultura existente, há uma grande possibilidade de que esses empregados se sintam sempre como se estivessem fora dela. E quando trata a DEI como se fosse um módulo a ser preenchido, a empresa pode deixar de ver que não consegue integrar os seus princípios às operações diárias e básicas.

Uma mulher nos contou ter participado de um workshop em DEI no qual o auditório reservado para o evento não era um espaço que oferecia acessibilidade. Um colega cadeirante foi convidado a ouvir a palestra junto à porta de entrada. Outra mulher se lembrava de um encontro durante o Mês da História Negra, incluído na política de DEI, no qual todos os palestrantes eram brancos. Uma professora disse que o comitê de DEI da sua universidade não tinha recursos financeiros nem apoio sólido por parte do reitor. Assistir aos workshops de DEI era facultativo para o corpo docente e por isso pouco frequentados — em geral, sempre pelo mesmo pequeno grupo de pessoas. As mulheres no comitê faziam todo o trabalho. Parecia, nas palavras de uma delas, apenas "uma fachada funcional".

Histórias desse tipo se encontram por toda parte. Não são apenas erros crassos anedóticos. Eles evidenciam um erro de conceituação do DEI, no qual os treinamentos e as avaliações funcionam como uma panaceia para a culpa dos brancos, em vez de ser um projeto para uma mudança cultural duradoura. Enquanto as empresas continuarem a enquadrar a diversidade por esse ângulo, também continuarão a perder tempo e dinheiro, além de acabar com a paciência dos empregados. A mudança para o trabalho remoto e flexível não resolverá inteiramente o problema — não chegará nem perto disso. Mas pode começar a desmontar estruturas que pareciam intocáveis e começar a construir novas estruturas, inesperadas e mais inclusivas, em seu lugar.

Antes do ano da pandemia do novo coronavírus, Stephanie Nadi Olson encontrava esse tipo de atitude em suas reuniões com grandes empresas — agências de publicidade globais, gigantes de tecnologia, conglomerados de varejo — que estavam tentando lidar com o seu "problema de DEI".

"Pouco antes do isolamento social, minha última viagem a trabalho foi para encontrar duas empresas de tecnologia", ela disse. "E eu disse a eles: 'Vocês não podem olhar para mim e dizer que querem ter uma organização diversificada de classe internacional, e dizer *também* que todos os que trabalham para vocês têm que se mudar para Seattle.'"

Quando Olson dava esse conselho, antes da covid-19, os executivos olhavam para ela ou fingiam educadamente que concordavam, mas não faziam nada. Porém a combinação da pandemia com a pressão contínua para uma ação substancial das empresas quanto à justiça social na contratação mudou a sua posição. "A pandemia lhes deu a permissão", nos disse Olson. "Eles podem ver que o trabalho remoto é possível, e uma forma realista de tratar da sua questão de DEI."

A solução de Olson parece um truque simples. A sua organização, We Are Rosie, opera como uma versão do século XXI de uma firma de trabalho temporário, fazendo a conexão de mais de seis mil trabalhadores no campo do marketing com empresas e agências do mundo inteiro. Alguns desses *"rosies"*, como os empregados são chamados, trabalham durante algumas semanas em um projeto novo de uma empresa. Alguns trabalham em campanhas políticas. Outros se tornam colaboradores a longo prazo de empresas tradicionais, como a Bloomberg ou a Procter & Gamble.

Mas a We Are Rosie não é uma subcontratante tradicional. Ela pega a realidade das falhas nas empresas existentes e procura estabilizá-las para seus empregados. Os *rosies* podem trabalhar remotamente de qualquer lugar que desejem. Podem encontrar trabalho em tempo parcial que ainda pague bem. Têm uma comunidade on-line de apoio robusta. E se uma empresa tenta contornar alguma cláusula do seu contrato, tratá-los mal ou mudar os parâmetros do projeto que foram contratados para completar, eles contam com um advogado externo cujo interesse primário é manter os *rosies*, não o cliente.

Resultado: uma força de trabalho que é mais de 90% remota, mais de 40% negra, indígena ou de outras etnias, ou BIPOC (*Black, Indigenous, and People of Color*), com 99% de equidade de gênero nos salários. Alguns dos *rosies* são mães que passaram anos procurando trabalhos interessantes que fossem verdadeiramente em tempo parcial, em vez das "vinte horas" que sempre acabavam virando quarenta ou mais. Algumas são veteranas, sofrendo de transtornos de estresse pós-traumático, o que torna difícil para elas se comprometer com trabalho em tempo integral fora das suas casas. Outras vivem em zonas rurais que não querem deixar por causa da comunidade ou do emprego do(a) seu(sua) companheiro(a) ou da proximidade com sua família. O que eles têm em comum é simples: foram esquecidos ou subavaliados pelas monoculturas de vários setores. Mas isso não quer dizer que a sua contribuição não era valiosa.

A We Are Rosie combina as vantagens do "trabalho flex", principalmente no que diz respeito à diversidade e à inclusão, com a proteção contra a exploração e a instabilidade que em geral o acompanham. Para tanto, os gestores da We Are Rosie desenvolveram um ambiente em que seus empregados se sentem empoderados e apoiados ao ter a palavra. Antes de tudo, a diversidade da equipe reflete o tipo de diversidade que se pretende promover entre seus membros; sua sede é em

Atlanta, não no litoral; a fundadora é filha de um refugiado palestino; ela cresceu num lar multilíngue e multirreligioso.

"Somos ativistas no nosso marketing, e a nossa newsletter e nossas comunicações também são orientadas pelo ativismo", nos disse Olson. "Elas criam um ambiente para os *rosies* que faz com que se sintam confortáveis de nos trazer alguma coisa. Por exemplo, não é incomum que alguém faça uma entrevista com um cliente e nos diga que somos tão explícitos quanto aos nossos valores que ele acha que esse cliente ou indivíduo não parece ser compatível com eles."

Em muitos casos, isso significa que a We Are Rosie não vai trabalhar com esse cliente. "Esse negócio é um mecanismo de distribuição de acesso, oportunidades e riqueza para pessoas que tradicionalmente não tinham acesso a essas coisas", disse Olson. "Nós só temos que fazer sempre a coisa certa. Há grandes empresas onde colocamos *rosies*, e temos que manter abertas as conversas sobre seu funcionamento."

O problema, diz Olson, é que muitos líderes nessas empresas estão tentando, na medida das suas forças, "sobreviver a essa merda". Eles estão profundamente empenhados em voltar para o jeito como as coisas eram antes: funcionando em um lugar físico, obcecados com a presença, pensando na liderança como "disponibilidade constante", ainda achando que DEI se resolve com um comitê. Eles não admitiriam, mas querem preservar a monocultura. Olson sabe que não tem como mudar a mentalidade desses CEOs, homens brancos de 63 anos. Mas ela pode tornar muito fácil a ligação dessas organizações com trabalhadores que, em caso contrário, estariam totalmente afastados delas.

Há um cenário negativo, é claro, no qual se permite que a monocultura persista no escritório, entre os empregados que estão presentes diariamente e continuam a subir na hierarquia, enquanto os "diversificados" são subcontratados por outras pessoas em todo o país ou, como é o caso nos *call centers*, como assistentes executivos ou coisas semelhantes no mundo todo, ganhando muito menos. O que significa que uma organização poderia contratar alguns *rosies*, mas o que eles necessitam de verdade é ser de fato mais parecidos com a We Are

Rosie: contratar e reter trabalhadores diversificados de cima a baixo do organograma, e gerar a confiança de que eles não estão apenas exibindo seus valores para efeito de relações públicas, mas sim tentando vivenciá-los.

A We Are Rosies foi fundada em 2018 e incluiu a DEI no seu DNA desde o início. A maioria das empresas está enfrentando anos, se não um século ou mais, de monocultura. Para mudar esse legado, elas precisam analisar o seu perfil e rachaduras, fazer o que a For the Culture, uma companhia de alteração de propriedade e cultura fundada por quatro mulheres de cor, chama de "Ver": identificar e articular o clima organizacional atual de modo a poder pensar sobre as mudanças necessárias.

Mas muitas organizações resistem à ideia. "As pessoas têm as melhores intenções, tentando descobrir como reagir ao caos ou tensão ou mudanças na cultura", nos disse Nia Martin-Robinson, uma das fundadoras da For the Culture. "E as pessoas pensam que se puderem achar um bom consultor em DEI, se puderem fornecer esse treinamento para o seu pessoal, então tudo ficará melhor. Assim, elas vêm até nós e dizem 'só queremos o treinamento'. E nós dizemos que precisamos conversar com o pessoal para descobrir os grupos primários, para saber do que precisam *de verdade*."

"Quando não é visto como uma crítica à missão, o DEI se torna uma espécie de adendo", explicou Sabrina Lakhani, também cofundadora da For the Culture. "O treinamento tem um alcance limitado. Ele não muda as desigualdades."

Esse tipo de avaliação se assemelha às estatísticas que abriram este capítulo: quem detém as posições de liderança? Qual é a diferença entre as porcentagens que constituem os cargos mais baixos, os administradores e os líderes? Ignore os dados longitudinais por enquanto: podemos ter aumentado a presença dos grupos "sub-representados" na administração em 10% desde o ano passado, mas isso pode querer dizer apenas sair de zero administrador BIPOC para *um*.

Uma vez definida uma linha de base, precisamos ser mais detalhistas em nossa concepção da diversidade. Os executivos costumam ter uma compreensão equivocada desse ponto e tentam "coletar" um empregado de cada etnia. Em vez disso, respondamos às seguintes questões: existe alguém entre os administradores que seja deficiente físico? Temos uma mistura de pessoas com filhos e sem filhos? Pais heterossexuais e LGBTQ+? A maioria da força de trabalho é da mesma geração? Qual a porcentagem diplomada nas universidades de elite? E nas faculdades e universidades historicamente frequentadas por pessoas negras? Talvez tenhamos aumentado o número de mulheres entre os altos executivos, mas todas essas mulheres são brancas?

A questão não é apenas aumentar a diversidade para o relatório anual, ou seguir algumas recomendações de consultores quanto a esse número. Tampouco é tentar conectar cada pessoa com um gestor que tenha a mesma formação ou experiência de vida. A questão é continuar a diluir o tipo de monocultura que torna a quem chega agora tão difícil prosperar. O que significa, em muitos casos, abandonar ideias sobre como o escritório deveria parecer e operar. Como assinala Martin-Robinson, as empresas estão desejosas de transformação, mas continuam resistentes à ideia de que essa transformação se traduz em *abandono* — de velhas hierarquias, antigos caminhos até o poder, compreensões superadas de como a produtividade deve ser entendida.

Livrar-se da monocultura não é apenas contratar ou promover pessoas. É descobrir como deslocar, em termos organizacionais, o centro de poder e controle, afastando-o dos que o detinham, sem ser questionados, por muito tempo. Isso representa, em certo sentido, uma mudança radical quanto à dinâmica do poder dentro das empresas, um processo que provavelmente criará algum tipo de tensão. Mas é errado pensar nessas mudanças como unidimensionais — como uma tomada de poder ou a derrubada de um antigo regime. Esse tipo de raciocínio é de soma zero, fadado ao fracasso, e não como a inclusão acontece de fato.

Livrar-se da monocultura parece um apagamento, mas é na verdade um acréscimo. A inclusão significa adicionar vozes, e é exatamente desse processo que deriva o seu poder e valor. A diversidade e a inclusão não sinalizam o despojamento da totalidade do status e privilégio de um grupo e a sua entrega a outro. O seu propósito é o equilíbrio.

Não é apenas a We Are Rosies, afinal, que é capaz de recrutar gente rejeitada pela cultura. São empresas como a Doist, que tem empregados em trinta países em todo o mundo, com uma taxa de retenção de 97%, porque as descrições de funções são legitimamente flexíveis e não exige que os empregados apareçam diariamente em um escritório. São organizações como a 19th, que compreendeu que a única maneira de contratar jornalistas que poderiam tornar suas coberturas efetivamente intersetoriais era permitindo a eles que permanecessem nas comunidades onde viviam e as cobrissem. Se a rede for de fato lançada de maneira ampla, ela captará mais peixes desejosos de nadar em seu interior.

Mas, para mantê-los, é necessário continuar a iluminar — e a desmontar — a monocultura. O que quer dizer rever todas as normas ocultas que se calcificaram em torno da cultura que existia: expectativas pela socialização no trabalho, como pedir conselhos e subir na hierarquia da organização. Muitas dessas ideias foram tão cuidadosamente normalizadas que, a menos que tenhamos resistido a nos encaixar nelas, é difícil ver como são exclusivistas.

Os escritórios, por exemplo, são naturalmente sociais. Embora isso não seja necessariamente uma qualidade negativa, os ritmos sociais de muitos locais de trabalho norte-americano — até os mais progressistas — tendem a apresentar vestígios de elementos da força de trabalho predominantemente branca, masculina e de classe média da época do homem da organização. Socializar, sobretudo depois do trabalho, em geral tem a ver com álcool, e é preferido pelos trabalhadores que não precisam cuidar de ninguém e gostam de um bate-papo.

Helen, por exemplo, nos disse, depois de seis meses de pandemia, que nunca tinha sido tão feliz no trabalho. Como empregada em uma start-up de tecnologia na região de San Francisco, ela achava que seu trabalho não mudara muito. A transição havia sido mais suave do que se esperava. O que mudou, contudo, foi a sua relação com a cultura da empresa.

"Eu sou muito introvertida, e me sinto muito mais confortável dessa forma", disse Helen. Antes da pandemia, ela se sentia incomodada com certas tarefas e interações pessoais no escritório. Ao contrário de colegas mais sociáveis, ela temia que talvez fosse vista como desligada. Pior ainda, havia a incômoda preocupação de que não seria reconhecida ou lembrada. Para impedir que fosse potencialmente deixada para trás, ela participava de atividades pós-trabalho que detestava, perdendo um tempo precioso com a sua família, desperdiçado em conversas desconfortáveis. E para quê?

A empresa estava usando as atividades depois do trabalho para gerar o tecido conectivo que a administração deveria ter propiciado. Ela se curvava o tempo todo em favor da ideia de cultura da empresa, e as contorções eram exaustivas. Depois que a pandemia mandou todo mundo para casa, a cultura da empresa começou a se virar *na sua* direção. Em vez de participar de uma reunião artificial que provocava ansiedade, Helen podia participar virtualmente em grupos de debates. Ela se sentiu menos fechada. Em vez de desconfiar de cada proposta ou questão, ela ganhou pequenas doses de confiança. Começou a se destacar mais em conversas que não eram relativas ao trabalho.

Ela se tornou ativa em um canal do Slack dedicado às mães trabalhadoras que o escritório criou, o qual era programado para estimular as participantes a responder todas as quintas-feiras como estavam passando, publicando um GIF. "Parece bobo, não é? Parece que não vai dar certo. Mas é incrível", disse ela. "É um maravilhoso tópico de mães. É divertido, emocionante e se tornou algo maior do que esperávamos. É para mim uma forma genuína de manter uma conexão pessoal com gente que eu não conhecia, algo que não requer interações ao vivo, cara a cara."

Nos primeiros tempos em nosso antigo emprego, a cultura social girava principalmente em torno de ficar dias inteiros olhando para uma tela de computador, seguida de noites até tarde no bar. As saídas informais eram em geral improvisadas e de nenhuma forma obrigatórias, mas em uma pequena empresa elas constituíam meios valiosos para conhecer os colegas. Como éramos novos na empresa, aprendemos que as fofocas depois do trabalho, movidas a bebidas, eram a única maneira de saber o que de fato acontecia, quais administradores eram instáveis, quem era meio assustador e quem estava andando sobre uma camada fina de gelo. Mesmo não sendo sobre o trabalho e não acontecendo no trabalho, não quer dizer que os encontros ocorriam totalmente separados do trabalho.

Os que não apareciam em algum bar caindo aos pedaços para tomar um caríssimo gim-tônica não caíam no ostracismo. Mas, assim como Helen, eles se sentiam em desvantagem, ou que estavam fazendo alguma coisa *errada*, simplesmente porque a sua personalidade não combinava com a cultura real. "Não sou uma fã de *happy hour*", nos disse Sheela, colega de Helen. "E foi incrível ter encontrado novas maneiras de trazer as interações físicas tradicionais para o espaço virtual."

Sheela se vê como mais extrovertida, e ela e suas colegas encomendaram kits de comida para fazer em casa e tiveram aulas de culinária em grupo via Zoom. Elas usam uma ferramenta do Slack chamada Donut, que junta participantes selecionados ao acaso para conversas a dois sobre qualquer assunto — ligado ao trabalho ou não. Algumas dessas ideias podem parecer a princípio artificiais ou bobinhas, mas não são piores do que a expectativa implícita de se encontrar em um bar depois do trabalho, e são muito mais inclusivas. Também não pretendem substituir as conversas pessoais: a questão não é banir as *happy hours*, é parar de fazer delas a forma de conexão mais valiosa.

Ela também gosta da forma como o trabalho remoto a ajudou a organizar os diferentes aspectos de sua identidade: como profissional, como mãe de dois filhos e como uma mulher negra. "Eu sempre senti tanta pressão, querendo ser mãe e inteiramente focada no trabalho, e pensando em como ligar e desligar essas coisas", disse Sheela. "Mas achei que a carga é muito mais leve trabalhando em casa. Vejo menos como um equilíbrio trabalho/vida e mais como fluidez trabalho/vida."

A monocultura na empresa de Helen e Sheela havia privilegiado um certo tipo de interação pessoal pós-trabalho. A pandemia interrompeu essa cultura e a substituiu — pelo menos em parte — por outra que as ajudou a ressaltar seus pontos fortes. A mudança para o trabalho remoto, no entanto, pode permitir que outros padrões, em particular os arbitrários — muitas vezes brancos e cisgêneros — de "profissionalismo", também desapareçam.

Quando a jornalista Chika Ekemezie começou a entrevistar mulheres negras que haviam passado a trabalhar em casa durante a pandemia, ela estava interessada nas maneiras como o trabalho remoto as liberavam dos padrões (brancos) de profissionalismo em seus escritórios. "Acreditei durante muito tempo que o profissionalismo é apenas um sinônimo para obediência", ela escreveu. "Quanto menos capital social você possui, mais você se prende ao profissionalismo. É por isso que Mark Zuckerberg pode usar a mesma camiseta para ir ao trabalho, ao passo que as mulheres negras são punidas por usar tranças."

Ekemezie repete o trabalho da socióloga Cassi Pittman Claytor, que descobriu, antes da pandemia, que os trabalhadores negros nos escritórios — particularmente aqueles em empresas com poucos trabalhadores negros — se debatiam com a pressão internalizada para se vestir bem e se comportar de forma exemplar. "Para proteger suas carreiras, eles tentam ser mais 'arrumados' do que seus colegas brancos e cuidam bem mais de sua aparência", observou Claytor. "Eles dizem que usam calças formais enquanto os colegas brancos usam jeans. Enquanto se preocupam em usar roupas limpas e passadas, eles dizem que seus colegas brancos usam roupas amassadas ou com furos."[40]

Mas o trabalho em casa, como disse Ekemezie, "deu às mulheres negras a oportunidade de se desenvolver longe das expectativas de profissionalismo, simplesmente pelo fato de não ser hipervisíveis e submetidas a padrões que não foram criados para nós".[41] Algumas mulheres disseram que passaram a usar um guarda-roupa menos formal, e menos maquiagem; outras se sentiram mais livres para usar toucas ou perucas nos dias em que não queriam perder tempo para arrumar o cabelo.

As pesquisas realizadas nos primeiros dez meses da pandemia de covid-19 ilustram a relação complexa que certos empregados BIPOC têm com o trabalho remoto. Os dados recolhidos pelo Future Forum do Slack mostraram que os empregados negros estavam trabalhando mais horas e se sentindo mais estressados por conta da pressão por melhor desempenho — sinal da falta de confiança mútua entre os empregados e os administradores. Mas, de um modo geral, os trabalhadores negros demonstraram um acréscimo de 29% nos sentimentos de satisfação e pertencimento, trabalhando em casa, em comparação com o trabalho em escritório. Uma das razões para isso, disseram os que responderam, era que trabalhar em casa significava mudar menos o seu comportamento ou sentir menor pressão para se modular em relação a um chefe ou colega.

No entanto, à medida que os "escritórios" dos trabalhadores foram transferidos para suas casas, alguns começaram a sentir que certos padrões de profissionalismo passaram a ser usados para avaliar seus espaços pessoais.[42] O que os meus livros, minha arte e minha bagunça comunicam a respeito da minha competência como trabalhador? Quem consegue "profissionalizar" seus espaços em casa para aparecer on-line, e quem tenta posicionar a câmera de modo que os colegas não percebam que eles estão participando do Zoom no quarto onde dormem? Que empregados se sentem suficientemente poderosos para dizer "dane-se, não me importa qual seja a minha imagem de fundo" — e quem está perdendo muito tempo pensando nisso?

Quanto menos privilégio e poder se tem numa organização, mais essas coisas contam. E se, pessoalmente, não sentimos que contam, é bem possível que estejamos observando a partir de uma posição de estabilidade ou poder — um lugar, como diz Ekemezie, com um capital social elevado. Em um debate seis meses antes da pandemia, Tamara Mose, professora de sociologia do Brooklyn College e diretora de DEI da Associação Americana de Sociologia, arrumou o seu local de trabalho de modo que atrás dela se visse uma parede branca sem nada: ela não queria que as coisas em volta, e o que elas poderiam comunicar a seu respeito, se tornassem parte das interações com seus alunas e colegas.

Mas nem todos têm acesso a uma parede vazia. Uma solução simples: padronize seus fundos de Zoom, divertidos ou sérios, assim como faz com seu trabalho remoto. Permita aos trabalhadores desligar as suas câmeras em situações em que a comunicação face a face não seja necessária. E continue a repensar quando tais comunicações *são de fato* necessárias. Aceitar o home office pode quebrar a monocultura, mas só se ficarmos vigilantes quanto às formas pelas quais ela também pode ser reproduzida. Até que se consiga reconhecer isso, os esforços para criar uma cultura do trabalho realmente inclusiva continuarão a fracassar.

A inclusão não pode se limitar às alternativas para *happy hours*. Compreender e cuidar das necessidades das pessoas com capacidades diferentes, vidas domésticas diferentes e estilos de trabalho diferentes — tudo isso é parte do trabalho de demolição da monocultura. As pessoas com deficiências estão esperando que as empresas acordem para essa necessidade há *anos*, enquanto seus membros têm defendido mais opções de trabalho realmente flexíveis. Porém, agora que eles já foram incluídos na força de trabalho, é hora de entender de fato como as "acomodações" funcionam.

Steven Aquino vem cobrindo as empresas de tecnologia da Califórnia nos últimos oito anos. Antes disso, ele era professor primário, mas a sua paralisia cerebral tornava difícil atender às demandas físicas diárias de seus alunos. Ele procurou por algo que pudesse fazer, de preferência em casa, que seria menos exigente do ponto de vista físico. E ele achou que essa ocupação seria escrever.

Tal mudança para o trabalho em casa "realmente mudou quem eu sou", disse Aquino. "Não estou mais tão cansado o tempo todo. Como não estou tão exausto, nem sentindo dor, nem pensando nisso o tempo todo, consigo me concentrar no trabalho no qual sinto prazer e do qual me orgulho." Trabalhar em casa também reduziu a ansiedade social de Aquino, que era exacerbada pela sua gagueira. Ainda assim, ele se sentiu desorientado pela retórica do momento atual e as oportunidades de trabalho flexível. "Vivemos em uma sociedade na qual a diversidade e a inclusão são temas importantes neste momento", ele disse. "E é inspirador ver isso acontecendo. Mas não existe equidade. Falamos de inclusão, mas pessoas como eu são sempre postas de lado, mantidas bem longe."

"É duro ouvir pessoas dizerem 'ah, meu Deus, estou preso em casa, tenho que mudar toda a minha vida, estou amarrado com meus filhos e ainda tive que aprender a usar o Zoom!'", nos disse Aquino. "Eu fico sentado aqui pensando: 'Sim, *é* difícil, agora vocês estão vendo o que as pessoas como eu são obrigadas a fazer.'" PcDs durante anos tiveram que obrigar, exigir, processar ou pedir gentilmente às empresas que se tornassem mais acessíveis. E *agora* as pessoas estão reclamando que a tecnologia remota é ruim e ninguém sabe como administrar os limites?

A defensora de PcDs e consultora em inclusão Andraéa LaVant passa boa parte do seu tempo tentando comunicar uma mensagem muito básica: ter uma pessoa com deficiência na sua equipe não é um *custo*, e sim um *benefício*. "Vai beneficiar todo o mundo, porque enxergamos a vida por um prisma diferente", disse LaVant. "Se somarmos a isso outras perspectivas intersetoriais, como eu, uma mulher negra com deficiência, a empresa vai ter uma perspectiva inteiramente diferente."

"As empresas acham que as adaptações devem ser caras", continuou LaVant, "embora o custo médio de uma adaptação, antes da pandemia, fosse inferior a 500 dólares por pessoa. Mas eles ainda acham que isso é um custo *extra*. Eles pensam nas adaptações físicas. Se você pede alguma coisa fora da norma, ou fora do padrão do que já existe, eles supõem que você vai custar a eles um bocado de dinheiro."

O que aconteceu com a pandemia, no entanto, provou como a inclusão pode ser na verdade bem simples. Ela geralmente implica a melhora dos padrões para PcDs e a adoção de componentes com projeto universal. Como, por exemplo, as conferências e encontros durante os anos da pandemia, que passaram a ser todos on-line, ou seja, tornaram-se *acessíveis* às pessoas que geralmente não podiam participar deles no passado por motivos diversos, como questões de mobilidade, demandas por cuidados especiais, locação e custos. Com certeza não se sentirão mais tão protegidos ou exclusivos — mas esse é justamente o *ponto*. A acessibilidade real significa abandonar os argumentos idiotas cujo propósito é a preservação do *status quo*. Alguma parte das interações se perde quando se passa do mundo físico ao on-line? Provavelmente, sim. Mas essa perda domina as conversas em prejuízo do que tantos ganham, em particular aqueles que antes eram impedidos de participar.

Um projeto universal — nos escritórios físicos, na tecnologia remota, na maneira como se concebe a comunicação — é a antimonocultura. Não custa tão caro quanto temem; não é tão destrutivo quanto as pessoas imaginam. Mas exige que todos os envolvidos acreditem que quanto mais aumentarmos o número de participantes e mais *valorizarmos* essas pessoas, melhor será a organização. Com melhor entendimento da base ampla de pessoas a que serve a organização, menor *turnover* de empregados e a promoção de maior criatividade e colaboração.

"Quem não se beneficia de uma reunião com apoio em legendas ou de uma transcrição?", perguntou LaVant. "Não é apenas útil para uma pessoa surda ou para alguém que tem alguma deficiência neurocognitiva. Existem *tantas* vantagens associadas a um projeto universal nos locais físicos de trabalho. Ou seja, por que você acha que tantas pessoas querem usar o banheiro para deficientes? Porque é *melhor*."

Algumas companhias já se deram conta do que acontece quando se adota uma cultura diversificada, equitativa e inclusiva — desde o início ou sobre as ruínas da monocultura que a precedeu. Seu raciocínio, como o de LaVant, é bem simples. É apenas *melhor*.

Uma empresa não é uma família

Valerie é uma australiana expatriada, vivendo atualmente na periferia de Londres, que encontrou um caminho para trabalhar em organizações sem fins lucrativos depois de uma experiência tóxica no mundo corporativo. Ela trabalha hoje na captação de recursos para uma organização que faz trabalhos assistenciais na comunidade. Ela gosta do seu emprego porque, como diz, "posso ver o que fazem com o dinheiro que eu obtenho". Mas a experiência prévia de Valerie no mundo corporativo ensinou-lhe a necessidade de manter distância entre o seu trabalho e a sua identidade, o que exige que ela resista à cultura da sua organização.

"Como toda organização artística e de caridade, existe uma cultura de fato estabelecida de que somos uma família e estamos todos trabalhando juntos para um certo fim", ela nos disse. "E, assim como em qualquer outra organização, o que isso quer dizer em termos reais é que existe a expectativa de que você se esforce ao máximo, e acabamos trabalhando demais."

Chera, uma professora na Virgínia, suportou a mesma mensagem por parte da sua universidade, que "se qualifica como uma família", o que em geral significa esperar que todos produzam mais com menos, enquanto "pessoas altamente competentes são constantemente sobrecarregadas com trabalho extra, e gente menos produtiva passa ao largo". Shelby, que trabalha para uma firma de arquitetura no Texas, disse que sua companhia gosta de dizer que as pessoas são o seu maior ativo — e, é óbvio, eles são "como uma família." "Acho que somos uma família disfuncional, nesse caso", ele disse. "Ainda estamos aprendendo a como não ser um clube de velhotes."

O problema não é que essas empresas estejam erradas ao chamar seus empregados de "família". Muitas dessas organizações se inspiram, reproduzem e incentivam relações que *parecem* familiares. Mas as relações de família também podem ser manipuladoras, passivo-agressivas e confusas. Os membros de uma família podem ser racistas, exploradores, sexistas, transfóbicos e abusadores emocionais, mas, como são *da família*, é quase sempre considerado falta de educação ou grosseria confrontá-los quanto aos reais malefícios que fazem aos demais. Como escreveu o comediante Kevin Farzad no Twitter, "se o patrão disser 'somos como uma família aqui', o que ele está dizendo é que vai destruí-lo psicologicamente".

Não nos entenda mal: famílias podem ser amorosas, cheias de compaixão e prover todo o apoio do mundo. Assim como algumas empresas que aspiram a ser como elas. Só que você já tem uma família; se uma companhia lança mão dessa retórica, ela está transformando uma relação transacional em emocional. Pode parecer atraente, mas é profundamente manipulador e, quase sempre, um meio para justificar pagar menos às pessoas para que elas trabalhem mais. A família não evoca apenas proximidade, como também devoção e uma conexão duradoura, impregnada de sacrifício: *a família em primeiro lugar*.

Tratar uma organização como se fosse uma família, sejam quais forem seus propósitos altruístas, é um meio de romper os limites entre o trabalho e a vida, entre um serviço pago e o âmbito pessoal. Quando uma pessoa se sente pressionada por sentimentos poderosos de obrigações familiares vindas de todos os lados — da família *real* e também de seu gestor e seus colegas —, fica mais difícil definir prioridades. E, nessas situações, a família de verdade, que é geralmente mais gentil, mais flexível e mais sintonizada com suas necessidades, sempre sofrerá.

A retórica da "família do trabalho" tomou corpo durante os últimos cinquenta anos, mas em geral se espera que ela lembre o conceito antigo e romântico de uma forma mais simples de fazer negócios. A dra. Sarah Taber, uma consultora agrônoma que trabalha em lavouras há mais de vinte anos, afirma que a agricultura ajudou a perpetuar o falso estereótipo do negócio familiar ao retratar as plantações familiares como um ideal agrário e utópico. "Vendem-nos essa ideia de que, de fato, a vida pode ser muito difícil, mas, se pudéssemos voltar aos modos antigos, seríamos talvez salvos, e que foram os escritórios os responsáveis pela morte do equilíbrio entre trabalho e vida", ela nos disse. "Isso simplesmente não é verdadeiro."

Na realidade, afirma Taber, as fazendas familiares são igualmente hierárquicas, patriarcais e exploradoras dos trabalhadores. Ela chama atenção para o livro *Accounting for Slavery* [Administração da escravidão], de Caitlin Rosenthal, que descreve como as antigas fazendas com escravos desenvolveram muitas das práticas de administração e contabilidade ainda usadas na vida corporativa. A economia agrária antiga era brutal. E também era um negócio familiar, e a abolição da escravidão não destruiu magicamente os desequilíbrios de poder existentes na agricultura, mesmo nas fazendas familiares. "Trabalhar numa fazenda familiar significa trabalhar na casa de outra pessoa", ela sustenta. "Isso provoca tremendas diferenças de riqueza, status e poder."

Em outros termos, não existe nenhum ambiente de trabalho imune ao abuso, mesmo em negócios que não se desenrolam sob lâmpadas fluorescentes. A família no trabalho é considerada uma forma de criar coesão e espírito de comunidade. Mas funciona como um meio para desviar a atenção dos trabalhadores de sua própria exploração. É uma forma sutil de desencorajar pedidos de aumento e licenças, negligenciar reclamações sobre mau comportamento de colegas e ocultar erros de administração. Ela remove as tentativas de estabelecer limites. E é usada para desculpar o indesculpável: abusos sexuais, desigualdades salariais e o "embranquecimento" duradouro da administração. Pode-se e deve-se cultivar um local de trabalho onde as pessoas se sintam apoiadas e valorizadas. Mas não se pode chamar isso de família.

Então como se rompe essa dinâmica? Distância e limites. É o que o trabalho flexível genuíno pode prover no futuro: um meio para separar as pessoas do seu trabalho, e um espaço para cultivar e desenvolver uma personalidade, relacionamentos e sentido de comunidade fora do serviço que se faz em troca de um salário. As organizações de todos os tipos e tamanhos estão sempre tentando imaginar quais são as vantagens mais desejáveis e mais eficazes que cabem em seu orçamento, quando a mais fácil delas está bem à vista. É possível dar aos seus empregados o presente incomensurável de um horário de trabalho e uma flexibilidade que lhes permitirá ter um mundo fora do trabalho, retirando de seus ombros o peso psicológico dessa segunda família.

Uma cultura empresarial saudável cria as circunstâncias nas quais todos os empregados podem trabalhar melhor. Mas uma cultura sustentável e resiliente compreende e os convida a ter uma vida fora do trabalho.

3
Tecnologias do escritório

A companhia siderúrgica japonesa Nippon decidiu, no início dos anos 1990, entrar no mercado de computadores. Em vez de desenvolver um modelo desktop para competir com os gigantes IBM e Apple, optou por competir no então nascente mercado de laptops. As dimensões do computador portátil Librex 386SX eram aproximadamente as mesmas de um laptop de hoje, mas tinha uma espessura de cinco centímetros e pesava três quilos. Assim como muitos laptops daquele tempo, sua tela era um tanto trêmula: tinha dezesseis níveis de cinza, mas nunca se sabia ao certo o que ela faria quando você a abrisse. Seu preço era de 3.299 dólares, o equivalente a pouco mais de 6.100 dólares em 2021.

Quem dispunha desse dinheiro para gastar em um computador pessoal? A maior parte das famílias comprava desktops, que podiam ser usados por todos na casa; dessa forma, os laptops eram vendidos diretamente para o ambicioso mercado profissional. Em um anúncio do Librex, um homem de 40 e poucos anos está sentado numa cadeira de executivo, usando uma calça informal, uma camiseta e um boné de beisebol. Percebe-se o sol se pondo sobre o perfil de uma montanha a distância. Na mão direita, ele segura um grande telefone celular. E, à esquerda da cadeira, vê-se um tijolão, o Librex. Não importava que a bateria durasse apenas noventa minutos, nem que ela levasse ao menos cinco horas para recarregar. O Papai Executivo do Futuro estava pronto para ir trabalhar.

Naquela época, o trabalho em casa, chamado então de *telecommuting* (teletrabalho), vinha aumentando havia mais de uma década. Em 1975, um terço dos 2,6 milhões de pessoas que se considerava "trabalhando em casa" era de fazendeiros.[1] Em 1994, cerca de 7 milhões de norte-americanos estavam em *telecommuting*, e companhias como a Hewlett-Packard empregavam um "administrador de opções alternativas de trabalho". A revista *PC Magazine* relatou que 50% dos *telecommuters* em potencial já tinham comprado seus próprios computadores portáteis ou planejavam comprar modems e programas para facilitar a transição.[2]

Mas a lenta difusão do computador pessoal começou a mudar as coisas, ao menos para os que tinham recursos suficientes para sentar-se na poltrona de primeira classe de um avião, que foi onde um anúncio da Kodak Diconix, de 1990, mostrava um usuário da sua impressora portátil. "A visão de um passageiro reclinado em um assento, teclando em seu computador, já não atrai tantos olhares", escreveu o editor da *PC Magazine* na introdução de um número dedicado aos laptops, o qual incluía um "Guia do Batalhador em Viagem", contendo os números de telefone a ser conectados nas principais cidades para acessar o CompuServe (hoje conhecido como internet), e instruções básicas para visualizar um sistema de boletim de notícias e serviços de e-mail.[3]

Esses trabalhadores podiam passar do escritório à casa, da casa a um hotel ou reunião de negócios. Mas, como discutido nos capítulos anteriores, esse tipo de "flex" tem um lado obscuro: a possibilidade de levar seu trabalho para qualquer lugar significa que o trabalho tem o poder de se infiltrar em todos os cantos da sua vida, inclusive aqueles, como a natureza selvagem, de onde era repelido anteriormente. O anúncio do Librex com a poltrona de executivo parece um pouco diferente quando se olha para ele sob esta perspectiva: o Papai Executivo não está liberado do escritório — está preso a ele. Ele apenas está perto da natureza.

Foi isso o que nos aconteceu ao nos mudarmos para o estado de Montana, quando o tempo que gastávamos indo até Manhattan — que nós imaginávamos que seria usado para caminhadas, passeios de caiaque e travessias de esqui nas montanhas — foi simplesmente absorvido por *mais trabalho*. Se está lendo este livro, existe uma forte chance de que você esteja vivendo o paradoxo do Papai Executivo: preso num purgatório tecnológico, entre as suas promessas utópicas e seus perigos distópicos. Todos nós temos agora um pequeno supercomputador no bolso que faria o Librex derreter de inveja. Podemos acessar a internet mesmo nas localidades mais remotas. O trabalho pode nos achar a todo momento: no metrô, na pista de corrida, no teleférico, no banheiro. Estamos na era de ouro da conectividade e, em consequência, da *eficiência*.

Ao elaborar soluções elegantes para suportar os aborrecimentos — digamos, um aplicativo que monitora o tráfego para achar o caminho mais rápido para chegar em casa, ou um programa que finalmente organiza a selva que é a caixa de entrada de seu e-mail —, nossos dispositivos têm por objetivo nos livrar das ineficiências confusas da vida cotidiana. Contudo, eficiência quer dizer mais desta mercadoria preciosa: o tempo. Mas tempo para quê, exatamente? Geralmente, para fazer *mais trabalho*.

Apesar das vantagens miraculosas com as quais contamos em nossa vida, poucas delas nos liberaram como esperávamos. E isso é verdade sobretudo na nossa vida profissional, onde a tecnologia atual dos escritórios absorveu todas as formalidades, as ansiedades e a rotina opressiva da vida corporativa e as transportou para todos os cantos da nossa vida particular. A capacidade mágica de ver os seus colegas de trabalho de qualquer parte do mundo se transforma em uma fadiga de Zoom. O aplicativo de mensagens instantâneas, colaborativo e animado, vira uma ferramenta de vigilância constante que permanece ligada para sempre nos servidores da empresa. Uma agenda digital compartilhada torna-se uma forma de as outras pessoas usarem o nosso tempo e chamarem nossa atenção, até que não sobre mais nada para nós mesmos. Quanto mais eficientes ficamos, mais assoberbados nos sentimos.

Esse paradoxo não é novo. Desde que as pessoas começaram a trabalhar, as novas tecnologias têm prometido limitar como e onde o trabalho deve ser realizado. Algumas são implementadas com as melhores intenções; outras são aplicadas com crueldade e cinismo. Mas quase todas têm consequências inesperadas, mesmo quando não são digitais. Do escritório aberto à cadeira Aeron, as novas ideias quanto ao design dos escritórios alteraram não apenas o nosso ambiente de trabalho, como também a nossa relação com o trabalho. As inovações que deveriam supostamente tornar o escritório mais humano são cooptadas, postas em calculadoras de eficiência de custos, e acabam fazendo com que os locais de trabalho se pareçam ainda mais com jaulas superprojetadas.

Parte do problema é a obsessão com a parcimônia: o melhor design, o mais inclusivo, custa tempo e dinheiro, recursos que muitas empresas hesitam em usar. Mas mesmo os *campi* amplos e caríssimos do Vale do Silício repetem o mesmo erro fundamental dos cubículos rotineiramente iluminados com lâmpadas fluorescentes. Com algumas exceções utópicas, todos esses projetos foram orientados por objetivos de eficiência e produtividade. Não a serviço de menos trabalho, mas na esperança de promover uma vida envolvida por ele.

Na verdade, a tecnologia do escritório — e o culto da eficiência no qual ela é inserida — nunca teve por objetivo ajudar-nos a fazer o nosso trabalho em menos tempo. Ao menos não desde os tempos sonhadores do início do século XX, quando os economistas teóricos e os advogados trabalhistas viam a tecnologia como um meio para chegar finalmente à semana de trabalho de trinta horas, vinte horas e até dez horas.[4] Este sonho foi apagado há muito tempo. Em lugar dele, o objetivo cada vez mais acelerado da tecnologia e projeto dos escritórios tem sido conseguir mais espaço na vida das pessoas, e imediatamente usá-lo para obter maior produtividade.

É por isso que o momento atual nos parece tão cheio de possibilidades e tão incrivelmente traiçoeiro. Estamos em um purgatório de eficiência, presos entre todos os efeitos liberadores e opressivos da tecnologia e projeto dos escritórios. Mesmo olhando a partir da melancolia da pandemia da covid-19, podíamos ver o esboço de um futuro que responderia à grande promessa da tecnologia dos escritórios: libertar-nos não apenas do deslocamento até o trabalho e da tirania do espaço de escritório aberto, como também da invasão furtiva do trabalho em cada centímetro de nossa vida pessoal.

É uma visão atraente: e se as nossas ferramentas pudessem nos fazer real e legitimamente trabalhar *menos*? E que tal se o tempo que recuperarmos ao eliminar as ineficiências de fato fosse revertido a nosso favor?

A tecnologia e o design dos escritórios não são forçosamente maléficos. Mas precisamos nos comprometer a usar essas ferramentas para acrescentar relevo à nossa vida, em vez de achatá-las em benefício dos nossos empregos. Para realizar essa visão, precisamos compreender de que formas a tecnologia e o design nos encantaram no passado. Temos que aprender a perceber quando uma tecnologia chamativa, uma bela decoração do escritório ou um novo meio de comunicação é apenas um convite para *trabalharmos mais*, sob um novo disfarce. Precisamos começar a ver a produtividade e a eficiência como um meio para uma finalidade real, não um meio para *nos dar mais trabalho*.

Estamos correndo riscos, neste momento. Se não permanecermos vigilantes, há o risco de perdermos essa oportunidade de uma verdadeira mudança na maneira como nos orientamos para o trabalho, e as ferramentas que facilitam o trabalho remoto se tornarão dispositivos ainda mais sólidos para monitoramento e controle. Assim como as mudanças tecnológicas e de design do passado, a degradação dessas ferramentas não ficará aparente de imediato. Não haverá executivos trocando segredos por trás das portas enquanto esfregam gananciosamente as suas mãos. Serão apenas nossas mais brilhantes esperanças desaparecendo sob o desgaste de uma longa e infindável quarta-feira.

Não estamos condenados a repetir os erros do passado. Mas, se o fizermos, provavelmente seremos incapazes de revertê-los. A frágil barreira final entre a nossa vida pessoal e nossa vida no trabalho, já vergando sob a pressão, vai desabar. Pior ainda, os aspectos mais desagradáveis do trabalho em casa durante a pandemia vão se tornar a nossa realidade cotidiana. Se parece infernal, está na hora de nos armarmos contra isso: com o conhecimento de como corrompemos a tecnologia e o design no passado, e com um plano real de como impedir que eles avancem.

Em 1981, enquanto trabalhava em um livro sobre o futuro do trabalho, Shoshana Zuboff, uma jovem professora de administração de Harvard, visitou uma antiga fábrica de celulose. A instalação de branqueamento havia sido recém-reformada e equipada com tecnologia de última geração, incluindo sensores e monitores digitais que enviavam sinais para uma novíssima sala de controle guarnecida de computadores que operavam com microprocessadores novos. Para alguém de fora, tudo causava muito boa impressão. Mas, como Zuboff logo se deu conta, os trabalhadores a desprezavam.

Seus principais objetos de desdém eram as portas. Para evitar que o calor considerável e os gases potencialmente prejudiciais da sala de branqueamento entrassem na sala de controle, a fábrica instalara um sistema de proteção: aperte um botão, entre, e a porta deslizante de vidro se fecha atrás de você. A porta seguinte não se abre enquanto a primeira não estiver fechada.

As novas portas ofereciam uma camada suplementar de segurança. Mas, para os trabalhadores, os passos a mais eram tediosos e frustrantes. Durante anos, eles haviam sido capazes de se mover de um ambiente ao outro sem obstáculos. Então decidiram mudar as coisas ao seu jeito: todo dia entravam no corredor e enfiavam as mãos através de uma vedação de borracha que corria de alto a baixo do meio da porta. Com a força dos seus ombros, eles forçavam a porta a se abrir. Então a porta simplesmente deixava de vedar.

Para Zuboff, a reação dos trabalhadores era uma "metáfora viva" da ambivalência dos trabalhadores em relação à automação. "Eles querem ter proteção contra os gases tóxicos", ela escreveu em seu livro *In the Age of the Smart Machine* [Na era das máquinas inteligentes], de 1988, "mas têm ao mesmo tempo um sentimento de obstinada rebelião contra uma estrutura que não requer mais nem a força nem a habilidade alojadas em seus corpos".[5]

O que Zuboff observou não era apenas a eventual frustração de alguns trabalhadores manuais, mas a ansiedade em meio a uma época de grandes mudanças tecnológicas. A natureza do trabalho estava passando por uma reorganização fundamental. De repente, coisas que haviam sido difíceis ou impossíveis de medir se tornaram quantificáveis, analisáveis e transformadas em fluxos de dados e relatórios. De posse desses dados, os negócios podiam ver, em alguns casos pela primeira vez, onde estavam os desperdícios, quais eram as oportunidades para aumentar a eficiência e como os trabalhadores estavam de fato usando o seu tempo.

Na teoria, todos esses dados poderiam ter mudado para melhor as tarefas de um trabalhador. Atividades manuais, como misturar produtos químicos ou abrir válvulas numa fábrica de celulose, são fisicamente desgastantes: cumpri-las a partir da segurança de uma sala de controle seria mais fácil para todos. Mas a automação provocou a consequência imprevista de transformar seus empregos de algo tangível — com ritmos, toques e sensibilidade — em uma abstração. Ou, como diz Zuboff, foi como se "eles tivessem sido arrancados de um mundo que podia ser conhecido porque podia ser sentido".[6]

A tecnologia tirou dos trabalhadores o conhecimento físico do trabalho que era altamente valorizado: eles sabiam exatamente como destravar uma engrenagem, como um medidor enganoso sempre mede cinco graus acima ou o som que faz uma máquina quando alguma coisa está quase se quebrando. Esse conhecimento, acumulado ao longo de anos de trabalho, havia servido como uma proteção contra os administradores: se a companhia se recusasse a chegar a um acordo com o sindicato, levaria semanas, ou até anos, para encontrar trabalhadores capacitados para substituí-los. A ameaça de greve era uma arma poderosa, porque o conhecimento dos trabalhadores era precioso.

Sensores e computadores assumiram as sutilezas do trabalho, o quantificaram e automatizaram — um processo frequentemente chamado de desqualificação. O conhecimento dos trabalhadores tornou-se obsoleto. Ao mesmo tempo, os gestores adquiriram uma nova capacidade de autoridade quantitativa sobre a vida dos seus empregados no trabalho. Eles detinham os dados e a possibilidade de manejá-los de acordo com a sua vontade, o que significa que tinham também o poder. Dessa forma, a inovação tecnológica arrebatou dos trabalhadores os elementos mais valiosos da sua vida profissional e os entregou nas mãos dos gestores. Não surpreende que eles se ressentiram.

É claro que os executivos e as grandes empresas contam essa história de maneira diferente. Essas ferramentas não foram apenas meios para aumentar a produtividade e os lucros: elas também foram boas para os trabalhadores. Menos trabalho manual significava menos tarefas cansativas e não raramente perigosas. Para alguns trabalhadores que cumpriam tarefas desgastantes em usinas siderúrgicas, foi um alívio real. Mas também surgiram novos problemas: um maquinista treinado, falando com o pesquisador do MIT Harley Shaiken, em 1985, disse que a experiência de operar uma máquina-ferramenta computadorizada o fazia se sentir como "um rato numa gaiola". Outro trabalhador, escalado para operar um sistema de solda robotizado, disse que "sem tempo para acender um cigarro, voltaria com certeza ao meu trabalho de soldador manual".[7] Um terceiro trabalhador, obrigado a monitorar um sistema de controle numérico, disse que "é um operário, não uma babá; gosto de estar ocupado; o dia passa mais rápido, minha cabeça fica mais ativa; a gente fica meio fraco da cabeça num controle numérico".

O trabalho automatizado, segundo Shaiken, não era sempre mais eficiente, nem necessariamente mais confiável. Mas foi vendido aos trabalhadores como o único caminho em direção ao futuro. Quando a General Electric começou a modernizar uma fábrica de lavadoras de louças no início da década de 1980, instalando um "sistema nervoso eletrônico" que supervisionava um complexo labirinto de robôs, e "24 computadores secundários em pontos críticos do chão de fábrica", os executivos da empresa se reuniram com representantes sindicais, chefes de equipe e outros trabalhadores para comunicar a mesma ideia: ou nos modernizamos, ou vamos todos perder o emprego. "As companhias não vão continuar competitivas sem esse tipo de equipamento", um vice-presidente sênior da GE disse ao *New York Times*. "O futuro o exige."[8]

Em todas as indústrias manufatureiras a automação foi tratada como uma espécie de poção mágica: um meio de recuperar o terreno que as empresas norte-americanas haviam perdido no mercado global em geral, especialmente para o Japão. A automação aumentaria a produtividade, e a produtividade seria a solução para todos os problemas norte-americanos. Essa ideia estendeu-se até os escritórios, os quais, durante o século XX, passaram a ser vistos como uma forma particular de fábrica — apenas uma que produz papéis e os faz passar de uma mesa à outra.

Em 1925, William Henry Leffingwell, um discípulo da escola de otimização de Frederick Taylor, desenhou planos para o "fluxo de trabalho em linha reta". Ele redesenhou o escritório como uma espécie de linha de montagem de papéis, de modo que os trabalhadores poderiam movimentar os documentos "sem a necessidade de sequer levantar de sua cadeira".[9] O princípio geral era o seguinte: cada vez que um funcionário se levantava da cadeira, perdia segundos preciosos de produtividade. Mas essas reformas tayloristas nos escritórios enfrentavam a mesma resistência que nas fábricas: os trabalhadores as detestavam. Outros esforços para aumentar a eficiência foram mais fáceis de vender, em particular aqueles que eram embalados na linguagem do progresso tecnológico: elevadores, iluminação fluorescente, paredes móveis e ar-condicionado, popularizados ao longo do século XX, foram meios para incrementar a produtividade. O mesmo aconteceu com o escritório aberto, inicialmente sugerido por dois irmãos alemães, Eberhard e Wolfgang Schnelles, em 1958. Em vez de fileiras de escrivaninhas e escritórios nos cantos, os Schnelles viram agrupamentos dinâmicos e painéis móveis: um escritório-paisagem, ou *Bürolandschaft*.

Quando a ideia do *Bürolandschaft* surgiu inicialmente, parecia escandalosa — da mesma forma como, digamos, as pessoas reagiram à ideia de trabalhar em casa no início dos anos 1980. Quando o renomado projetista de interiores John F. Pile viu pela primeira vez as plantas em uma revista de arquitetura, achou que elas eram "de um caráter tão chocante que imaginei estar vendo uma piada inglesa".[10] Mas o *Bürolandschaft* visava ser a solução para um problema endêmico nos escritórios alemães: os empregados eram organizados de forma totalmente ilógica, entulhados em salas contendo pessoas de diferentes departamentos, fazendo tarefas de naturezas diferentes. Os empregados ficavam distraídos entre si, competindo uns com os outros sem nenhuma razão, e quando precisavam se reunir com outras pessoas da mesma equipe, eram obrigados a ir até outro andar ou mesmo até outro edifício. "Em um ambiente como esse", escreveu Pile, "as comunicações necessárias se tornam lentas e cheias de obstáculos, a competição e a rivalidade prosperam, e todo tipo de desperdício e estupidez geralmente associados à burocracia tornam-se a regra geral".[11]

As linhas mestras do *Bürolandschaft* foram desenhadas de modo a seguir o fluxo natural da comunicação, reduzir as ineficiências e, além disso, custar mais barato: a falta de hierarquias reais significava a eliminação das salas com mobiliário caro destinadas à administração. Uma única sala ampla era mais fácil de aquecer, resfriar, iluminar e eletrificar. Ainda assim, o projeto, bem-intencionado na teoria, foi um desastre na prática. Muitas empresas adotaram os elementos redutores de custo dos espaços para "turmas" de empregados — que eram contrários a qualquer coisa que se aproximasse de concentração ou privacidade, e as antagonizavam —, mas reclamaram quando os escritórios particulares dos funcionários superiores foram eliminados. As empresas estavam loucas para reduzir custos, mas também queriam proteger a todo custo o *status quo*.

Na Alemanha, Escandinávia e Holanda, a experiência de trabalhar em espaços abertos foi tão terrível que nos anos 1970 os conselhos locais de trabalhadores exigiram a sua remoção. Mas não nos Estados Unidos, onde, como nota o crítico de arquitetura James S. Russell, os norte-americanos "retrabalharam as plantas", criando "algo mais barato e mais ordenado". A "informalidade curvilínea" do projeto dos Schnelles foi formalizada em estações de trabalho com prateleiras, armários e painéis divisórios — que acabariam se tornando os cubículos.[12] (O desenvolvimento, como tantos outros na história norte-americana, foi facilitado pela lei tributária: o Revenue Act, aprovado em 1962, permitia que houvesse um crédito de impostos de 7% sobre as propriedades com "vida útil" de oito anos. Não era permitido deduzir o custo de uma parede fixa. Mas um painel móvel? Estava valendo.)

O cubículo oferecia a *ilusão* de privacidade, mas com pouco realismo. Ainda se pode ouvir as conversas dos vizinhos; os gestores têm acesso a uma visão integral do seu trabalho; você ainda está a dezenas de metros da janela ou fonte de luz natural mais próxima. Mas esses escritórios não foram construídos para tornar a experiência de trabalho dos empregados *melhor* ou mais suportável. Eles foram criados para se responder às exigências da organização "flexível", capaz de se expandir e contrair de acordo com as demandas do mercado, eliminando ou adicionando empregados de acordo com as necessidades.

Para Frank Duffy, autor de um dos primeiros livros a introduzir o design de escritórios no Reino Unido, o cubículo cinzento feltrado representava "a distribuição igualitária de penúria dentro da qual qualquer um e todos podem ser substituídos em qualquer ordem e a qualquer momento".[13] O cubículo custa tão pouco, tem tão poucas características do seu ocupante e é tão fácil de ser desmontado — a estrutura perfeita para uma mentalidade econômica e uma atitude em relação ao trabalho na qual os trabalhadores eram cada vez mais considerados dispensáveis.

O escritório aberto foi celebrado e instalado pensando na eficiência dos trabalhadores: um meio de facilitar a comunicação e evitar o represamento dos fluxos de informação, reduzindo os conflitos e a competição no escritório. E, como Nikil Saval ressalta em *Cubed*, a versão norte-americana abastardada tornou mais fácil alguns tipos de comunicação; ainda era possível conversar, mesmo com os ruídos de fundo do escritório. Mas, ao fazer isso, ela tornou a concentração e a contemplação praticamente inviáveis. "Na pressa de abrir todos os espaços do mundo" nos anos 1970 e 1980, escreve Saval, "alguns valores cruciais de desempenho no trabalho foram perdidos".[14] Incluindo, ironicamente, a eficiência e a produtividade que esses projetos tinham a intenção de aumentar: um estudo de escritórios realizado em 1985 descobriu que determinados níveis de privacidade eram indicadores de satisfação *e* desempenho no trabalho.[15] Ou seja, projetar com vistas à eficiência produzia trabalhadores crescentemente ineficientes.

Quando se implanta um novo projeto de escritório visando exclusivamente àquilo que ele *facilita* e não o que é *perdido*, cria-se simplesmente uma nova série de problemas. O mesmo acontece com as estratégias de curto prazo para reduzir os impostos ou a ocupação imobiliária: se uma tecnologia promete reduzir custos de maneira rápida e significativa, há boas chances de que haverá talvez efeitos ainda imperceptíveis desses cortes, e eles deverão ser absorvidos pela já sobrecarregada força de trabalho. Novas tecnologias de escritório, incluindo os espaços onde esperamos que os empregados irão trabalhar e que determinarão como eles interagirão com as pessoas enquanto trabalham, nunca são simplesmente "boas" ou "ruins". Mas seus efeitos nunca foram e nunca serão neutros.

Mesmo quando se concentrou nos ideais de produtividade, o projeto de escritórios só podia fazer promessas até certo limite. As datilógrafas mais hábeis, mesmo trabalhando num escritório projetado cientificamente, só podiam datilografar certo número de palavras por minuto. À medida que o dia avançava, os níveis de precisão se reduziam e o tempo necessário para datilografar um documento sem erros era cada vez maior. Mas o processador de textos — somado à fotocopiadora, ao Ditafone e à impressora do escritório — prometia liberar as metas de eficiência das limitações humanas.

No mundo dos escritórios, os trabalhadores ouviam promessas de que essas novas tecnologias tornariam suas vidas mais fáceis. E, de fato, era ótimo não precisar datilografar a mesma carta em triplicata. Porém, muitas máquinas eram situadas em espaços que simplesmente não haviam sido projetados para elas: mimeógrafos em salas sem ventilação, processadores de texto em espaços sem iluminação adequada. Milhares de trabalhadores se queixaram de dor de cabeça, ardência nos olhos, catarata, bronquite e alergias.[16] A automação estava literalmente adoecendo os trabalhadores em escritórios.

Mas eles se sentiam também infelizes mentalmente. Shoshana Zuboff entrevistou trabalhadores em fábricas durante horas para *In the Age of the Smart Machine*, e também passou um tempo importante com trabalhadores de escritório. Assim como seus colegas operários, as pessoas que ela entrevistou haviam perdido o rumo em consequência das rápidas mudanças tecnológicas em seus empregos. Empregados em consultórios de dentistas e trabalhadores na área de seguros viram seus empregos deixarem de ter uma natureza social e se tornar encarregados da entrada de dados, como se isso fosse atraente. Cubículos os mantinham afastados de seus colegas, reduzidos a um zumbido incômodo de vozes murmuradas, toques de telefone e batidas nos teclados. À medida que suas tarefas os prendiam ainda mais às suas mesas, eles se afastaram ainda mais de seus gestores, os quais, por sua vez, passaram a vê-los como preguiçosos.

"Antes, nós nos víamos e conversávamos", disse a Zuboff um trabalhador na área de seguros. "Às vezes conversávamos sobre o que íamos fazer para o jantar, mas sempre trabalhávamos enquanto nos falávamos." Outro da mesma área descreveu a sensação de perder o contato com o mundo exterior: "A única realidade que nos resta é quando falamos com um cliente." A parte mais impressionante do relatório de Zuboff acontece quando ela pede aos trabalhadores para desenhar a si mesmos em suas novas funções. Suas ilustrações eram tristes e infantis: "acorrentados à escrivaninha, cercados de frascos de aspirina, vestidos com roupas listradas de prisioneiros, portando antolhos, observados de perto pelos seus supervisores, cercados por paredes, encerrados sem luz do sol e comida, com os olhos lacrimejantes de cansaço, solitários, carrancudos."[17]

Assim como acontecia no chão de fábrica, poucas pessoas ouviam os empregados cuja tarefa era utilizar a tecnologia. Os líderes costumavam atribuir a reticência dos trabalhadores ao medo inicial de perder o emprego: haveria um período de adaptação, mas depois os empregados acabariam conhecendo a tecnologia e vendo como ela era ótima, e todos aprovariam gradualmente o novo normal. Os executivos expunham estatísticas mostrando que a automação não provocava demissões — apenas uma produtividade maior. Os Estados Unidos voltariam a ser competitivos; qual a razão para sentir medo?

Os trabalhadores ficaram inicialmente assustados com a possibilidade de se tornarem obsoletos. Mas a ansiedade se relacionava com a própria experiência do trabalho, e o quanto o evangelho da produtividade cegava os líderes em relação a todas as outras preocupações. Em um episódio de *The MacNeil/Lehrer Report*, o jornalista Lewis Silverman perguntava a um advogado que havia implantado tecnologias de automação em seu escritório se ele se preocupava com a "despersonalização" da experiência do trabalho.

"Não acho que isso seja de modo algum um fator nesse tipo de automação", respondeu o advogado. "O que veremos à medida que a capacidade de produzir documentos mais rapidamente aumenta, e nos libera para fazer outras coisas, é que em vez de continuar produzindo o mesmo número de documentos na metade do tempo — e, em consequência, ter a metade do tempo para não fazer nada —, vamos produzir duas vezes mais documentos do que fazíamos no passado, e vamos trabalhar no dobro de transações." A produtividade, em outras palavras, aumenta a produção e os lucros potenciais, mas não torna o trabalho mais fácil. Não proporciona mais tempo de descanso ou aumento de salários. Só define novos padrões para o montante de trabalho diário que devem fazer. Os benefícios fluem em uma única direção: para longe dos trabalhadores.

Para uma argumentação em contrário, Silverman entrevistou Karen Nussbaum, a líder da Associação Nacional de Mulheres Trabalhadoras, organização de funcionárias de escritórios conhecida anteriormente por *9t05* (9h às 17h). Ela logo refutou os argumentos de que a automação fizera com que os trabalhadores tivessem menos controle sobre seu trabalho, menos conexões com seus colegas, e que a tecnologia estava prejudicando sua saúde. Parte dos problemas tinha origem nas próprias máquinas, ela disse; mas um problema ainda maior era a produtividade que elas exigiam: quando se está operando no nível máximo de eficiência, não sobra espaço para nenhuma das atividades humanas incluídas no emprego. Mais ainda, a automação estava tornando normal realizar mais tarefas por um salário menor.

Mais uma vez é preciso repetir: os líderes não viam a questão sob esse ângulo. Jack Walsh, que era então diretor de telecomunicações e serviços de escritório da Avon, explicou que algumas secretárias sentiram-se mais poderosas com a nova tecnologia, e até adquiriram novas habilidades. A companhia fez um estudo que concluiu que 10% do trabalho de um administrador poderia ser delegado a uma secretária, e que o papel da secretária era, em consequência, "valorizado".

A resposta de Nussbaum foi pontual. "A tecnologia pode aprimorar o trabalho, mas não é isso que está ocorrendo para a grande maioria dos trabalhadores em escritórios", ela declarou. "Gostaria de saber se o senhor Walsh aumentou o salário de alguma dessas secretárias que estão agora fazendo o trabalho de alguns administradores." Isso foi, e continua sendo, a realidade distópica por trás do novo projeto e da tecnologia dos escritórios. Seu objetivo nunca é "você descobriu como fazer as suas tarefas com maior eficiência, então pode passar menos horas trabalhando"; é sempre "você descobriu como fazer as suas tarefas com maior eficiência, então pode fazer um número maior de tarefas recebendo o mesmo salário".

Como trabalhadores, sempre fomos ajudados de alguma forma por tecnologias. Essas ferramentas ficaram mais sofisticadas com o tempo, mas, como seus usuários, nós continuamos sendo humanos, e há limites para a produtividade que qualquer corpo ou mente pode suportar. No início dos anos 1980, os trabalhadores chegaram perto desses limites, mas ativaram uma espécie de "modo de sobrevivência" em razão da volatilidade contínua da economia norte-americana. Não importava se o escritório era horrível, se o fazia se sentir doente, se o fazia se ressentir em relação aos seus colegas de trabalho. As tentativas de reorganizar, como as lideradas por Nussbaum e as Mulheres Trabalhadoras, bateram de frente com uma enorme onda de sentimentos e legislação antitrabalhista. Parecia que não haveria solução, nenhum meio de resistir. Assim, toda uma geração de empregados internalizou as demandas de seus empregadores por maior produtividade como se fossem originárias deles mesmos, aceitaram salários menores e menos estabilidade, e voltaram a trabalhar.

Em 1983, três empregados da agência de publicidade Chiat/Day tiveram uma ideia que se tornaria um dos anúncios mais famosos de todos os tempos no Super Bowl, a grande final do campeonato nacional de futebol americano. Um corredor, usando uma camiseta com um desenho do computador Apple Macintosh, destruía o Grande Irmão (Big Brother) e salvava a humanidade de um futuro de vigilância e conformidade. O anúncio foi saudado como uma obra-prima e consolidou o lugar da Chiat como uma das agências publicitárias mais influentes do final do século XX, criando campanhas que transformavam marcas tão banais, como as pilhas Energizer e o catálogo NYNEX, em anúncios que entravam na sua cabeça e se recusavam a sair.

Uma década mais tarde, o cofundador Jay Chiat teve uma revelação criativa, supostamente enquanto esquiava em Telluride, que não tinha nada a ver com uma campanha publicitária. Era chegada a hora, ele decidiu, de uma revolução nos escritórios. Ele queria se livrar não somente dos cubículos, como também dos espaços individuais ao mesmo tempo, na esperança de criar um espaço de "inquietação criativa".[18] Em um dos novos escritórios, construído em Venice, na Califórnia, e projetado por Frank Gehry, não haveria cubículos, arquivos ou escrivaninhas fixas. Cada empregado retiraria um computador PowerBook e um telefone portátil ao chegar e acharia um lugar para trabalhar durante o dia. Era possível inclusive trabalhar em casa ou na praia; o escritório seria aonde a sua imaginação o levasse.

Nada disso parece loucura para qualquer pessoa que já visitou uma start-up nos últimos dez anos, mas, na época, a visão de Chiat do primeiro escritório "virtual" parecia tão empolgante quanto os projetos originais para os escritórios abertos. A mesa da recepcionista era cercada por um esboço de lábios vermelhos brilhantes. A fotografia de um homem urinando indicava o caminho para o banheiro masculino. O chão era coberto de hieroglifos coloridos. Para as reuniões, havia uma sala decorada como um clube inglês, um sindicato estudantil, uma sala para crianças e uma série de auditórios cheios de assentos recuperados de antigos carrosséis de parques de diversões.

No início, os escritórios da Chiat/Day foram festejados como o trabalho de um criativo visionário: o escritório de Manhattan, projetado pelo arquiteto italiano Gaetano Pesce, foi saudado pelo *New York Times* como "uma notável obra de arte".[19] Porém, assim como havia acontecido com o projeto de escritório aberto, os trabalhadores daquela época o detestaram praticamente de imediato. Eles lembram que se sentiam desenraizados e constantemente vigiados; desesperados para ter um espaço que pudessem chamar de seu, muitos começaram a se instalar nos auditórios. Em resposta, a Chiat entrava em todos para saber se um indivíduo trabalhara no mesmo lugar no dia anterior. A companhia havia subestimado a demanda diária de PowerBooks, e as filas para conseguir um eram intermináveis. Sem um lugar personalizado, os empregados passaram a usar a mala de seus carros como arquivos.[20] "As pessoas entraram em pânico porque achavam que não poderiam 'funcionar'", admitiu Chiat mais tarde. "A maior parte, eu sentia, era uma reação excessiva. Mas nós deveríamos estar mais bem preparados para ela."

Chiat vendeu a empresa em 1995. Os novos proprietários começaram quase imediatamente a enfraquecer os componentes mais bizarros e insustentáveis do projeto. Em dezembro de 1998, eles transferiram os escritórios da Costa Oeste para um novo e igualmente badalado local em Playa del Rey. As mesas voltaram, assim como os telefones, colocados em "ninhos" e "apartamentos" divididos em "bairros" decorados com muitas plantas. A mensagem do escritório, como descreveu a *Wired*, era "Fique um pouco. Fique a noite toda. Você pode viver aqui. O que faz todo o sentido em um negócio que é movido por jovens de 20 anos acostumados a virar a noite".

Revisitando o passado, os escritórios da Chiat/Day anteciparam as "mesas não designadas" (*hot desk gang offices*) dos dias pré-pandêmicos da atualidade. Mas Chiat compreendera mal como afastar seus trabalhadores de suas mesas e incentivar a produtividade e a criatividade. Não era por meio da arte, ou de assentos de parques de diversões, ou de um desenho gráfico exibicionista. Ele só precisava fazer com que desejassem estar lá o tempo todo.

A Chiat/Day não foi a única empresa que ambicionou criar um projeto de escritório cujo objetivo era refletir a sua missão iconoclasta. Se outras empresas estavam criando produtos realmente inovadores, imaginava-se que seus espaços de trabalho também deveriam ser de fato inovadores. Assim como o *campus* da Chiat/Day em Venice, esses ambientes eram projetados como vantagens competitivas: eles teriam um aspecto descolado e atrairiam pessoas talentosas, com certeza, além de serem eles mesmos espaços criativos — uma mistura perfeita de socialização, colaboração e foco aprofundado.

Como é óbvio, nenhuma dessas companhias era menos rígida com relação às exigências de produtividade no trabalho, e a natureza do trabalho não era menos transacional. Na verdade, as organizações introduziram mais precariedade na vida dos trabalhadores em sua busca por crescimento e valorização para os acionistas. Mas havia uma nova maneira, menos custosa e mais livre de atrito, para fazer com que os empregados não notassem: bastava agrupá-los em ambientes agradáveis, compatíveis com os valores culturais projetados pela companhia, como "dinamismo" e "comunidade". O escritório, em outras palavras, como uma cidade — ou melhor, como um *campus*.

Na década de 1970, corporações gigantescas do Meio-Oeste, como a 3M e a Caterpillar, haviam projetado parques de escritórios amplos e bucólicos para seus milhares de empregados, e empresas primitivas do Vale do Silício, como a Xerox, adotaram o formato de *campus* na mesma época. Esses *campi* iniciais faziam sentido econômico: eles permitiram às empresas abandonar os imóveis urbanos muito caros, e suas novas locações eram mais fáceis de vender para empregados potenciais, que planejavam se mudar para os subúrbios.

Porém, como explicou William Whyte, autor de *O homem da organização*, havia uma intenção mais profunda e subliminar no projeto, visando em particular aos recém-formados. "O lugar muda; o treinamento continua, já que ao mesmo tempo que as universidades estavam mudando seus currículos para os adaptar às demandas das empresas, estas respondiam implantando os seus próprios *campi* e salas de aula", ele escreveu. "Atualmente, as duas se fundiram de tal forma que é difícil dizer onde uma acaba e a outra começa."[21]

Os *campi* das corporações não eram propriamente fortalezas, mas eram particulares, bem-guardados e, se possível, totalmente autossuficientes. Assim como o pequeno *campus* de uma universidade de letras e artes, a sua cultura era insular, leal e geralmente fácil de ser controlada. Sua habilidade em inovar tinha origem, ao menos em parte, no apagamento não tão sutil da linha de separação entre o trabalho e a vida doméstica: o *campus* corporativo moldava o homem da organização, e os subúrbios se tornaram, nas palavras de Whyte, "comunidades construídas em conformidade com a imagem do homem da organização". Esses trabalhadores podiam não dormir no *campus*, mas as normas do escritório ultrapassavam as paredes da corporação e criavam estruturas sociais que se ajustavam e reforçavam os ritmos do trabalhador devotado.

Os complexos de escritórios e os *campi* dos últimos trinta anos aprofundaram ainda mais essa ideia. Ainda são mais bonitos e eminentemente fotogênicos, mas também projetados com competência por arquitetos criativos para se tornar "comunidades coesas". O objetivo não é apenas a produtividade, mas também, como escreveu o arquiteto Clive Wilkinson em seu livro de 2019 *The Theatre of Work* [O teatro do trabalho], algo mais aspiracional e digno: nesses espaços, "o trabalho humano pode finalmente ser liberado da labuta enfadonha e se tornar inspirador e animador".[22]

Wilkinson, que projetou o *campus* Googleplex da Google, com 46 mil metros quadrados, em Mountain View, na Califórnia, diz que teve sua primeira epifania sobre o escritório em 1995. Enquanto revisava antigos estudos e pesquisas sobre os hábitos dos trabalhadores, ele encontrou um artigo que avaliava como os trabalhadores em escritórios gastavam o seu tempo entre 9h da manhã e 17h da tarde. Chamou sua atenção a quantidade de tempo "não contabilizado" que os trabalhadores passavam longe de suas mesas de trabalho — sem incluir reuniões ou outras funções profissionais explícitas. Contudo, Wilkinson não acreditou que todos esses trabalhadores passavam horas no banheiro ou simplesmente saíam juntos do escritório. Eles ainda estavam lá; apenas faziam hora nos corredores, batiam papo, faziam algazarra em torno da mesa de algum colega que estava contando uma história.

"Fiquei espantado", ele nos disse. "E isso fez com que a nossa equipe se desse conta de que o projeto do escritório estava basicamente errado." Essa avaliação foi direta: o projeto dos escritórios girava havia muito tempo em torno da colocação de mesas e salas privativas, com espaços entre essas áreas servindo como corredores e passagens. Mas essa "ênfase gigantesca nas mesas", como lembra Wilkinson, "operava em detrimento da vida no trabalho, prendendo-nos em seu rígido formalismo".

Foi assim que decidiu mudar o foco de seus projetos para o trabalho que acontecia *longe* das mesas. Na prática, isso significava projetar arquibancadas e abrigos em lugares que costumavam ser corredores mal-iluminados, e espaçar os grupos de escrivaninhas de modo a incentivar mais movimento entre as equipes. Um ambiente de escritório cinético, como a ideia foi rotulada, poderia incrementar os encontros espontâneos, que estimulariam a criatividade. O projeto também previa áreas privativas — muitas delas com sofás e poltronas confortáveis para replicar a sensação de uma sala de estar familiar — para realizar um trabalho mais profundo, longe do barulho proveniente das mesas.

Os fundadores do Google, Larry Page e Sergey Brin, ficaram particularmente fascinados com esse novo modelo de escritório. Em reuniões prévias, Wilkinson notou que as ideias dos dois sobre o projeto eram muito influenciadas pela sua experiência em Stanford, onde os engenheiros tendiam a se reunir em pequenos grupos e partir em direção a locais distantes dentro do *campus* para trabalhar em programas e em grupos de estudos. Eles queriam fundir o escritório tradicional com o ambiente universitário, criando um espaço que incentivaria tanto o trabalho individual como o colaborativo.

Wilkinson então elaborou um projeto cujo objetivo principal — assim como o de um *campus* universitário — era a autossuficiência. Isso se traduziu em espaços de trabalho flexíveis, desenhados para acomodar equipes sendo constantemente alteradas em novos projetos, mas que também incluíam áreas verdes abundantes, minibibliotecas, centros sociais e "zonas de conversas técnicas", que Wilkinson mais tarde descreveu como "áreas ao longo dos caminhos públicos [...] nas quais seminários quase contínuos e eventos de troca de conhecimentos poderiam ocorrer".[23]

Para apoiar essa contínua troca de conhecimentos, o Googleplex foi equipado com um grande número de pontos de lazer. Quadras de vôlei e tênis, campos de futebol e jardins orgânicos se espalham por todo o *campus*, que também inclui um estacionamento privativo de uso exclusivo do Google. Dentro do Googleplex, os empregados têm acesso a várias academias de ginástica e salas de massagem, assim como cafés, lanchonetes e restaurantes self-service. Diferentemente das lanchonetes nas empresas tradicionais, onde a comida é subsidiada, tudo no Google é gratuito. Em 2011, quando a companhia tinha cerca de 32 mil funcionários, o orçamento de alimentação era estimado em cerca de 72 milhões de dólares por ano.[24] Desde então, a força de trabalho do Google mais do que quadruplicou.[25]

Na narrativa de Wilkinson, o projeto do Googleplex deveria proporcionar "todas as necessidades básicas de uma vida de trabalho" dentro de um espaço limitado. Da maneira como ele o via naquela época, proporcionar apoio aos trabalhadores por meio de ambientes produtivos e sociais — além de benefícios significativos, como serviços de alimentação e saúde — era uma forma de gerar uma verdadeira comunidade e criatividade sustentável. Mais importante, era uma maneira humanitária e atenciosa de uma empresa tratar seus empregados, que trabalhavam durante longas horas e estavam criando produtos que mudariam o mundo.

Pensando nisso hoje, Wilkinson já não se sente tão seguro quanto a essa visão. Ao longo das duas últimas décadas, seus projetos brilhantes e inovadores foram replicados no mundo da arquitetura, ao passo que grandes empresas de tecnologia e também start-ups menores copiaram elementos dos locais de trabalho dinâmicos projetados pela sua equipe em seus próprios espaços. E Wilkinson tornou-se mais consciente da natureza traiçoeira desses mesmos benefícios. "Transformar o ambiente de trabalho em algo mais residencial e doméstico é perigoso, eu acho", ele nos disse no final de 2020. "É esperto, sedutor *e* perigoso. É enredar os empregados, dizendo que eles vão ter tudo o que desejam, como se aqui fosse a sua casa, e o perigo é que isso apaga a diferença entre o lar e o escritório."

O perigo descrito por Wilkinson, obviamente, foi o que de fato aconteceu. O novo projeto dos *campi* impactou profundamente a cultura das empresas. Parte desse impacto foi inegavelmente positiva: ele criou espaços de trabalho onde as pessoas de fato querem estar. Entretanto, esse desejo se transforma numa força gravitacional, prendendo o trabalhador cada vez mais no seu trabalho, distorcendo a percepção anterior das normas sociais.

Imagine o seguinte: você é um engenheiro ambicioso, saído há pouco da universidade. É fácil chegar ao escritório muito cedo e ficar até tarde da noite porque você pode ter um jantar de qualidade, totalmente gratuito, sem grande esforço da sua parte. Durante essas refeições, você costuma se encontrar com outros colegas. Vocês conversam sobre vários assuntos, sobretudo a respeito do trabalho. Para relaxar, você aparece em um dos muitos ginásios da empresa para uma partida de basquete, ou joga frisbee em um dos parques da empresa. Quando a empresa chama um conferencista interessante, você comparece à palestra; quando está trabalhando em um programa, você acampa em um dos confortáveis espaços livres. Quando a sua jornada acaba, você pega uma cerveja no *campus* antes de tomar o ônibus da empresa até o seu apartamento em San Francisco, conversando com seus amigos enquanto dá uma olhada em seus e-mails usando o wi-fi do ônibus.

Com o tempo, seus colegas se transformam em seus amigos mais próximos e, depois de ainda mais tempo, seus *únicos* amigos. É mais fácil ter encontros e uma vida social no trabalho, porque todos já estão lá. A vida parece mais simples, mais eficiente. Até divertida! Às vezes você está só relaxando, fazendo hora, como no seu dormitório da faculdade. Outras vezes vocês estão trabalhando juntos, como as noites passadas na biblioteca, fazendo trabalhos em grupo. Às vezes é uma mistura indistinta das duas coisas, mas é produtivo, sem dúvida. É o novo estilo de devoção do homem da organização, quando o clube se muda para o *campus*.

Nós nunca trabalhamos em uma empresa *big tech* no Vale do Silício, mas tivemos experiência semelhante trabalhando para uma start-up de mídia em Nova York no meio da segunda década do século XXI. Como empregados contratados no início, logo caímos na armadilha dos benefícios que nos faziam ficar até mais tarde no escritório. Umas rodadas de cerveja nas quintas-feiras era seguida de pizzas grátis e um convite geral para ir aos bares. Nossos colegas logo se tornaram nossos amigos mais próximos (devemos lembrar, é claro, que foi graças a esses eventos que nós dois nos conhecemos).

A força gravitacional da cultura da empresa nos levava a dedicar menos tempo às outras amizades e às relações não ligadas ao trabalho. Era sempre mais fácil passar do escritório diretamente para a socialização do que planejar um encontro em outra parte da cidade. Nós conhecíamos todas as pessoas e falávamos o mesmo jargão. Durante as *happy hours* com os colegas, a conversa fiada podia se tornar rapidamente um debate sobre algum tema do trabalho. Estávamos trabalhando? Com certeza, mas nenhum de nós pensaria em chamar assim.

Gostamos muito dos nossos antigos amigos do trabalho. Fomos aos seus casamentos; acompanhamos o crescimento de seus filhos; continuamos a conviver com eles. Essas amizades verdadeiras não são aquilo que lamentamos, e nunca serão. Quando nos mudamos de Nova York, no entanto, nos demos conta de como as amizades no trabalho haviam funcionado como cavalos de Troia que propiciavam a infiltração e posterior ocupação da nossa vida. Essas relações não tornavam o equilíbrio trabalho/vida mais difícil. Em vez disso, elas eclipsavam por completo a ideia de equilíbrio, porque o trabalho e a vida haviam se tornado tão entrelaçados que o fato de passar a maior parte de nossa vida desperta com alguma extensão da nossa empresa não parecia nem remotamente estranho ou problemático. Era apenas... a vida.

A maior parte dos trabalhadores em escritórios não desfruta do privilégio de refeições diárias gratuitas ou pátios ensolarados com bancos ergonômicos para sessões improvisadas de *brainstorming*. Mas só porque não podem ir até a quadra de vôlei para uma partida não quer dizer que eles não são igualmente apanhados na armadilha do projeto e tecnologia do escritório. Vejamos, por um momento, a longa história da sua caixa de entrada de e-mails.

A estrada do e-mail para a ruína é, como todas as tecnologias, pavimentada de boas intenções. Em 1971, o engenheiro da ARPANET Ray Tomlinson usou o agora célebre símbolo @ para encaminhar uma mensagem a um número muito pequeno de computadores caríssimos conectados à rede. Na época, era apenas o teste de uma codificação: estávamos nos primórdios das máquinas que respondiam, e não havia jeito de deixar um recado para alguém, principalmente para as pessoas que não tinham uma secretária ou um serviço de recados. Mas deixar uma mensagem para um único usuário em um computador — talvez isso pudesse funcionar.

Quando, apenas duas décadas depois, Tomlinson se deu conta da importância do que fizera, o e-mail já estava sendo adotado de maneira ampla como ferramenta de trabalho.[26] O convencimento para a sua adoção no trabalho foi simples: em vez de se afogar num oceano de papéis, os funcionários nos escritórios poderiam mudar para o computador. Fim dos mimeógrafos manuais ou dos faxes, sem mais entregas manuais. Era só apertar um botão e mandar uma mensagem. Porém, em vez de desmontar a cultura da correspondência e dos memorandos internos, o e-mail simplesmente absorveu todas as suas formalidades, ansiedades e rotina opressiva, e as tornou acessíveis em todos os momentos do dia.

A difusão do e-mail levou a, enfim, uma montanha de mais e-mails. Tanto que gerou uma pilha de guias práticos e livros com títulos como *The Executive Guide to E-mail Correspondence* [Guia executivo para a correspondência por e-mail] e *E-mail: A Write It Well Guide* [Guia para escrever bem um e-mail]. Os autores desses livros gastaram centenas de páginas esboçando modelos detalhados para cada situação — por exemplo, como enviar um e-mail com um "pedido de cooperação". Em um livro, há um capítulo intitulado "Situações delicadas", que inclui modelos para e-mails destinados a "falhas no reencaminhamento", "pedido de tratamento especial", "erro no arquivamento de documento" e "recusa em participar".[27] Também são abundantes os esquemas de maus hábitos, como este trecho do *The Executive Guide to E-mail Correspondence*: "A mensagem 'estarei de férias na próxima semana...' comunica uma notícia desfavorável. Você está de férias? Isso quer dizer que NÃO estará trabalhando? [...] Mesmo quando você está desfrutando de um merecido descanso, é de bom alvitre não se vangloriar disso (ou mesmo nem mencioná-lo)."[28]

A questão já se tornou corriqueira atualmente: ao adotar uma tecnologia ou um projeto tendo em vista a sua eficiência ou sua economia de custos — e sem pensar em seus efeitos globais sobre o escritório e sua cultura —, termina-se com um *novo* pacote de problemas. O e-mail podia ser direto e rápido, mas fracassou, quase imediatamente, na sua promessa de acabar com o papel no escritório. Pesquisadores descobriram, em um estudo dos anos 1990, que a introdução do e-mail em uma organização provocava, em média, um aumento de 40% no consumo de papel.[29] Como descobriram os cientistas da cognição e computação Abigail J. Sellen e Richard H. R. Harper em seu livro *The Myth of the Paperless Office* [O mito do escritório sem papel], publicado em 2001, "parece que uma boa parte da informação na internet precisa ser impressa para que possamos lê-la e compreendê-la melhor".[30]

O consumo exagerado de papel continuou, em outras palavras, e houve também um exagero no envio de e-mails. No início do século XXI, tornou-se um problema de tal dimensão que um engenheiro do Google chamado Paul Buchheit tentou inventar uma solução para salvar a tecnologia de si mesma. A ideia era que se fosse possível *procurar* na caixa de entrada, seria viável criar uma nova maneira de usar o e-mail: em vez de perder tempo deletando ou salvando mensagens, seria possível salvá-las para sempre, criando um grande arquivo facilmente acessível de correspondências antigas. O Google deu a esse serviço, que começou em 2004, o nome de Gmail, e oferecia a cada usuário um espaço gratuito de 1 gigabyte para arquivamento — um enorme espaço de armazenamento naquela época. É claro que cada usuário "pagava" pelo serviço permitindo que o Google tivesse acesso aos seus dados; mas, assim como aconteceu com muitas negociações de privacidade, o custo para o usuário individual parecia, ao menos naquele momento, desprezível.

Quase vinte anos mais tarde, há cerca de 1,5 bilhão de contas de Gmail no mundo. As universidades e organizações em todo o globo adotaram o serviço como o seu aplicativo oficial de e-mail, ao passo que seus principais competidores — Yahoo! e Hotmail — adaptaram aos poucos seus estilos para se ajustar ao do Gmail. O e-mail se tornou muito menos formal, mas também mais generalizado; já que o espaço da caixa de entrada era praticamente ilimitado, paramos de tentar controlá-lo. Dispositivos de filtragem limparam as caixas de entrada, mas também fizeram com que sumissem muitos e-mails e baixaram os custos para os vendedores da internet, tendo como resultado um aumento de mensagens eletrônicas promocionais.

O Google tentou "consertar" o e-mail, mas não conseguiu salvá-lo de ser corrompido pelos nossos piores impulsos e inseguranças. Em 2014, quando o jornalista Harry McCracken, da revista *Time*, tentou mandar uma mensagem para Buchheit, recebeu uma mensagem de ausente: ele havia tirado uma folga do e-mail. Quando McCracken finalmente o encontrou, Buchheit foi duro ao criticar o que o Gmail havia facilitado. "Existe uma cultura 24/7 na qual as pessoas esperam uma resposta imediata. Não importa que seja sábado às 2 da madrugada — as pessoas acham que você está pronto para responder aos e-mails", ele disse. "As pessoas tornaram-se escravas dos seus e-mails. Não é um problema técnico. Não pode ser resolvido com um algoritmo. É mais uma questão social."

Em vez de enfrentar a questão social que permitiu que o e-mail engolisse a totalidade da nossa vida, deveríamos encontrar uma maneira de domá-lo, controlá-lo, zerá-lo, algemá-lo. Criamos ferramentas de produtividade para administrar uma ferramenta de produtividade, e nos afundamos cada vez mais em um buraco, desesperados para encontrar uma saída que nos prometa, enfim, tirar-nos de lá.

Em 2012, a McKinsey estava buscando exatamente uma solução como esta: alguma coisa, qualquer coisa, que pudesse reduzir a carga de e-mails que pesava sobre os trabalhadores e incrementar a produtividade entre seus clientes. Em um relatório daquele ano, seus analistas concluíram que o funcionário médio passava 28% da sua semana de trabalho às voltas com e-mails, e quase 20% do tempo procurando informações internas ou simplesmente em busca de colegas que pudessem ajudar em tarefas específicas. Eles acreditavam que alguma forma de conversa cooperativa — ou "tecnologia social" — teria o potencial de aumentar a produtividade desses funcionários em algo como 20% ou 25%.[31]

Quase uma década depois, as "tecnologias sociais" que o relatório da McKinsey esperava se integraram, de alguma forma, em todos os tipos de negócios. Há o Microsoft Teams ("um polo de colaboração"), o Facebook Workplace ("conecta os empregados com ferramentas simples de comunicação e colaboração"), o Google Hangouts ("dá vida às conversas") e o Slack ("uma nova maneira de se comunicar com a sua equipe"), além de dezenas de ferramentas de videoconferência, muitas delas com funções de conversa, cuja utilização cresceu de forma absurda desde o início da pandemia da covid-19 (Zoom, Webex, BlueJeans, Chime, Skype, entre outros).

A maioria dos escritórios usa algum tipo de combinação de "tecnologias sociais", mas o Slack mudou o paradigma. Em 2013, ele foi o primeiro a encantar o Vale do Silício com a sua promessa de "matar o e-mail".[32] A ideia era tão simples e elegante quanto fora a do Gmail: em vez de centenas de empregados perdendo tempo analisando as suas caixas de entrada, procurando anexos e rascunhos e antigas conversas via Google, por que não conectar todo mundo em um único lugar e propiciar a eles a criação de pequenas áreas de entretenimento e colaboração?

O Slack funcionou. Sequências de *brainstorming* que antes circulavam loucamente em caixas de entrada mudaram para salas de Slack; o mesmo aconteceu com as mensagens e respostas sobre ideias e execução. A plataforma era fácil de usar, com emojis personalizados e integrada com o GIPHY, por vezes divertida. A utilização se difunde organicamente, em geral por via oral: os empregados que ouviram amigos de outras empresas falarem do Slack pressionam o pessoal dos recursos humanos a adotar a tecnologia. Os céticos acabam se convertendo à medida que o grosso das comunicações sai das sequências de e-mails para as salas de conversa. Uma empresa de consultoria relatou que os empregados de grandes empresas que adotaram o Slack estavam enviando mais de duzentas mensagens de Slack por semana, enquanto os "usuários poderosos" mandavam mais de mil mensagens por dia.[33]

Segundo uma análise do RescueTime — um aplicativo que registra quais aplicativos estão sendo usados e por quanto tempo —, o Slack e outros aplicativos de conversas "sociais" de fato reduziram o uso de e-mails. Entre 2013 e 2019, a porcentagem de tempo de tela alocada pelos empregados aos e-mails caiu de 14% para 10,4%. Na verdade, eles apenas passaram esse tempo para os aplicativos de conversas, cuja utilização aumentou de 1% para 5%.

Os dados do RescueTime não são exatos; uma vez instalado em um computador, ele não mede o tempo gasto passando e-mails ou conversando via Slack ao telefone. Mas esse estudo demonstra algo infelizmente bastante claro: que tecnologias como o Slack não reduzem o tempo gasto pelos usuários em comunicações on-line; elas apenas acrescentam mais um meio ainda mais atraente e interessante de fazê-lo.[34] A exaustão e a frustração se acumulam gradualmente. "Eu me sentia cada vez mais improdutiva, altamente reativa e simplesmente sobrecarregada com o Slack", escreveu a programadora Alicia Liu em um blog em 2018. "E o problema só piorava quanto mais usava o Slack. Eu me sentia constantemente sugada por notificações do Slack."

Esses tipos de interrupção têm um custo elevado: pesquisadores acham que mesmo interrupções curtas, de vinte minutos ou menos, aumentam o estresse dos trabalhadores.[35] Como as interrupções parecem ser urgentes — e não prestar atenção nelas parece negligência —, os trabalhadores acabam se obrigando a ignorá-las, ao menos por um tempo. Em vez disso, saímos costurando durante o dia, criando uma tapeçaria crescente de trabalho, aí interrupção, interrupção, então trabalho. Chega um momento em que isso parece normal. Mas essa normalidade é péssima.

Se prestarmos atenção, todas as críticas ao Slack começam a soar como o verso final de uma lamentação de décadas sobre novas ferramentas, novos projetos, novos aplicativos. Estamos presos em um ciclo focado em descobrir uma solução tecnológica, negando a evidência de que quando o custo e a dificuldade de comunicação diminuem, o número de interações — e o tempo necessário para processá-las — aumenta.[36] Ignoramos os avisos daqueles que viram as suas ideias mais bem-intencionadas se degradarem diante de seus olhos. Lembremos das palavras do criador do Gmail: "Não é um problema técnico. Não pode ser resolvido com um algoritmo. É mais uma questão social."

Os problemas sociais são *difíceis*. Eles não podem ser eliminados com uma ideia e alguns anos de codificação. Exigem ações coletivas em diferentes frentes, estoques significativos de descobertas e paciência, e, o mais importante, a *vontade* — uma mistura potente de insatisfação com o estado das coisas combinada com uma visão de como poderiam ser de fato diferentes.

Na década de 1980, Karen Nussbaum viu que era esse o momento para os trabalhadores em escritórios nos Estados Unidos. Depois de anos de maus-tratos, discriminação e salários reduzidos, muitos trabalhadores foram obrigados a passar dos limites em razão da automação. Eles adoeciam por causa de seus escritórios, estavam esgotados, e agora seus chefes estavam pedindo que trabalhassem ainda mais por um salário menor.

"Entendemos que tínhamos um período de cinco a dez anos para lidar com o impacto da automação", disse-nos Nussbaum. "Era uma grande demolição da estrutura do trabalho, e havia uma oportunidade para nos aproximar dos trabalhadores durante esse período, quando seus empregos individuais estavam mudando dramaticamente." Mas Nussbaum sabia que teriam que agir bem rápido: "Assim que os trabalhadores fossem reciclados em seus novos empregos, com as novas normas, o momento de questionar quais deveriam ser os padrões já teria passado."

Nussbaum e a Associação Nacional de Mulheres Trabalhadoras tinham a vontade e a visão para ajudar a organizar os trabalhadores burocráticos e de escritórios. Mas elas bateram contra um muro cultural: de sentimentos antissindicais, antifeministas e um esmagador nacionalismo em meio à Guerra Fria. O muro mudou um pouco hoje, mas ainda é sólido: em países de todo o mundo, as pessoas dirão que o foco deverá ser a reconstrução da economia no pós-covid-19 — ganhar a competição mundial em inovar e abrir caminho para um novo futuro dos escritórios. Mas como as últimas mil palavras devem ter deixado claro, não existe um projeto de escritório e uma inovação técnica que possam realmente solucionar a questão social que teve origem na maneira como organizamos o trabalho em escritórios.

Vamos abordar, nos próximos capítulos, algumas das maneiras como seria possível atacar essa questão. Mas, por ora, aqui está o nosso melhor conselho a respeito de como desmanchar as camadas de utopia mal pensada, falta de direção e confusão que se acumularam em torno de tecnologia e design dos escritórios e como, neste breve e turbulento momento de maré montante, podemos começar a imaginar e adotar novos caminhos para o futuro.

PARE DE PENSAR NO ESCRITÓRIO DO FUTURO

É possível que o segredo para acabar com o nosso círculo vicioso da produtividade tenha sido descoberto em um escritório em Copenhague no início dos anos 1990. Não sabemos exatamente em qual escritório; na verdade, nem sabemos qual é o nome da empresa. Os pesquisadores que conduziram o estudo de caso se referem a ela apenas como DanTech, abreviatura de "Danish Tech Company" (Companhia Tecnológica Dinamarquesa). Mas a história da DanTech, narrada por Abigail J. Sellen e Richard N. R. Harper em *The Myth of the Paperless Office*, é única. Não pelo que ela produz, ou pelo tamanho dos seus lucros, ou por quem ela emprega, mas porque conseguiram modernizar um escritório sem simplesmente perpetuar todos os erros e problemas do passado.

A história da DanTech começa nos anos 1980. A companhia estava ficando para trás no seu setor e tinha um futuro incerto quando os líderes decidiram tentar algo drástico: eles mudariam completamente a estrutura da organização e começariam de novo a partir do zero. Os empregados foram treinados para fazer dois ou mais serviços, de modo que as equipes poderiam ser desmanchadas e reconfiguradas à vontade. Para facilitar a reorganização interna, mudaram para outro imóvel e reorganizaram fisicamente o espaço dos escritórios, preenchendo-os com grupos de mesas não designadas, de modo que as equipes pudessem colaborar entre si quando necessário e trabalhar separadamente com facilidade. Eles definiram um limite para a quantidade de papel que um empregado poderia usar ou manter em seu local de trabalho, encorajando os empregados a utilizarem as máquinas de arquivamento e os PCs primitivos.

Essas mudanças não parecem revolucionárias hoje em dia, mas na época era o equivalente a, por exemplo, dar a todos os empregados um Oculus Rift e dizer a eles para, de agora em diante, fazer o seu trabalho em realidade virtual. E nem todos funcionavam. Uma de suas bases de dados para arquivamento era tão complicada que os empregados não sabiam como usá-la de fato, o que significa que muitos documentos importantes acabavam perdidos num labirinto digital. Com o tempo, contudo, foi criado um método que funcionava bem: eles puseram um grupo de funcionários que já havia aprendido a trabalhar com o sistema como encarregados. Era possivelmente menos eficiente do que treinar todos os que trabalhavam na empresa, porém mais factível. Após cerca de dezoito meses, a empresa havia conseguido o que a maioria das outras companhias considerava impossível: eles estavam trabalhando praticamente sem papel, tornando-se um dos primeiros escritórios digitais da época.

Para Sellen e Harper, que vinham estudando a fundo o papel como a principal tecnologia de escritórios do século XX, a DanTech era um raro exemplo de mudança real. Desde meados dos anos 1970, os futuristas e sábios dos negócios vinham prevendo o surgimento do escritório sem papel. Mas, por mais que tentassem, as *big techs* do mundo ainda usavam muito papel nos anos 1990. No projeto desastroso da Chiat em 1993, a visão de uma folha de papel detonava e-mails que repreendiam os trabalhadores, lembrando-os de que eles trabalhavam em um "escritório sem papel" — embora boa parte do trabalho criativo da publicidade ainda fosse feito em *storyboards* e os contratos com as companhias terceirizadas ainda precisassem ser impressos e assinados.[37] O escritório do futuro ainda estava muito preso às impressoras.

Contudo, esse sonho dos dinamarqueses parece ter caído no futuro sem papel por acaso. Eles o fizeram pensando na mudança em termos de *sustentabilidade*. Como explicam Sellen e Harper, a DanTech nunca estabeleceu uma meta de abolir completamente o uso do papel. Em vez disso, a companhia focou em maneiras de educar e incentivar os empregados sobre maneiras de usar o papel *de forma diferente*. E, com o tempo, passaram a usá-lo cada vez menos. "Prometa um escritório sem papel e você estará correndo para a frustração e o fracasso", escreveram Sellen e Harper. "Prometa mudanças realistas e incrementais e você terá mais chance de atingir seus objetivos, e as pessoas possivelmente ficarão mais satisfeitas."[38]

Entretanto, essa história e a lição que ela encerra não se referem ao papel, ou se um escritório sem papel é necessariamente melhor do que um escritório onde se trabalha à moda antiga. O escritório dinamarquês é uma lição sobre como criar mudanças permanentes em uma organização. A DanTech estava pensando a longo prazo. A companhia administrou as expectativas dos empregados. Pressionou por mudanças ousadas e potencialmente dolorosas, mas, quando resultaram em confusão ou consequências negativas — como aconteceu com o sistema de arquivamento —, ela aceitou revisar e reavaliar. Por último, como Sellen e Harper notaram, a revisão da DanTech focou nos "problemas reais, fundamentais". O papel nunca foi o problema de fato. Mas eles compreendiam que a modernização poderia ser um meio para solucionar as questões estruturais reais que os haviam deixado para trás em relação aos seus concorrentes. "As organizações precisam olhar para a combinação de pessoas, máquinas e processos, para avaliar onde os problemas se encontram e quais soluções devem ser implementadas", explicaram Sellen e Harper. "Elas precisam lançar um olhar amplo e profundo sobre o que já existe."

Na prática, provavelmente deve ter sido muito chato — ou no mínimo menos ousado e empolgante do que jogar fora todos os papéis, ou emitir uma série de declarações fortes. Mas esta havia sido a falha fatal nos planos de tantos projetistas e especialistas em inovação: eles imaginavam um futuro e planejavam inteiramente a partir do zero, sem olhar para a forma como o projeto poderia exacerbar tensões existentes ou fracassar em atacar as necessidades fundamentais. Foi precisamente isso o que a Chiat/Day fez — e eles acabaram num atoleiro, com pessoas escondendo furtivamente documentos impressos, arquivos e contratos em seus carros.

Mas algumas companhias, como a DanTech, pensaram no escritório do futuro tentando entender o escritório do presente. Nesses casos, Sellen e Harper descobriram que os planos raramente se resumiam a implantar tecnologias digitais convencionais. As formas mais duradouras de inovação não são atraentes em um *release* porque são incrementais, envolvem pausas ou reversões periódicas e, ao menos para os de fora, parecem tediosas. Elas são honestas a respeito das falhas em uma organização, neutras com relação à tradição, generosas e empáticas nas suas soluções.

Tornamo-nos tão obcecados com nossa própria visão tecnoutópica — o escritório aberto, o escritório sem papel, o escritório remoto — que poucas vezes dedicamos o nosso tempo para encontrar a estrada sinuosa que vai de fato fazer com que se transformem em realidade. É por isso que a história do escritório é essencialmente um jogo de longo prazo: podemos lidar com um problema, mas uma série de novos problemas igualmente complexos surge em seu lugar. Se, no entanto, os problemas verdadeiros, básicos — aqueles que não parecem tão empolgantes — forem resolvidos, será possível perceber, assim como na DanTech, resultados secundários realmente inovadores.

A pandemia do novo coronavírus provou que o trabalho de escritório flexível e remoto é de fato possível em larga escala. Contudo, a tecnologia sozinha não pode tornar o futuro sustentável. Ferramentas mais eficientes e maior produtividade — o objetivo final da maior parte da tecnologia aplicada ao trabalho — não são a solução, porque a produtividade não é o problema. Olhe em volta em qualquer escritório ou vá a qualquer sala do Slack na pós-pandemia e você verá que as pessoas não se sentem mal ou desmoralizadas porque não têm meios de ser produtivas. Os problemas são mais profundos, mais complicados e muito mais humanos. Se queremos um "escritório do futuro" (e, mais importante, se queremos que ele tenha sucesso), precisamos parar de projetar fantasias coloridas de ficção científica. Em vez disso, é necessário enfrentar as questões desagradáveis, nada atraentes e fundamentais do presente — e começar a construir de forma sustentável a partir daí.

Nivele o campo de jogo no escritório

A verdade sobre o trabalho após a pandemia é que a maioria de nós voltará ao escritório, de alguma forma, em algum momento Talvez isso traga um pouco de alegria para você; talvez o encha de medo. Mas, se olharmos para o futuro desde o presente, parece claro que — pelo menos no curto prazo — muitos de nós voltaremos para uma mesa bem-conhecida, sob o zumbido das lâmpadas fluorescentes, entre um e cinco dias por semana.

Muitas empresas são proprietárias ou alugam seus espaços de escritório por meio de contratos de longo prazo. E, quando o espaço está lá, entre as despesas da empresa, é possível que a administração incentive os empregados a usá-lo. E depois que ficamos presos em casa por mais de um ano, nos escondendo de um vírus mortal, estamos ansiosos por contatos sociais. Muitos dos nossos aborrecimentos de antes, ligados ao transporte até o trabalho e outros incômodos, parecem agora ser pequenos luxos. Alguns de nós sentem falta de seus colegas. Outros estão simplesmente cansados de suas casas, seus apartamentos, e até de seus companheiros e crianças. A única questão é: como?

É uma questão que tem mantido Jennifer Christie ocupada há mais de um ano. Na qualidade de chefe de recursos humanos do Twitter, ela é uma das arquitetas de estratégia de trabalho da companhia, o que significa imaginar qual seria o futuro de mais de 6 mil funcionários após a covid-19. Em maio de 2020, o Twitter informou que os empregados em tempo integral poderiam escolher trabalhar permanentemente em casa. A novidade provocou uma enxurrada de textos de opinião, todos sugerindo, em vários formatos, que este poderia ser o momento para que a revolução do trabalho em casa fosse iniciada pra valer. O que explica por que muita gente está observando Christie e o plano da companhia de perto: o Twitter, assim como outras organizações, é uma das empresas-líderes. A pressão para que isso dê certo — ou fracassar rapidamente e dizer a todas as outras para recuar e voltar ao que eram antes — é grande.

Quando falamos com Christie no início de 2021, ela nos disse o que todos os administradores e consultores com quem conversamos sabem ser a verdade: o home office não é a parte difícil, nem, em última análise, o trabalho presencial. É o horário híbrido, flexível, o principal problema. E, repetindo, o problema fundamental com um horário híbrido é criar sem querer uma nova hierarquia baseada no tempo dedicado às interações face a face. Com certeza, as questões relativas à proximidade dentro dos escritórios não são novas: antes da covid-19, tudo, desde o posicionamento das mesas, até quem recebe convite para as reuniões com o chefão, pode determinar quem é visto como um trabalhador empenhado e valioso e quem é desprezado ou tem o seu trabalho considerado banal.

O trabalho híbrido ameaça aprofundar essas divisões. Os pais solteiros, trabalhadores com parentes mais velhos, os empregados com deficiências físicas e aqueles que simplesmente não querem morar perto do escritório correm o risco de permanecer escondidos por trás dos que vão todos os dias ao escritório. Mesmo se um administrador for cuidadoso, um viés de proximidade e presença recente pode atuar. Os empregados ambiciosos e competitivos poderão sacrificar a flexibilidade e o trabalho remoto para estar presentes o máximo possível, ao passo que os empregados remotos, motivados pela ansiedade de não parecer produtivos, viverão com medo dos administradores e compensarão com uma carga extra de trabalho. Tanto uns como os outros acabarão se sentindo muito mal.

Essa é a visão de pesadelo para Christie e o foco de boa parte do planejamento inicial de trabalho híbrido do Twitter. A solução? Destruir o medo da exclusão e nivelar o jogo fazendo o escritório ser *menos* atraente. "É necessário eliminar a ideia de que você será excluído se não estiver no escritório", ela nos disse. É por essa razão que eles estão procurando maneiras de desencorajar as pessoas a voltar em tempo integral ao escritório. "Durante muito tempo nós criamos incentivos para manter as pessoas no local de trabalho", ela disse. "As empresas de tecnologia comemoraram e dominaram o assunto: venha para o escritório e você será alimentado e cuidado."

Essa filosofia de alimentação e cuidados no *campus* tem que mudar, diz Christie. E isso começa pela maneira como o escritório é organizado e pelas expectativas das pessoas nesse espaço. No Twitter, todos os que estiverem no auditório serão solicitados a abrir seu laptop e logar na palestra em curso, de modo que os participantes remotos possam ver claramente todos os rostos e ouvir aqueles que, em outra configuração, estariam tradicionalmente distantes dos microfones. A empresa planeja se livrar dos espaços reservados às equipes nos escritórios e passar para o sistema de *hot desking* — isto é, mesas livres e não personalizadas —, com alguns espaços reservados para o trabalho que exige maior concentração e outros para áreas mais sociais e movimentadas.

Um dos principais objetivos é garantir que as ausências não sejam percebidas: se as mesas fossem personalizadas e organizadas por equipes, os privilégios de proximidade recairiam com naturalidade sobre aqueles capazes ou que desejam comparecer regularmente ao escritório. O que não quer dizer que o trabalho presencial de grupo não acontecerá mais: o Twitter está simplesmente incentivando as equipes a coordenar sua ida ao escritório, com o propósito de criar momentos "episódicos" de trabalho em colaboração.

"Não queremos ser remotos ou presenciais em primeiro lugar", continua Christie. "Queremos nivelar o campo de jogo. Isso quer dizer que devemos parar de fazer no escritório algumas coisas que fazemos bem, como o serviço de refeições atual. Estamos tentando desencorajar algumas partes da experiência que atrai as pessoas ao escritório: estamos buscando eliminar algumas dessas facilidades."

Para muitos administradores e executivos, a ideia de gerar algum atrito em um local de trabalho funcional pode parecer duvidosa ou mesmo claramente tola. Mas, pelo menos nos estágios iniciais, o Twitter parece compreender que simplesmente colocar o trabalho remoto por cima da força de trabalho existente equivale a abrir caminho para a disfunção. "É preciso comprometer toda a cultura com essa mudança", disse Christie. "Não dá para fazer as coisas pela metade."

Conseguir um verdadeiro equilíbrio entre os trabalhadores do escritório e os empregados remotos será complicado — mesmo para as empresas mais cuidadosas. É fácil imaginar aqueles que passam mais tempo no escritório tendo ressentimentos em relação a uma empresa que privilegia os trabalhadores remotos, ao passo que os remotos ficarão ressentidos em relação aos colegas que terão acesso mais fácil aos superiores. A tensão é a razão pela qual o Dropbox, uma empresa de computação em nuvem sediada em San Francisco, decidiu, em outubro de 2020, tornar-se uma organização prioritariamente virtual.

No início da pandemia, a chefe de pessoal do Dropbox, Melanie Collins, colaborou na coleta de dados internos sobre os padrões de produtividade da companhia. Assim como em outras empresas de software, o ciclo de vida dos produtos do Dropbox não se alterou com a mudança para o trabalho remoto. Os engenheiros superavam as metas de desempenho, e as métricas e pesquisas internas indicavam que os trabalhadores queriam que as mudanças perdurassem; a vasta maioria dos empregados expressou inclusive um desejo por horários e locais de trabalho *mais* flexíveis. Porém, em vez de oferecer o trabalho remoto como uma opção permanente, o Dropbox escolheu um caminho mais drástico: tornaria remoto todo o trabalho individual, deixando a opção para as equipes de se reunir e colaborar eventualmente, quando necessário. Para tanto, a empresa faria um novo projeto e construiria escritórios em um novo estilo, chamados de "estúdios", em quatro cidades onde possuía anteriormente um escritório oficial. Em outras cidades onde havia um bom número de empregados, ela providenciaria o aluguel de espaços de coworking.

Quando conversamos, em abril de 2021, Collins nos disse que o Dropbox estava projetando os espaços com vistas a reuniões e outras atividades de grupo. Os empregados teriam mesas designadas para eles, ou outros espaços que os incentivariam a ocupar e estabelecer espaços de escritório informais. Eles têm o propósito de facilitar a colaboração, não de funcionar como escritórios paralelos. Claro, tudo isso poderá mudar.

"A única maneira de projetar um espaço de colaboração é fazendo muita pesquisa", nos disse Collins. "Desenhamos uma hipótese a respeito do projeto, mas aprendemos muito mais quando as pessoas se debruçam sobre ela. Já sabemos que os funcionários da área de vendas e de engenharia têm necessidades diferentes, mas teremos que perguntar como as pessoas usam o espaço, como será a futura utilização, se as salas para dez pessoas serão usadas o tempo todo ou haverá apenas uma pessoa lá dentro, se as salas para reuniões de equipe serão usadas para isso ou acabarão tendo outra finalidade etc. E faremos mudanças de acordo com as respostas."

Collins insistiu que qualquer companhia, inclusive o Dropbox, sabe como esses projetos estarão dentro de dois ou três anos. À medida que a companhia avança, ela quer ser interativa, flexível e capaz de dizer "isto não está funcionando", até que consiga achar a configuração ideal. Uma coisa é certa: dentro dessa flexibilidade, ela não voltará ao dia de trabalho tradicional, de 9h às 17h. Para muitos trabalhadores, isso significa um conjunto de horas "ligadas" que cubra todos os fusos horários dos Estados Unidos, com a liberdade de definir seus próprios horários.

Nem todos os empregados vão encarar numa boa esse tipo de transformação, e o Dropbox tem consciência disso. "Nossa mudança para a prioridade ao virtual é um afastamento deliberado das vantagens e dos benefícios da vida no escritório e uma aproximação do equilíbrio entre trabalho e vida pessoal", nos disse Collins. "E sabemos que alguns empregados não fizeram essa escolha quando vieram trabalhar conosco. Sabemos e esperamos que haja algum *turnover* enquanto trabalhamos com vistas ao futuro." Mesmo que alguns empregados decidam se demitir, o Dropbox vê ganhos de longo prazo na expansão do seu conjunto de possíveis colaboradores e na sua capacidade de atrair trabalhadores que desejam padrões flexíveis de trabalho. Como diz Collins, "estamos sentindo algumas dores que provêm da transformação enquanto caminhamos".

Tanto o Dropbox como o Twitter parecem compreender que não vão acertar todos os detalhes imediatamente — não chegarão nem perto disso. Em nossas conversas, Collins esboçou as inúmeras questões desagradáveis que uma empresa global como o Twitter está prevendo: lidar com formulários de autorização de trabalho, imigração, vistos, estruturas de impostos, questões de segurança e tecnologia da informação, licenças de negócios, estabelecimento de folhas de pagamentos etc. "Se pensarmos que podemos ligar um interruptor e tudo isso vai simplesmente acontecer, não vai dar certo", ela disse. "Não se pode recriar o escritório remotamente, ou sufocaríamos os nossos empregados." Em outras palavras, tudo precisa ser bem pensado.

Esse pensamento diz respeito particularmente aos grupos que em geral não participam do projeto. Para os líderes na comunidade de pessoas com deficiência, a mudança para o trabalho remoto pode parecer delicada. O trabalho flexível — uma adaptação que vem sendo pedida por essas pessoas e negada há décadas — está mais disponível do que nunca. Mas há uma preocupação real de que a capacidade para trabalhar em casa poderia tornar os espaços de escritório menos inclusivos.

"O que eu não quero é ver todos os empregados com deficiências relegados a trabalhar em casa porque os novos espaços serão ainda menos acessíveis do que são hoje", disse-nos Maria Town, presidente e CEO da Associação Americana de Pessoas com Deficiências. É fácil imaginar as empresas oferecendo modelos híbridos de trabalho, mas tratando seus funcionários com deficiências como empregados remotos sem escolha — reforçando, portanto, a segregação dessas pessoas na força de trabalho.

"Se entrarmos nesse mundo no qual teremos menos escritórios centralizados, isso significa que os empregados ficarão literalmente expostos a menos pessoas que são diferentes deles", disse Town. "Há um importante valor cultural em ter pessoas com visíveis deficiências aparecendo para trabalhar." Ela usou a si mesma como exemplo. Town diz que sua paralisia cerebral é mais visível quando ela está se movendo em um espaço. "Durante a pandemia, minha deficiência foi completamente apagada. Tudo que se vê é a minha cabeça num quadradinho do Zoom."

Ela insistiu conosco que a criação de oportunidades entre empregados com deficiências para a visibilidade e o engajamento na comunidade é essencial e vai exigir que essas preocupações sejam delicadamente equilibradas com a necessidade de disponibilizar o home office para aqueles que necessitem dele. Ou seja, a acessibilidade deve ser encaixada em cada tecnologia e espaço projetado para ambientes de trabalho remoto prioritário ou híbrido. Para tanto, as organizações vão ter que engajar diferentes tipos de trabalhadores no processo de desenhar suas estratégias remotas e flexíveis, não apenas os funcionários de recursos humanos e os altos executivos.

Isso acontece porque os escritórios físicos, ao menos em curto prazo, não vão a lugar algum. Dror Poleg é copresidente do Conselho de Tecnologia e Inovação do Instituto de Terras Urbanas, e anos antes do início da pandemia coligia dados sobre as necessidades cambiantes de empregados e empregadores para seu livro *Rethinking Real Estate* (Repensando as propriedades imobiliárias), de 2019. Poleg acredita que houve sinais de que o mercado de escritórios "foi em direção a uma crise" durante algum tempo: os benefícios haviam parado de superar os aspectos negativos; os custos dos escritórios subiam a toda; e os escritórios pouco ajudavam para melhorar a produtividade real ou percebida.

O que significa que mesmo antes da pandemia as empresas já estavam buscando soluções para o problema do seu patrimônio imobiliário. O súbito surgimento do home office simplesmente acelerou essa busca. Ainda assim, Poleg é otimista quanto à continuidade da existência de alguma forma de escritórios, mas acha que sua locação e utilidade vão mudar de forma drástica. "A maior parte da atividade dos escritórios não vai se mudar para as casas ou para a nuvem", ele escreveu no *New York Times*. "Em lugar disso, é provável que ela seja redistribuída dentro das e entre as cidades, com uma variedade de novas áreas de emprego surgindo e poupando muitas pessoas do desgaste de ter que se transportar simultaneamente para um bairro central de negócios."[39]

Na prática, o que vamos ver? Espaços de coworking, e também escritórios-satélites, menores e orientados em torno daquilo que os trabalhadores em escritórios precisam, dependendo do seu campo de atuação: capacidade de impressão e envio em grande escala, espaço para colaboração, espaço privado para encontros com clientes, e um estúdio de gravação para podcasts ou vídeos do YouTube.

Não existem adaptações fáceis — apenas o trabalho contínuo de eliminar o que está errado e desenhar o futuro com base no presente. Mas, se esse trabalho o assusta, você será superado pelos que não ficam assustados. "Não seguimos por esse caminho por causa da covid-19", diz Christie, chefe de recursos humanos do Twitter. "Nós o seguimos porque o mundo já estava mudando antes da pandemia e pensamos: 'Temos que pegar esse trem ou não vamos conseguir atrair e manter os talentos.' As empresas que acham que 'isso vai passar e voltaremos a ser uma empresa de escritórios' estão dolorosamente erradas. Se perderem essa janela, não serão mais uma grande empresa por muito tempo."

Do que você realmente sente falta?

Enquanto escrevíamos este livro, a última vez que um de nós esteve no espaço físico de um escritório foi em 20 de dezembro de 2019. Como muitos de nossos leitores imaginam, essa distância nos ajudou a ter alguma perspectiva.

Quando você vai a um lugar todos os dias, pensa nisso em termos logísticos. Um escritório não é uma ideia: é um espaço a ser explorado em dado momento. Mas, com o decorrer do tempo, talvez você comece a se questionar sobre o lugar onde passa seus dias. *Qual é o sentido de estar presente no escritório durante quarenta horas por semana? Por que estamos todos sentados em cubículos? Por que estamos enclausurados em um espaço aberto? O escritório fez de mim uma pessoa mais ou menos produtiva?*

Todas essas questões são subprodutos de uma pergunta mais ampla. *O que é, de fato, um escritório?* Isso pode parecer o tipo de pergunta de um curso de iniciação à filosofia, mas a resposta é importante. São as pessoas? O espaço em si mesmo? A proximidade? Todas as respostas citadas? Nenhuma delas?

Dedicamos muito tempo aqui alertando contra o pensamento tecnoutópico. Mas, neste momento, vale a pena também perguntar se o escritório — ou alguma experiência semelhante a ele — pode ser reproduzido sem o transporte e o ato de estar em um espaço físico. Se a resposta for sim, devemos tentar?

É difícil gostar muito do escritório virtual. O que faz um escritório parecer vivo — o vozerio, o movimento, a miríade de interações sociais, complexas ou miúdas —, é disso que muitos de nós sentimos falta. O escritório virtual, que se manifesta por meio de algum tipo de plataforma de conversa, é em geral um substituto tristemente inadequado, independentemente do número de salas de conversa de interesse especial que sejam criadas. As tentativas de levar a ideia adiante, geralmente por meio de algum tipo de abordagem ao estilo do jogo *The Sims*, completo com seus avatares personalizados, logo parece piegas, estranho ou simplesmente distópico. Parece que deveríamos desistir de tentar recriar uma verdadeira aproximação do escritório e deixar que o trabalho remoto seja apenas remoto. Foi o que pensamos, pelo menos, até falarmos com Dayton Mills.

Nós o vimos pela primeira vez em seu escritório. Havíamos nos encontrado pouco antes do lado de fora, em um gramado recém--aparado, com plantas bem-podadas. Trocamos algumas gracinhas e ele nos recebeu em uma sala moderna, com assoalho de madeira. Em termos de uma start-up, o escritório de Mills era bem espartano, mas ainda apresentava alguns dos detalhes suspeitos desse tipo de empresa: frutas sobre a mesa, poltronas do tipo *beanbag* espalhadas, e até uma mesa de sinuca novinha no canto. Ele nos fez sinal para nos sentarmos em um sofá cinza com uma lanterna que emitiu uma luz violeta. Fizemos como ele mandou.

No escritório, Mills não é um fundador normal; ele é uma bolha violeta flutuante com um sorriso esquisito. Ou pelo menos é o que ele aparenta ser, de acordo com seu avatar. Na realidade, Mills tem 19 anos, usa grandes óculos retangulares e longos cabelos castanhos ondulados, e seus olhos humanos são gentis, fato que constatamos quando ele ligou a sua webcam, depois de alguns minutos de conversa. Seu "escritório" não era real, ou melhor, não era *fisicamente* real. Mas ainda assim é o local de trabalho em tempo integral da sua companhia, a Branch.

A Branch se anuncia como uma plataforma para "conversas espaciais", e combina os elementos de conversa de uma equipe de plataformas como o Slack com vídeo e uma estética em 2D do Super Nintendo. Ao se registrar em um escritório, você se torna o rosto de uma bolha colorida e sorridente. Tem uma vista do alto de todo o escritório e pode guiar seu avatar pelas diferentes salas, todas personalizáveis. Existem salas de reunião, cafeterias, salas privativas, de recreação, de jogos, e até a medonha sala da fotocopiadora e despacho de correspondência aparece. Você pode ligar e desligar sua webcam o quanto e quando quiser. Quando está ligada, seu rosto aparece em uma pequena moldura circular no alto da tela, junto com qualquer pessoa que esteja próxima. Parece um Pokémon corporativo, ou uma versão primitiva de Zelda, se o objetivo do jogo fosse sobreviver a uma reunião.

A ideia da Branch surgiu em 2019, quando Mills estava trabalhando para a empresa de seu sogro. Como ele era bom em computação, foi encarregado de modernizar a equipe de vendas da organização, composta de dezenas de trabalhadores remotos em todo o país. Seu método de trabalho era misterioso, ainda baseado pesadamente em notas fiscais escritas, máquinas de fax e documentos impressos. Quando Mills os apresentou ao Slack, a equipe ficou abismada. Muitos dos empregados não se viam ou não falavam uns com os outros havia cinco anos. Eles se deram conta bem rápido de que estavam duplicando o trabalho, seguindo as mesmas pistas e falando uns por cima dos outros havia anos. Muitos confessaram ter passado anos isolados e profundamente desconectados. O Slack ajudou, mas a sensação de proximidade ainda faltava.

Mills sabia exatamente do que eles estavam falando e o que deveria lhes proporcionar. Tendo crescido numa pequena cidade rural do estado do Missouri, ele sempre se sentiu mais confortável jogando *Minecraft* do que frequentando a escola. Ele passava mais tempo on-line do que fora da internet. Acordava, entrava no Skype, dava uma olhada na lista de amigos e conversava o dia inteiro. "Durante metade do tempo, nós não estávamos nem jogando", ele nos disse. "Estávamos apenas passeando, falando e compartilhando nossa vida uns com os outros. A conexão era real. Eu nunca sequer encontrara pessoalmente alguns dos meus amigos mais próximos e mais antigos." Ele estivera espontaneamente cultivando relações sociais em espaços digitais durante toda a sua vida. Por que não tentar replicar isso no local de trabalho?

Sentados no escritório de Mills, olhando para a sua falsa bolha enquanto sua voz verdadeira nos contava a sua história, estávamos céticos. Então ele nos levou para um passeio pelo escritório. O aspecto mais interessante da Branch é o áudio baseado na proximidade, algo que ele copiou de ambientes on-line populares, como o jogo de sobrevivência *Rust*. Quando um avatar chega a uma certa distância de outro, você começa a ouvir a voz dele como um suave sussurro. Conforme ele chega mais perto, o volume fica mais alto — muito parecido com... bem, a vida real.

É fácil criticar esse efeito como apenas um truque, mas é algo curiosamente agradável, mesmo um pouco profundo. Havíamos encontrado um grupo de empregados da Branch conversando depois de um almoço coletivo. Não era uma demonstração para nossa diversão; eram empregados reais fazendo o que fazem: permanecendo na plataforma o dia todo enquanto trabalhavam, se encontrando e dizendo besteiras. Quando Mills nos levou para perto deles, uma das bolhas disse olá, enquanto as demais continuaram conversando. Quando nos afastamos, suas vozes diminuíram. Era o que havia de mais parecido com uma interação rotineira em um escritório que havíamos experimentado em doze meses.

A Branch tem o potencial de replicar parte da espontaneidade do escritório — em particular, os encontros casuais e rápidos que foram substituídos por uma quantidade infinita de reuniões via Zoom e convites via agenda. Não é que um encontro via Zoom deva ser igual a um e-mail, mas ele precisa ser uma rápida batida na porta e um amistoso "e aí, tem cinco segundinhos?". É o tipo de interação tipicamente humana que os escritórios físicos tornam mais fáceis e que nem a bolinha vermelha brilhante de uma mensagem do Slack ou do Teams consegue simular.

A gestão disfuncional não pode ser eliminada pela adoção de avatares de bolhas simpáticas. E uma cultura tóxica de excesso de trabalho só pode ser exacerbada por um aplicativo que incentiva as pessoas a estar presentes, mesmo virtualmente. Se utilizada de forma abusiva, uma ferramenta como a Branch pode repetir a natureza opressiva do escritório e a pressão do compromisso de estar sempre "desempenhando" no seu emprego — algo que já nos vemos fazendo com o Slack. Mas também é possível ver as maneiras como um mundo virtual poderia estimular uma cultura mais inclusiva. Para alguém que se considera introvertido, como Mills, os locais de trabalho virtuais lhe permitem ser um líder empresarial sem a ansiedade que vem com a função.

"Ninguém se importa com a minha aparência; ninguém está olhando para mim", disse Mills. "A gente controla melhor a forma como se apresenta diante do mundo. Podemos ser quem queremos ser." E também existe a possibilidade de se desconectar. Muitos empregados da Branch passam muitas horas na plataforma, mas, quando saem dela, sinalizam claramente que seu dia de trabalho acabou. É possível alcançá-los quando eles voltarem a se conectar. Cercas de segurança já prontas.

Talvez você esteja revirando os olhos diante disso. Um escritório virtual pode ser uma experiência engraçadinha e esperta, mas transformar a vida de trabalho em um jogo pode parecer algo bem distante da vida real. Além disso, a última coisa que queremos é ficar ainda mais tempo com os olhos colados numa tela. Todas essas objeções fazem sentido. Mas há muitos indícios que sugerem que o tempo em um escritório físico é dominado por horas sedentárias, na mesa, olhando para... uma tela. Os e-mails não param num passe de mágica quando as pessoas estão todas em um escritório. Nem as mensagens do Slack.

Na verdade, uma boa parte da presença humana nos escritórios foi alterada pela facilidade das ferramentas de mensagens baseadas em textos. A Branch, que se baseia essencialmente em vozes, oferece algo mais íntimo e próximo da sensação de uma presença humana do que uma vibração, um toque e um texto. A empresa provavelmente não reduzirá de maneira drástica as interrupções no trabalho e as mudanças frenéticas de tarefas que são a praga dos nossos dias. Mas pode mudar *o tom*.

Os colegas de trabalho interfeririam menos se tivessem que dizer quais são seus desejos? Ficariam menos ansiosos se suas interações digitais fossem recebidas através de um meio mais amigável, baseado em voz e vídeo? Não temos respostas definitivas para essas questões, mas ferramentas como a Branch nos estimulam a formulá-las.

Definitivamente não há soluções tecnológicas imediatas para o que nos incomoda no local de trabalho. O que funciona melhor para Mills e sua equipe de jovens empregados acostumados a ficar muito tempo on-line certamente não funcionará para Linda ou Mark na contabilidade de uma empresa regional de autopeças. O que a Branch faz melhor, contudo, é tornar mais claro o que o escritório significa de fato para nós. Porque o que muitos sentem falta em relação ao escritório — além de não ter que ficar em nossas casas claustrofóbicas — não é nada muito prático. Sentimos falta daquilo que o executivo de tecnologia e ensaísta Paul Ford chama de "a sua geografia secreta e essencial": saber qual é o melhor lugar para chorar, ou para ter privacidade, ou para ir ao banheiro.[40] Mas aquilo do que realmente sentimos falta é de certa sensação. Em alguns escritórios, essa sensação é a de diversão. Em outros, é de concentração. Para Mills, é a existência de um ambiente empático. "É possível criar conexões apenas estando presente, mesmo se não estamos dizendo nada", ele nos disse. "As pessoas sabem que, se quiserem falar, haverá alguém para ouvir."

Se vai ou não dar certo no longo prazo, as descobertas de experiências como a da Branch podem valer o preço de licenciamento do software. Que sensação você quer construir ao criar um futuro híbrido? E quais tradições e práticas podem ser deixadas para trás?

A tecnologia de escritórios funciona melhor quando ilumina e simplifica o que é essencial. Trabalha pior e parece mais exaustiva quando cria uma camada para um novo aplicativo, outra senha e um número infinito de notificações nesse elemento essencial. Perdem-se de vista os colegas de trabalho e os objetivos da organização, assim como os hábitos pessoais e o que faz as pessoas se sentirem bem, confortáveis ou criativas. Enquanto reconstruímos a força de trabalho para um futuro híbrido, temos que continuar nos perguntando não apenas o que devemos abandonar em relação à maneira como trabalhávamos, mas também o que vale a pena preservar e o que esses espaços significavam para nós. Talvez você também precise de algum tempo livre como uma bolha para pensar nisso.

PARE DE VIVER NA FANTASIA (LARPING)

Você às vezes manda um e-mail no meio da madrugada que poderia ser enviado sem problema até o dia amanhecer? Você responde a um tópico no grupo do software de conversas da sua empresa com uma observação boba ou uma pergunta para a qual já conhece a resposta?

Você já escreveu as palavras "estou só dando uma checada" enquanto estava de férias?

Se não fez nada disso, você é mais disciplinado do que nós. Mas a maioria dos leitores reconhecerá o gesto ligeiramente desesperado de um trabalho performático. Você detesta fazê-lo, mas não sabe como parar. É uma maneira de jogar LARP, Live Action Role Playing (jogo de interpretação de papéis ao vivo), no seu trabalho, e isso aumenta à medida que cresce o volume de ansiedade que sente em relação ao seu desempenho, seu lugar na organização e sua relação com seu superior. É também uma enorme, *enorme* perda de tempo.

O escritor John Herrman inventou a expressão "LARPing no seu trabalho" em 2015, quando o Slack foi adotado em larga escala nas empresas de tecnologia e mídia. "O Slack é onde as pessoas contam piadas e marcam presença", ele escreveu. "É onde as histórias, a edição e a administração são debatidas tanto como forma de autojustificativa como para completar objetivos reais."[41] Está claro que, antes que as comunicações no escritório passassem a ser on-line, as pessoas marcavam a sua presença por meio da presença *real*, mas o Slack, como o e-mail antes dele, acelerou tanto a percepção da demanda quanto a habilidade de contemplá-la.

Quanto menos concreto for o trabalho que você faz, mais precisa jogar LARP. Quanto mais rápida a mudança na sua situação no trabalho, mais você joga LARP. Uma adesão maciça ao LARP é o sintoma de uma cultura empresarial em desordem, onde as expectativas são opacas, a produtividade está acima de tudo e as cercas de segurança são inexistentes. Naturalmente, foi algo que explodiu durante a pandemia e tem o potencial para se espalhar ainda mais, na medida em que caminhamos em direção a um futuro de trabalho remoto.

Jogar LARP no trabalho é um patógeno virulento, mas existe um antídoto. É apenas confiança: cultivá-la, comunicá-la, difundi-la. Quando sente que seu superior não confia em você — ou, mais especificamente, em como você usa seu tempo —, você sente a necessidade de frisar que proporção dele dedica ao trabalho. Você atualiza, se faz presente, insere menções sutis em relação a como trabalhou até tarde. Talvez seu superior confie em você, mas seja totalmente incompetente em termos de comunicação. Talvez nunca o tenham instruído a se atualizar dessa forma, mas também nunca disseram a você que parasse. O que importa é que a desconfiança paira no ar virtual, incentivando-o a gastar mais tempo exibindo o seu trabalho do que trabalhando de fato.

A coisa mais maluca a respeito do LARP é que ele não faz apenas você perder tempo, como também desperdiça o tempo dos outros. Um foguete de sinalização lançado no ar incita outros a lançar igualmente seus sinalizadores. Um e-mail se torna cinco respostas; uma atualização do Slack se torna uma conversa de meia hora; um projeto apresentado na tarde de um sábado gera em outros a compulsão de fazer a mesma coisa. A Microsoft descobriu que entre fevereiro de 2020 e fevereiro de 2021 o usuário médio do Teams enviava 45% mais conversas depois do horário normal e 50% dos usuários respondiam a essas conversas em cinco minutos ou menos.[42] Cada vez mais nos vemos numa sala de espelhos de ansiedade quanto ao desempenho, a qual distorce nossa compreensão do que o trabalho de fato *é*.

É difícil criar a confiança robusta e duradoura que pode manter afastada essa espécie de ansiedade. Mas uma das empresas que conseguiu fazê-lo tem uma lição para o escritório que aspira a ser flexível. Essa empresa é a GitLab, uma plataforma de software que ajuda os desenvolvedores na internet a construir e compartilhar códigos abertos. Se você já leu antes sobre trabalho remoto, é bem possível que já a tenha visto ser mencionada como um exemplo. Isso porque, mesmo antes da pandemia, ela havia constituído a sua empresa com a premissa de reimaginar o trabalho. A GitLab não tem escritório e seus empregados vivem em diferentes lugares, em vários fusos horários. É completamente distribuída, completamente remota e completamente assíncrona, além de ter adotado uma forma radical de transparência.

O trabalho verdadeiramente assíncrono pode parecer intenso. Mas resista à vontade de eliminá-lo: ele parece diferente porque *trabalha de forma diferente*.

Como os empregados trabalham em horários diferentes em diversos lugares do mundo, a companhia depende de uma documentação meticulosa. Eles produzem uma enxurrada de notas sobre conversas, reuniões, memorandos, sessões de *brainstorming* e tudo o mais. Praticamente todas essas notas, inclusive boa parte das deliberações e operações internas da empresa, são abertamente publicadas. Na prática, isso quer dizer que uma pessoa de fora da empresa pode ter uma ideia de como seus funcionários estão fazendo o produto que ela vai comprar. Internamente, significa que um empregado do departamento de marketing pode entrar no sistema da GitLab e acompanhar o que as equipes do jurídico, de comunicação, do financeiro e de projetos estão fazendo. Ele pode ler as notas de cada equipe, monitorar seus objetivos e relatórios, e continuar seguindo os colegas à medida que eles trabalham.

Os empregados também são incentivados a criar páginas detalhadas de "LEIA-ME", com uma descrição completa de quais são suas tarefas e como eles a realizam, além de uma seção pessoal, "Sobre Mim". A partir daí, a página LEIA-ME pode ficar muito detalhada. Darren Murph, o responsável pelo trabalho remoto na GitLab, tem seções do LEIA-ME do tipo "como você pode me ajudar", "meu estilo de trabalho", "o que eu penso dos outros", "o que eu espero ganhar", "comunicando-se comigo" e "configurando o seu escritório para trabalhar em casa". As respostas são sérias e amistosas. Não são demandas, nem mesmo instruções, mas oferecem um guia para a colaboração.

A abordagem do GitLab para a documentação pode parecer exaustiva — e muitos funcionários talvez jamais se interessem pela maioria das notas de uma reunião ou pelo LEIA-ME de um colega. Seria provavelmente necessário um dia inteiro para ler toda a página do CEO da GitLab, Sid Sijbrandij, seguir todos os links e ver todos os vídeos. Parte da linguagem parece empolada, como a seção do LEIA-ME de Sijbrandij intitulada "Por favor, leia para mim a linha de assunto dos e-mails". Existe muito espaço para improvisação. Mas isso é proposital: o processo da GitLab não é jazz; é uma sinfonia cuidadosamente composta.

Na prática, o que isso quer dizer? Responsabilidade. Possibilidade de trabalhar a qualquer hora. A eliminação de qualquer pressão para participar de uma reunião na qual o seu papel seja secundário, uma vez que todas as reuniões são gravadas.

"A transparência aumenta a sensação de pertencimento", nos disse Murph. "E isso é vital em uma empresa sem escritório. Mesmo que as pessoas não usem a documentação ou sigam o que os colegas estão fazendo, apenas saber que isso existe cria uma sensação natural de pertencimento. Uma confiança é forjada em razão de poder ver o que todos estão fazendo. A maioria das empresas funciona intencionalmente de forma oposta: elas querem ser compartimentadas porque têm medo de um excesso de feedback. Mas não é do feedback que deveriam ter medo, e sim de alienar as equipes."

Murph é certamente o mais visível entre os defensores do trabalho remoto no país. Ele é também, até onde sabemos, a primeira pessoa a ser a responsável pelo trabalho remoto em uma grande empresa e repete que uma revolução do trabalho remoto vai mudar o mundo. Mas também é realista. Sim, os LEIA-MEs e a documentação são uma forma mais inclusiva e mais respeitosa de se organizar uma companhia. Também são, ele afirma, bons para o negócio. "Se alguém está lhe dizendo quando será mais receptivo em relação à sua oferta ou ideia, o que ele está fazendo é lhe dar um conselho que faz *você* melhorar no seu trabalho", ele nos disse. "Muitos entre nós não se comunicam, e acabamos fracassando por causa disso. Perdemos grande parte do nosso tempo falando com pessoas quando elas não podem nos ouvir. Mesmo se você não tem uma gota de altruísmo em seu corpo, é uma forma melhor e mais eficiente de fazer negócios."

O modelo sem escritório e totalmente assíncrono da GitLab vai provavelmente parecer muito intenso para a maioria dos empregadores. Mas Murph acha que mesmo aqueles que se adaptarem a um sistema híbrido deveriam, depois de algum tempo, utilizar a ideologia de prioridade ao remoto adotada nos processos da GitLab. Na prática, isso significa desenhar todas as políticas de modo a beneficiar os trabalhadores de fora do escritório, com um foco secundário nos trabalhadores que estão juntos. Seu pensamento: a maior parte das políticas de prioridade ao remoto também funciona bem no escritório. Mas o inverso não é verdadeiro. As políticas que dão prioridade ao escritório tendem a alienar, excluir e reduzir a comunicação em relação aos trabalhadores remotos. "Prioridade ao remoto funciona muito bem durante as crises, a pandemia sendo um bom exemplo", explicou Murph. "Prioridade ao remoto é construir um negócio em torno da flexibilidade, o que é diferente de construir um negócio dentro de um espaço rígido em determinado local."

Na Ultranauts, uma empresa de projetos de engenharia cujo trabalho é inteiramente remoto desde a sua fundação, em 2013, todas as reuniões, inclusive as da equipe de liderança, são gravadas, transcritas e postas à disposição de toda a companhia. As decisões tomadas são anunciadas no Slack, junto com as suas justificativas; não existem regras não escritas.[43] Toda essa transparência e acessibilidade tem um objetivo: os cofundadores da empresa trabalharam para criar um lugar de trabalho transparente e acessível, no qual equipes de pessoas com "dificuldades cognitivas" poderiam se desenvolver — 75% de seus funcionários estão no espectro do autismo. Este é outro exemplo dos benefícios de um projeto universal: se você cria um ambiente no qual a clareza e a exposição são valores superiores, todos se beneficiam.

Na empresa Slack, os funcionários usam um sistema de "uma página", que inclui as horas do dia em que estarão mais disponíveis para responder, e mais informações adicionais sobre como trabalham melhor. Assim como os LEIA-ME da GitLab, um colega pode ler a página de alguém antes de interagir com ele ou ela, e deduzir rapidamente qual é a melhor maneira de transmitir alguma informação ou o melhor momento para se comunicar. Tudo isso parece muito trabalho só para ter uma conversa, mas vários funcionários da Slack nos disseram que ler a página de um colega é considerado um ato de respeito — com a vantagem suplementar de economizar tempo de todos os envolvidos. Se você perde um momento para reconhecer que um colega é uma pessoa complexa, não apenas a outra ponta de uma transação via e-mail, sua comunicação com certeza será *melhor*.

A transparência e a confiança se traduzem em menos atitudes idiotas e jogos de LARP, o que significa menos ansiedade e estresse. Isso era verdade antes da mudança para um ambiente de trabalho mais flexível, mas será ainda mais verdadeiro no futuro. Será possível liberar os empregados para usar o seu tempo executando um trabalho de melhor qualidade. Ou então você poderá incentivá-los implicitamente a passar os seus dias atuando como personagens de um jogo chamado trabalho. O que lhe parece melhor para o seu negócio?

Resista à vontade de amarrar tudo com maior vigilância

Há um tema que perpassa muitas das tentativas de redesenhar o home office: é difícil implementá-lo, exige esforço e custa dinheiro, não apenas tempo, trabalho e dinheiro gastos com consultores que dizem o que se deve fazer. Todos os que apregoam as vantagens do trabalho flexível frisam que, além da reconceituação de um espaço físico, da análise das normas não escritas no escritório e da implantação de cercas de segurança efetivas em volta das tecnologias digitais, é necessário, para avançar, ver os nossos empregos com maior grau de humanidade e confiança. E muito pouca coisa nesse processo é rápida ou eficiente.

Muitos empregadores tentarão ignorar as melhores práticas. Os de visão mais estreita vão resistir completamente à mudança, obrigando seus funcionários a voltar ao escritório em tempo integral. Muitos outros, no entanto, sentindo talvez a pressão da concorrência, vão aceitar algum trabalho remoto ou híbrido, mesmo de má vontade. Provavelmente vão enquadrar a flexibilidade da mesma forma que antes: como um benefício corporativo ou, pior ainda, uma oportunidade disponível apenas para os que ganharam o direito a esse privilégio, sugerindo que poderá ser revogado a qualquer momento.

Essas organizações não vão reexaminar seus escritórios ou suas práticas de gestão. Não se perguntarão quem se beneficia das estruturas existentes, já que estão satisfeitas com quem se beneficia dessas estruturas. Verão o trabalho híbrido como um aborrecimento que será apenas tolerado ou tornado um incentivo em benefício dos trabalhadores de modo a mantê-los produtivos. E, para garantir que seus empregados agora libertados se comportem bem, elas utilizarão a solução mais fácil e preguiçosa.

A tecnologia de vigilância existe desde que existe trabalho assalariado. Os trabalhadores manuais tiveram durante muito tempo seus movimentos cuidadosamente registrados em cartões de ponto e por gerentes de fábrica, e a difusão dos computadores pessoais propiciou aos empregadores um caminho invisível para acessar e analisar o comportamento dos empregados. Mais recentemente, as grandes empresas de tecnologia e logística introduziram sistemas que permitem seguir de perto seus empregados: caminhoneiros, trabalhadores em lanchonetes, especialistas em entrada de dados, operadores de telemarketing — todos são submetidos a algum tipo de vigilância venenosa.

Nos centros de estocagem em que os pedidos feitos à Amazon são processados, empacotados e despachados, os movimentos de cada trabalhador são gravados e catalogados para "registrar a produtividade de cada indivíduo".[44] A pressão constante levou os trabalhadores a fazer queixas à Comissão de Relações Trabalhistas, alegando condições de trabalho exaustivas e perigosas. O monitoramento, alegaram os trabalhadores, levou a demissões brutais nas quais sistemas automatizados calculam o escore dos trabalhadores como o "tempo fora da tarefa" e disparam demissões sem interferência humana em razão de ofensas com títulos robóticos como "produtividade" e "produtividade_tendência".

Frequentemente, os funcionários de escritórios acham que esse tipo de vigilância grosseira não pode ser, ou não será, usado no caso deles — isto é, vigilância serve para os trabalhadores nos armazéns da Amazon, não para engenheiros que ganham mais de 150 mil dólares por ano. Mas a vigilância vem sendo utilizada nos escritórios há anos, começando com os burocratas ou o secretariado, cuja grande maioria é de mulheres. Como o seu trabalho é mais fácil de ser quantificado, era mais fácil de ser supervisionado, avaliado e, se considerado insuficiente, usado como razão para demissão. Esses trabalhos em escritórios se tornaram mais instáveis, portanto, não porque os trabalhadores eram menos essenciais, mas porque era mais fácil supervisá-los. À medida que as companhias se tornaram inteiramente computadorizadas, durante os anos 1990 e na primeira década do presente século, a vigilância começou a ser difundida para além da área de serviços gerais. Em 2008, a Forrester descobriu que mais de um terço das empresas com mais de mil funcionários empregavam pessoas para ler e-mails dos empregados — mais de 27 milhões deles eram monitorados on-line.[45]

Hoje, a vigilância é ainda mais difundida entre os trabalhadores do conhecimento e muito mais detalhada. Companhias como a Humanyze, uma organização de análise do trabalho, usa crachás que informam o tipo de tarefa que os funcionários estão realizando no escritório. Segundo um relatório de 2014 da Data & Society, o sistema de vigilância da companhia registra "quem está falando com quem, por quanto tempo, com qual tom de voz, com qual velocidade e quando interrompem etc. para tentar identificar como constituir uma boa equipe".[46] Outro produto, chamado SureView, fabricado pela empresa de equipamentos militares Raytheon, acompanha o tempo todo os movimentos dos empregados em todos os dispositivos da companhia: o que veem na internet, cada tecla pressionada, o conteúdo dos e-mails, e ainda grava o conteúdo de qualquer arquivo enviado ou baixado em computadores da empresa em pendrives.[47] O objetivo da SureView é proteger as empresas contra espionagem empresarial ou ameaças externas à segurança, mas o software pode ser facilmente utilizado por gestores vingativos ou autoritários. Quanto mais se sabe sobre as ações de um empregado, maior o controle sobre essas ações, e mais fácil fica encontrar razões para uma demissão.

Alguns softwares de monitoramento dos empregados — chamados de *"tattleware"* e *"bossware"* pelos que defendem a privacidade — são na verdade vendidos com uma pegada de bem-estar dos trabalhadores. Os softwares são com certeza invasivos, mas as empresas por trás deles alegam que essa vigilância pode tornar o trabalho melhor. Um estudo feito pelo MIT com funcionários de teleatendimento do Bank of America concluiu que a produtividade na verdade aumentou quando eles passaram a dispor de mais tempo para interações sociais — o que levou o banco a implantar um intervalo de quinze minutos para o café.[48] Outras companhias declaram que as ferramentas de monitoramento tornam mais fácil identificar e promover trabalhadores produtivos que, de outra forma, poderiam ter escapado ao seu radar, e que outras maneiras de vigilância podem ser utilizadas para auxiliar os recursos humanos em reclamações quanto a alegações de assédio ou demais queixas. Tudo isso parece bem-encaminhado, ou é pelo menos potencialmente útil — em tese.

Mas o lado negativo desse tipo de vigilância é sempre maior do que os eventuais benefícios. Na primavera de 2020, quando greves obrigaram os trabalhadores do conhecimento a trabalhar de casa, o repórter do *New York Times* Adam Satariano baixou um programa de software chamado Hubstaff. O programa, utilizado atualmente por mais de 13 mil negócios remotos, se anuncia como "um completo vigia do tempo para gestores ou equipes remotas". Seu site é todo pintado com azuis e brancos brilhantes, junto com fotografias de diferentes empregados sendo alegremente vigiados. Parece um aplicativo de produtividade, não um dispositivo de vigilância.

"É apenas psicológico", diz o site. "Quando a sua equipe registra o tempo com o Hubstaff, todos ficam mais alertas a respeito de como estão usando cada minuto do seu dia." Depois que Satariano instalou o Hubstaff no seu computador, começou a tirar centenas de fotografias: dos sites que ele visitava, dos e-mails que escrevia e qualquer outra atividade, pessoal ou privada. Ele então relatou o seu uso do tempo de forma detalhada, com cada segmento de dez minutos de trabalho sendo detalhado até a porcentagem de tempo gasto digitando ou mexendo no mouse. A cada dia, ele calculava um escore de produtividade, classificando-o numa escala de 0 a 100, e o enviava ao seu gerente.

Mas o painel de controle do Hubstaff não entendia bem o tipo de trabalho que Satariano fazia. Os telefonemas — uma parte essencial do trabalho de um repórter — não eram registrados pela plataforma como "tempo trabalhando", assim como o tempo gasto lendo on-line, outro componente vital do trabalho. O monitoramento do Hubstaff focava-se num pequeno e estrito conjunto de tarefas e habilidades que dificilmente poderia ser avaliado como um julgamento acurado de produtividade. Assim, o escore de Satariano era quase sempre perigosamente baixo; houve um dia em que ele trabalhou durante quase catorze horas e seu escore foi de 22.[49] Embora soubesse que o software era impreciso, Satariano acabava trabalhando mais para conseguir uma nota melhor. Muito do seu trabalho era performático, deixando os documentos de trabalho abertos na tela, de modo que o Hubstaff pudesse fotografá-los. Em vez de aumentar a sua produtividade, o software fez com que ele jogasse LARP em seu trabalho mais do que nunca.

Companhias como a Hubstaff alegam que o acompanhamento do trabalho na verdade dá aos empregados mais tranquilidade e até liberdade. "É uma via de mão dupla", como diz a página on-line de ajuda para gestores. "Se os seus empregados ligam o software Hubstaff de registro de tempo enquanto trabalham, isso significa que você pode ficar um pouco mais relaxado. Você não precisará se preocupar em descobrir exatamente quando ou onde eles estão trabalhando."[50] Aqui, o Hubstaff qualifica a obtenção de dados como um meio de estabelecer uma melhor comunicação; afinal, o "problema", de acordo com a página de ajuda, é que "o gerenciamento de empregados, o faturamento aos clientes e o pagamento aos empregados estão desperdiçando a maior parte do seu tempo".

Uma comunicação efetiva não pode ser feita "sem esforço", não importa quais sejam as promessas dos materiais de venda da companhia. Uma boa gestão não se multiplica com facilidade, porque uma boa comunicação nem sempre é eficiente. Ela costuma ser emocional e vulnerável, e certamente não é dependente de algoritmos e *big data*.

Uma boa gestão é, em última análise, construída sobre confiança — exatamente aquilo que a vigilância enfraquece sempre.

Entendemos por que um produto como o Hubstaff é atraente: ele promete ao gestor paz de espírito e maior produtividade. Mas a maioria dos trabalhadores não precisa de estímulos para a produtividade. Em setembro de 2020, a Mercer, uma empresa de consultoria em recursos humanos, fez um estudo com oitocentos empregados em todos os Estados Unidos. Noventa e quatro por cento relataram que os níveis de produtividade eram os mesmos ou superiores ao que eram antes da pandemia da covid-19.[51] O que as empresas precisam é de confiança e habilidades administrativas reimaginadas, que são muito mais abstratas, difíceis de cultivar e ainda mais difíceis de medir. Não surpreende que estejam procurando um atalho tecnológico.

Se as empresas estiverem preocupadas com a produtividade sustentada, e não apenas com a variante "estou preocupado com meu emprego e estamos no meio de uma pandemia", então a confiança é essencial. O psicólogo behaviorista David De Cremer afirma que as companhias não conseguem perceber o papel e a importância da confiança porque seus efeitos costumam ser indiretos: confiança quer dizer que "a informação é transmitida mais abertamente, as pessoas têm mais boa vontade em se ajudar e estão mais receptivas para testar ideias, mesmo sabendo que elas podem, afinal, fracassar".[52] Com o tempo, a confiança leva a mais experimentações, mais criatividade e mais satisfação no trabalho — os pilares do trabalho de qualidade.

Os programas de monitoramento buscam eliminar o risco e a incerteza no trabalho, mas desenvolver uma cultura de confiança *implica*, de fato, algum risco e alguma incerteza. O ideal é que os dois sejam repartidos por todas as áreas: os gestores confiam nas pessoas que gerem, e essas pessoas, por outro lado, confiam que seus superiores levam em conta seus melhores interesses. Cada grupo tem que ter fé no outro, o que significa que todos devem se sentir confortáveis diante de uma base de vulnerabilidade. No entanto, produtos como o Hubstaff rompem esse equilíbrio: tornam um grupo vulnerável, e o outro, onisciente. Eles podem gerar ganhos de produtividade em curto prazo, mas o desequilíbrio no grau de confiança vai desbastar a moral e os fundamentos da cultura empresarial que se está tentando construir.

Se não formos vigilantes e proativos, essas ferramentas vão definir a nova era do trabalho flexível. Quando o escritório foi obrigado a aceitar que as pessoas trabalhassem de casa no início da pandemia, as companhias instintivamente apelaram para a muleta dos programas de monitoramento. Um analista calculou que houve um acréscimo de 20% no número de empresas que adquiriram algum software de monitoramento dos seus empregados em 2020. Isso significa que aproximadamente 30% das empresas estão avaliando o trabalho remoto por meio de algum tipo de ferramenta de monitoramento da produtividade.[53]

Partindo desse verdadeiro temor, entramos em contato com Shoshana Zuboff. Desde que observou a luta dos trabalhadores da fábrica de celulose contra a porta automática, 33 anos atrás, Zuboff dedicou suas pesquisas a refletir sobre as maneiras pelas quais o nosso emprego da tecnologia corrói nossas melhores intenções, sobretudo em seu conhecido livro *The Age of Surveillance Capitalism* [A era do capitalismo de vigilância], de 2019. E ela está pessimista quanto à maneira como as empresas já estão tratando o trabalho remoto.

"Vejo esses ciclos se repetirem seguidamente", nos disse Zuboff. "Tenho confrontado a mesma questão e dito a mesma coisa nos últimos 42 anos, e é uma loucura como a dinâmica dos poderes constituídos continua intacta." Ela acredita que os trabalhadores e estudantes continuarão a ser tratados como populações "cativas" nas quais as novas tecnologias de controle podem ser testadas, praticamente sem nenhuma consequência, antes de migrarem para a população em geral. E ela teme que o trabalho remoto será o canto do cisne da privacidade, destruindo as últimas frágeis barreiras que mantêm a vigilância das empresas fora de nossos lares. "Apesar de a vigilância de empregados ter sido historicamente ilimitada", ela disse, "há um momento em que você se levanta e vai embora do maldito escritório".

A luta que Zuboff passou as últimas quatro décadas descrevendo — entre os seres humanos e a vigilância abusiva — não é, nem jamais foi leal. "Dá para perceber isso no trabalho, mas também com todas as tecnologias", ela disse. "Estamos tão esgotados. Tornamo-nos alvos fáceis para esse marketing da libertação, e as empresas o exploram ao máximo." Além disso, o custo dessas ferramentas não é repartido com os empregadores. Acaba recaindo sobre os trabalhadores, particularmente sobre os que não têm poder trabalhista.

Enquanto conversávamos, Zuboff desenhou o esboço de um triste futuro potencial, que paira sobre a premissa deste livro: muitas das escolhas e diversos privilégios de um futuro trabalho remoto flexível beneficiarão — como é hoje — um pequeno grupo seleto com poder suficiente para negociar e barganhar em seu nome. Um grupo de elite vai poder redefinir os dias e os locais de trabalho, além do compromisso das empresas com uma cultura empresarial mais igualitária, flexível e humanitária; o restante terá que trabalhar doze horas por dia em casa, com softwares de vigilância pré-instalados que cronometrarão suas idas ao banheiro.

Quase ao final da nossa conversa, Zuboff sinalizou a existência do mesmo sentimento limitado de esperança que sustenta este livro. Apesar dos profundos desequilíbrios de poder e da exaustão que muitos de nós sentem na luta por dignidade em nossos empregos, na nossa política e em nossas comunidades, nosso momento parece particularmente promissor, com potencial de mudança. Isso acontece, em parte, porque muitas pessoas estão com muita raiva e mais conscientes das iniquidades que as cercam. Mas também porque as amplas mudanças tecnológicas do século XXI nos obrigaram a reimaginar, durante a pandemia, como seria a parte menos flexível da nossa vida. Neste momento, estamos mais motivados para exigir mudanças do que em qualquer período recente.

Escrevemos este livro na esperança de que possa ser útil neste período inesperado, mas também compartilhamos da ambivalência de Zuboff. Quando você se familiariza com a história dessas ferramentas, e com as consequências da sua implementação, é muito fácil imaginar um futuro no qual nossas melhores intenções e ideias só fazem reproduzir as desigualdades do passado. Mas sem imaginar ou articular o futuro que queremos — as maneiras sustentáveis por meio das quais podemos tentar chegar lá —, ficaremos com certeza presos nos padrões do presente.

Zuboff vê um caminho potencial para o futuro, para a tecnologia e nossa vida no trabalho, por meio da política. Não apenas novos contratos de trabalho e novas leis que levem em consideração as mudanças ocorridas no trabalho na era digital, como também novos contratos sociais — forjados a partir de pequenas e grandes ações coletivas. É claro que as ações coletivas, mesmo que representem apenas um engajamento cívico básico, requerem tempo e energia. Elas demandam espaço e atenção que costumamos dedicar a nossos amigos, nossas famílias e, especialmente, ao nosso trabalho. Mas e se tivéssemos mais tempo disponível?

No início deste capítulo, afirmamos que já é tempo de ver a nossa produtividade e eficiência como meios para uma finalidade real, não apenas como meios para trabalhar mais. Agora é chegado o tempo de pensar quais seriam essas finalidades.

4
Comunidade

Se nossos avós ou bisavós tivessem vivido nos Estados Unidos, quase certamente teriam sido membros de algum tipo de organização social. Independentemente de onde viviam, como ganhavam a vida, sua raça, religião ou quanto tempo fazia que haviam chegado aos Estados Unidos, eles seriam "aderentes": membros da "longa geração cívica" nascida em algum momento nas décadas em torno de 1930. Eles pertenceriam a igrejas e corais, grupos de costura e comissões de fazendeiros. Eles seriam Elks, Elks Negros, Moose, Eagles, Odd Fellows, Sons of Norway, Sons of Italy, Mardi Gras Krewe Members, Daughters of the American Revolution, Daughters of Utah Pioneers, Toastmasters e Job's Daughters. Eles se associariam à Associação Americana de Mulheres Universitárias [American Association of University Women], B'nai B'rith [Filhos da Aliança, uma organização judaica dedicada aos direitos humanos], Junior League, Luther League e o Petroleum Club, e teriam compromissos regulares para jogar bridge, mahjongg e outros tipos de jogos de salão.

E isso é apenas uma pequena lista das organizações às quais aquela geração se associava. A lista real é interminável, em parte porque o apetite por essas organizações era enorme. Eram seculares e religiosas, ritualistas e informais, frequentemente delimitadas por idade, raça, gênero ou religião, e compunham o ritmo de uma semana de vida. Eram o meio para encontrar outras pessoas, inclusive parceiros amorosos, sobretudo quando alguém se mudava para outra cidade. Elas misturavam as relações sociais e a filantropia: oportunidades para jogar cartas, se vestir para sair, fofocar, se embebedar e/ou fazer o bem.

Nenhuma dessas organizações era incrivelmente exclusiva; outras difundiam ideias estranhas sobre raça, classe, gênero, imperialismo, colonialismo etc. A Ku Klux Klan, afinal, era um "clube social" com um programa racista. Outras forneciam um meio para divulgar linguagem e tradições étnicas ou um espaço de refúgio contra as demandas da vida em espaços dominados por brancos ou homens. Para W. E. B. Du Bois, por exemplo, as sociedades negras propiciavam um "passatempo fora da monotonia do trabalho, um campo para ambição e intriga, um campo para a demonstração de qualidades, e um seguro contra a infelicidade".[1]

Fosse qual fosse o seu propósito, esses grupos constituíam a infraestrutura literal e figurativa da comunidade. As pessoas se associavam a eles porque todos o faziam: elas pagavam as suas taxas literais e figurativas, e recebiam de volta uma estrutura na qual podiam se reunir, ter uma agenda social completa e parceiros que as preenchiam. Eles formavam redes de "laços frouxos", frequentadas por pessoas que não eram obrigatoriamente os amigos mais próximos, mas se sentiam ligadas e, em consequência, interessadas no bem-estar umas das outras. Em muitos casos, esses grupos funcionavam também como sociedades de ajuda mútua, oficiais ou não, com pagamentos mensais que garantiam, em caso de morte, doença ou incapacidade, que a família pudesse receber auxílio para sobreviver.

Independentemente do seu objetivo declarado, esses grupos promoviam eventos de arrecadação de recursos anuais, mensais e semanais, com desfiles, danças e piqueniques; muitos tinham programas educacionais e de aperfeiçoamento, braços filantrópicos específicos e ações dedicadas a crianças e jovens adultos. Eles tiveram o seu pico de popularidade no início da segunda década do século XX, se enfraqueceram num breve período durante a Grande Depressão e ressurgiram com força nos anos 1950 e 1960. Nos quarteirões urbanos, nos subúrbios, nas pequenas cidades rurais, sempre havia alguma versão dessas organizações sociais, que conectavam os moradores e suas necessidades uns aos outros.

Em 2000, o cientista político Robert Putnam publicou *Bowling Alone: The Collapse and Revival of American Comunity* [Jogando boliche sozinho: o colapso e o ressurgimento do espírito de comunidade na América], o primeiro livro a descrever o surgimento desses grupos e os resultados do seu declínio generalizado no final do século XX. Naquele momento, muitas dessas organizações haviam passado as duas últimas décadas se enganando, agarradas ao pensamento de que se vendessem seu imóvel no centro da cidade e construíssem outro nos subúrbios, se conseguissem recrutar membros na faixa dos 30 anos, se montassem uma academia de ginástica ao lado da igreja, a queda no número de associados poderia ser revertida. Contudo, seu declínio tinha pouco a ver com as ofertas de locais de entretenimento de uma organização em particular. Era um sintoma de mudança contínua, à medida que os ideais do individualismo começaram a eclipsar o coletivismo que havia estruturado o período do pós-guerra.

O coletivismo é um princípio fundador do "estamos nisso juntos", manifesto no código tributário, na maneira como vemos a rede de proteção social e até na forma como concebemos a nossa responsabilidade com relação a pessoas que não conhecemos. Em *The Upswing: How America Came Together a Century Ago and How We Can Do It Again* [A retomada: como a América se reuniu há um século e como podemos fazê-lo novamente], a continuação de *Bowling Alone*, Putnam considera que a ascensão do coletivismo, em especial no início do século XX, foi um meio de buscar solidariedade social durante uma época de profundas mudanças sociais e tecnológicas. Esses grupos proporcionavam "abrigo contra um mundo incerto e desordenado" — uma espécie de lar secundário e protetor —, enquanto seus componentes de ajuda mútua asseguravam que uma catástrofe não deixaria que nenhuma família ficasse isolada.[2]

Na segunda década do século XX, os princípios coletivistas começaram a se manifestar no âmbito de políticas públicas progressistas, que continuariam, em várias ondas, até os anos 1960 e, ao menos para as pessoas brancas, transfeririam para o Estado as sociedades de ajuda mútua dessas organizações. A mais famosa entre essas reformas estava contida no conjunto de políticas do New Deal promovidas pelo presidente Franklin Delano Roosevelt, que continha igualmente programas que procuravam universalizar e estender a educação em todos os níveis, reduzir as taxas de mortalidade infantil e aumentar a expectativa de vida, bem como fortalecer as proteções trabalhistas e, por meio de leis tributárias, equalizar a distribuição de riqueza. A Tennessee Valley Authority (TVA), uma concessionária estatal que implantou a eletrificação e modernização de uma das regiões mais empobrecidas dos Estados Unidos, é uma iniciativa de mentalidade coletivista; assim como a Head Start, que foi fundada em 1965 para fornecer educação para crianças na primeira infância e serviços de saúde para famílias de baixa renda.

A missão desses programas não era apenas "temos o dever moral de ajudar os pobres". Era, como já dissemos, que somos apenas tão fortes e resilientes quanto os nossos membros mais fracos. O problema, é claro, é que esses programas carregavam a mancha do racismo endêmico. Estamos todos juntos nisso, mas as pessoas de pele escura estão juntas num grupo separado, e as mulheres devem aceitar fazer parte de um grupo de cidadãos de segunda classe. O movimento de direitos civis, os movimentos em favor das mulheres e o movimento United Farm Workers (Trabalhadores Rurais Unidos) foram todos, de alguma forma, tentativas de criação de leis trabalhistas e regras de proteção dos trabalhadores que difundiriam os benefícios do coletivismo — e da cidadania norte-americana — de forma mais equitativa.

Contudo, o sucesso gradual desses movimentos coincidiu com pausas, cortes e retrocessos de muitos ganhos coletivos. Como sublinha Putnam, os ganhos educacionais começaram a estacionar por volta de 1965. A sindicalização, que ajudou a elevar a renda de milhões de norte-americanos acima do nível de sobrevivência, havia começado o seu longo declínio já em 1958. As reduções de impostos nos anos 1960 tornaram mais fácil que os ricos continuassem ricos ou enriquecessem ainda mais. E ondas sucessivas de desregulamentação começaram a distorcer os objetivos de instituições anteriormente voltadas para o interesse público, as quais passaram a obedecer aos caprichos do "mercado livre".[3] Algumas dessas mudanças foram respostas ao pânico crescente diante da ameaça da concorrência global, mas também respostas implícitas e explícitas à expansão de quem estava se beneficiando com os princípios coletivistas. A mensagem era: deixaremos que todos entrem em nosso partido do "estamos todos juntos nisso", mas, quando apagarmos as luzes, será cada um por si.

Essa abordagem individualista — o foco dominante em *mim* e no *meu* — começou a se firmar nos anos 1970 e gradualmente se tornou a posição política e ideológica preponderante dos últimos quarenta anos. O individualismo se justifica por meio da retórica da autossuficiência e do estoicismo, e representa com frequência uma reação à instabilidade econômica, à falta de identidade profissional e ao desejo de criar uma vida melhor para os filhos. Ele pode manifestar ceticismo quanto às despesas governamentais ou um ressentimento profundo em relação a cada dólar não gasto diretamente em benefício da sua família. É um fundamento central tanto do pensamento libertário quanto do neoliberalismo, e a tendência de ambos de "nos enxergar como competidores e não colaboradores, consumidores e não cidadãos, proprietários avaros e não generosos, espertalhões e não prestativos, pessoas que estão não apenas muito ocupadas para poder ajudar os vizinhos, mas que na verdade nem sabem os seus nomes", como escreve Noreena Hertz.[4]

As pessoas que adotaram uma atitude individualista não são necessariamente sociopatas ou babacas: elas ainda fazem doações para ajudar alguma criança com câncer e até param para ajudar alguém na rua se a pessoa parece "segura". Eles participam da vaquinha para comprar um presente para um colega que faz 50 anos, dão um óbolo para a sua igreja e contribuem com dinheiro para a escola dos seus filhos. Querem ajudar os outros, mas também decidir quem merece receber essa ajuda. Costumam ser obcecados com a ideia de "justiça": de que alguém só pode receber benefícios se também contribuiu para que eles existam. Tipicamente, as pessoas que podem adotar princípios coletivistas, como um sistema de saúde pública nacional, ou a licença obrigatória para quem tiver um filho recém-nascido, ainda podem tomar decisões profundamente individualistas, em particular no que diz respeito à sua percepção de "segurança", "boas escolas" e "fazer o que é certo para a nossa família".

O individualismo cria e aprofunda desigualdades, nos paralisa em debates infindáveis sobre "valor" e merecimento, e cria muito sofrimento, alienação e ressentimento desnecessários. Ele nos obriga a provar obsessivamente o nosso valor: em vez de nos perguntar por que as vantagens que conquistamos são tão precárias, ficamos obcecados em encontrar maneiras para garantir a sua permanência. Esta é a causa de muitas das nossas piores tendências e angústias, tanto dentro como fora do escritório: o culto da produtividade, a disseminação do estresse e da ansiedade, a exaustão constante, a obsessão em criar nossos filhos como minicurrículos visando ao sucesso futuro, a falta de identidade pessoal ou comunitária, a profunda solidão e alienação.

As pessoas dizem que nós, como sociedade, veneramos o consumismo, que transformamos *coisas* em falsos ídolos. Porém, essa ideia parece ser cada vez mais falsa, especialmente em relação aos trabalhadores do conhecimento e em escritórios. Nós adoramos o trabalho. Permanecemos fiéis porque queremos sustentar a nós mesmos e nossas famílias, mas ele está se tornando mais do que um simples meio para atender necessidades. O trabalho ocupou um lugar de tal primazia em nossa vida que absorveu a nossa identidade, diluiu nossas amizades e nos desligou de nossas comunidades.

O individualismo conduz à obsessão com o trabalho, e essa obsessão, por sua vez, nos mantém atolados no individualismo. Voltamo-nos para dentro, para as nossas famílias próximas e nossos empregos, à custa de todo o resto — um processo que foi facilitado pelas tecnologias digitais que nos permitem não apenas trabalhar, como ainda simulam a experiência de contato real com os outros. Esquecemos de como é cuidar uns dos outros fora dos limites da família, ou nos reunir uns com os outros fora da compulsão dos nossos trabalhos ou dos horários de atividades de nossos filhos. Perdemos ou dependemos fragilmente dos nossos sistemas de apoio. A nossa confiança no individualismo nos deixou do jeito que fatalmente nos deixaria: incrivelmente sozinhos.

Essa involução vem acontecendo há anos. Quando tiramos breves férias que nos convenciam que estávamos vivendo de forma equilibrada, nós nos esquecemos dessa involução. Mas a pandemia tornou claro como a situação havia ficado insustentável: precisamos uns dos outros, queremos ter conexões e, na medida em que mergulhávamos no trabalho e na produtividade, seus retornos, sobretudo no nível mais profundo de satisfação, continuavam a diminuir. Deveria existir alguma coisa além disso.

Então qual é a resposta? Devemos todos voltar a frequentar as missas? Encontrar uma filial próxima do clube Toastmasters? Escolher um hobby, qualquer um, comprar o que for preciso para mantê-lo e dedicar-se a ele? A melhor parte de nós mesmos pode se voltar para isso; mas, se o trabalho mantém o mesmo lugar em nossa identidade e em nosso mundo, simplesmente não vai dar certo. Você vai pesquisar a respeito de algum grupo e esquecer, doar algum dinheiro e cair fora, fazer planos para ir a uma reunião e cancelar.

A maior parte das pessoas vai olhar para a lista de organizações no início deste capítulo e pensar "quem tem tempo para isso?". Mas aí é que está: você tem. Basta não comprimir sua agenda a ponto de adoecer, nem obrigar seu parceiro a cumprir todas as tarefas domésticas; use o tempo liberado por um horário de trabalho flexível e protegido por cercas de segurança preenchendo-o com coisas que são nutritivas e nos ajudam a caminhar em direção às mudanças coletivistas que desejamos e das quais precisamos. Esse trabalho detalhado e diligente para nos libertar do nosso vício no trabalho será inútil se seus benefícios só alcançarem pessoas que vivem como nós e se parecem conosco.

Você pode se sentir impotente ou cético quanto ao nosso poder enquanto sociedade, convencido de que nunca mais seremos capazes de adotar o coletivismo. Mas, como diz Putnam, existem provas convincentes de que estamos numa curva ascendente de sentimento coletivista, porque as promessas do individualismo demonstraram ser desagradáveis para todos — excluindo uma pequena elite. Agora, depois de um ano de perturbação social generalizada, é chegada a hora de seguir soluções novas e mais difíceis — aquelas que distribuem os riscos e a estabilidade de forma mais equitativa, que se recusam a negligenciar as desigualdades baseadas em raça e gênero que existiam no antigo coletivismo, e que reforçam a nossa necessidade de buscar forças uns nos outros — antes de simplesmente nos reconciliar com o *status quo*.

Existe uma tremenda promessa numa mudança potencial para o trabalho híbrido e remoto. Mas também existem grandes riscos, particularmente quanto à saúde das instituições que formam as frágeis fundações das nossas comunidades. Porque nenhuma mudança social importante — em especial uma com o potencial de alterar os movimentos e hábitos de até 40% dos trabalhadores de um país — acontece no vácuo.

O que vem a seguir não tem a intenção de ser soluções políticas detalhadas. Seria possível escrever um livro sobre cada uma dessas áreas, e há pessoas que estão trabalhando nisso neste exato momento. Contudo, na medida em que avançamos em nossas ideias sobre o futuro do trabalho e seu lugar em uma sociedade mais coletivista, há muitas áreas que exigirão atenção, assistência e proteção. Por isso, apresentamos aqui algumas ideias iniciais e nada exaustivas sobre as questões nas quais devemos nos concentrar.

A CIDADE PÓS-PANDÊMICA

Em maio de 2020, o Centro de Controle de Doenças (Center for Disease Control — CDC) fez uma recomendação aos empregadores:

incentive, se puder, seus empregados a ficarem longe dos transportes públicos. Eles deveriam usar os próprios carros, utilizar táxis ou viajar juntos. Para Sara Jensen Carr, professora assistente de arquitetura na Northeastern University e autora do livro *The Topography of Wellness: How Health and Disease Shaped the American Landscape* [A topografia do bem-estar: como a saúde e a doença desenharam a paisagem americana], essa orientação foi parte de uma grande quantidade de decisões provocadas pela pandemia, muitas delas com a melhor das intenções, porém cujas consequências terão que ser tratadas pelas cidades nos próximos anos.

"Houve pouquíssimos casos documentados de transmissão da doença nos transportes públicos", disse-nos Carr em dezembro de 2020. "Mas a epidemiologia de fato não interessa, e sim a narrativa, o que ficou gravado na mente das pessoas. Portanto, quando o CDC disse às pessoas que elas deveriam ir de carro para o trabalho, ele fez regredir muitos avanços nos transportes públicos norte-americanos ocorridos nos últimos vinte anos."

As vendas de carros novos na verdade caíram drasticamente durante a pandemia, atingindo seu ponto mais baixo desde 2012. Em 2021 voltaram a crescer, e as vendas de carros usados explodiram. Isso é particularmente verdadeiro para pessoas vivendo em áreas urbanas e evitando carros durante anos: de repente, o automóvel foi percebido como o único meio seguro para ir a qualquer lugar mais distante do que a vizinhança próxima ou para sair da cidade em visita aos pais ou avós. Para os que podiam pagar, um carro era a solução para o problema da imobilidade criada pela pandemia. Mas esses carros não desapareceram, tampouco os novos hábitos gerados por eles.

Seja em razão do home office, da confiança nos veículos particulares ou na tendência generalizada a evitar a proximidade com outras pessoas, ou das viagens para fora da cidade, a demanda total por transportes públicos diminuiu. Mas isso não altera a necessidade por esse tipo de transporte: mesmo se o número de passageiros reduz em 25%, eles ainda existem; dependendo do tamanho das cidades, milhares, dezenas de milhares ou mesmo milhões de cidadãos dependem deles. Os transportes públicos são o sistema circulatório de uma cidade; quando ele decai, também decai a qualidade de vida nas áreas que ele atende. Se queremos ter cidades saudáveis, temos que encontrar meios para considerar os transportes públicos não como um conforto, ou uma conveniência, mas como uma necessidade — independentemente do uso que fazemos deles.

Do que eles dependem? De recursos financeiros, em primeiro lugar. Se não existirem, "a situação financeira de praticamente todas as agências públicas de transportes nos Estados Unidos levará a cortes de serviço significativos, o que trará inevitavelmente consequências terríveis", disse Sarah Feinberg, presidente interina da New York City Transit Authority. "Reduções no serviço são ruins para os passageiros, devastadoras para trabalhadores essenciais e prejudiciais à economia."[5] Se as pessoas vão embora de Nova York — e os novos moradores não ocupam seus lugares imediatamente —, isso reduz a receita do metrô e dos ônibus, o que leva a cortes no serviço, e torna Nova York um lugar pior para se viver, o que faz com que mais pessoas se mudem da cidade; a receita dos transportes se reduz ainda mais; e assim por diante.

Uma mudança na maneira de como e onde trabalhamos provavelmente mudará o que queremos para a nossa cidade e a sua infraestrutura de transportes. De acordo com Ben Welle e Sergio Avelleda, que estudam os transportes públicos e a mobilidade urbana no World Resources Institute, a solução passa por uma mudança no modelo de receitas: reduzir a dependência das passagens, para começar, e aumentar o financiamento com dinheiro dos contribuintes. Mas também será necessário manter e expandir a infraestrutura existente, mesmo se o número de passageiros diminuir.[6]

Mesmo que não estejamos mais indo fisicamente ao trabalho cinco dias por semana, ainda precisamos da mobilidade. "As pessoas que trabalham em casa ainda terão que sair para reuniões e para viver em suas cidades", Welle nos disse. Mas afirma que o modelo tradicional de "um centro e suas ramificações" dos sistemas de transporte — que foi implantado, em muitas cidades norte-americanas, com base nas antigas linhas de bonde — pode ter que ser reestudado e complementado por linhas de ônibus transversais e adicionais, e espaços reservados, como as vias para ônibus e bicicletas.

Uma mudança no padrão do trabalho — e, em consequência, dos transportes diários — complica esse processo. Para muitos sistemas de transportes, o número de passageiros é a medida do sucesso e da saúde do sistema, e é dele que dependem os recursos a ser alocados. Se o número cai, os recursos são reduzidos, o que cria uma espiral viciosa para baixo. Para combater esse efeito, Welle disse que a comunidade de transportes públicos começa a estudar métricas diferentes do número de passageiros para avaliar o seu sucesso. "As pessoas estão começando a perguntar 'como o sistema de transportes pode prover acesso a serviços de saúde e melhorar a acessibilidade'. Nosso sistema atual de mobilidade não é muito bem-sucedido em propiciar acesso adequado na maioria das cidades, mas a pandemia pode ser a oportunidade para reimaginar o que esperamos desses serviços."

Um dos temas principais neste capítulo é que se subtrairmos pedaços da nossa concentração no trabalho e os colocarmos em outras coisas, nossas comunidades irão melhorar. Mas existe uma razão secundária para sustentar uma robusta infraestrutura de mobilidade em um mundo de trabalho remoto ou híbrido: o combate ao isolamento. Existe um erro de percepção comum de que um mundo no qual gastamos menos tempo em escritórios significa um mundo no qual ficamos isolados em nossos lares. Esse risco existe, mas ele com certeza acontecerá se não adaptarmos as cidades ao nosso sistema de vida. Isso quer dizer criar mais oportunidades em nossas cidades para ter serviços mais próximos das pessoas, seja a pé, de bicicleta ou por meio de curtas viagens de ônibus ou metrô. "Imagino que haverá um aumento real do número de pessoas desejando ter acesso a bairros urbanos nos quais se anda a pé", Welle nos disse. "Se o trabalho é mais flexível, nossas cidades também terão que ser: as pessoas vão querer ter acesso fácil a parques ou espaços público-privados como lugares para almoçar ou cafeterias para trabalhar e encontrar pessoas e formar comunidades."

Precisamos nos convencer de que quanto mais financiarmos esses serviços, e mais os tornarmos atraentes e flexíveis para todos os usuários, mais saudáveis seremos nós mesmos e as nossas cidades. O mesmo princípio se aplica a parques públicos e espaços verdes, piscinas, centros comunitários e projetos artísticos públicos: se a base tributária diminui porque as pessoas abandonaram a cidade, e os que ficaram negligenciam as qualidades que fizeram a cidade ser especial no passado, ainda mais pessoas irão embora, seja por escolha ou por necessidade, na medida em que os empregos que as mantinham ligadas a um dado lugar desaparecem ou se transformam em remotos. É uma ladeira abaixo muito escorregadia e inclinada.

Foi esse cenário que monopolizou a atenção de Cali Williams Yost, CEO do Flex+Strategy Group, durante o último ano, ao atuar como consultora de dezenas de empresas quanto a seus planos para uma força de trabalho nova e flexível. É possível, sem dúvida, realizar todo esse trabalho para fazer com que o seu escritório pareça seguro, e imaginar as ideias-chave para o trabalho remoto, ela diz. Mas tudo vai dar errado se não prestarmos atenção em como essa mudança geral pode afetar nossas cidades.

"Em vez de forçar esse estilo de trabalho para cima de todo mundo, deveríamos recuar e nos reunir com os funcionários responsáveis pelo planejamento urbano", ela disse. "Encontrar o pessoal dos transportes públicos, políticos e organizações governamentais que cuidam das políticas fiscais. Temos que trabalhar juntos para criar uma nova visão dinâmica de como a cidade vai ficar."

Yost mora em uma das cidades ao longo da comprida linha de transportes de Nova Jersey, a qual despejava, antes da pandemia, centenas de milhares de trabalhadores na área metropolitana de Nova York.[7] Em dezembro de 2020, a linha de transportes lançou uma pesquisa na qual perguntava aos trabalhadores o quanto eles a estavam usando naquele momento e o quanto imaginavam que continuariam usando essa linha. "Eles vão reduzir o número de trens", disse Yost. "E o serviço de trens vai ficar ainda mais horrível do que já era antes. E

Nova York vai tentar recuperar as suas receitas perdidas de impostos nos cobrando mais para entrar na cidade, de modo que o transporte ficará ainda mais caro."

Se você tem a opção de ir à cidade um ou dois dias por semana — e o transporte é péssimo, e todos os restaurantes próximos ao seu escritório fecharam porque não tiveram ajuda para reabrir, e os cinemas estão fechados, e nenhum dos seus amigos tampouco está indo para a cidade —, qual é a razão que ainda o prende a ela?

"É desse círculo vicioso para baixo", disse Yost. "E ninguém se compromete em estudar a questão. O que existe é uma total falta de imaginação. Se você é proprietário de um escritório, precisa ligar para o pessoal dos transportes e dizer 'estamos vendo os dados, estamos lendo as pesquisas, vamos ter uma nova realidade. Por isso, precisamos montar uma parceria com vocês. Como podemos projetar uma visão convincente do que vai acontecer?'"

Parte dessa visão deverá incluir os locais de trabalho; eles simplesmente não vão ser obrigatoriamente parecidos com os que tínhamos antes. "Ainda são claramente necessários", nos disse Leslie Kern, uma geógrafa que estuda projetos e modelos urbanos. "A pandemia nos mostrou isso. As cidades e os apartamentos não são construídos para representar tudo para todos, tanto espacial quanto socialmente." No passado, os eixos de negócios do centro da cidade não tinham muitos serviços por perto, em parte porque tinham sido construídos há vários anos para ser locais de trabalho que recebiam homens que se deslocavam de um ponto a outro. Mas a jornada das mulheres, a partir dos anos 1960 e 1970, sempre foi muito menos linear: elas com frequência deixam os filhos em algum lugar, fazem compras e cuidam dos mais velhos ao longo do dia. Como seria o novo planejamento urbano se levasse em consideração uma visão mais variada dessas tarefas e necessidades diárias? "Os arranha-céus, por exemplo, só têm uma utilidade", nos disse Kern. "Como poderíamos reinventá-los para ser espaços múltiplos?"

Clive Wilkinson, que projetou o *campus* corporativo do Google e passa seus dias pensando sobre o futuro do projeto de escritórios, se anima com o simples número de oportunidades. Ele acha que as empresas e os investidores em imóveis provavelmente pensarão em suas propriedades como espaços fluidos, com muito mais flexibilidade para as mesas não designadas e aluguéis de curto prazo de espaços voltados à colaboração. Ele vê hotéis acrescentando espaços adaptáveis e atraentes de coworking, para atender à afluência de trabalhadores remotos e assíncronos. Ou de empresas que comprarão hotéis para reuniões e aposentadoria de funcionários. Wilkinson passou a sua carreira reinventando o uso dos escritórios, tendo o planejamento de grandes cidades como principal inspiração. E enquanto o "escritório como cidade" tem sido o seu modelo há muito tempo, ele prevê uma mudança nos próximos anos à medida que as regiões metropolitanas forem reprojetadas em torno da ideia do trabalho móvel e flexível — em vez do escritório como cidade, a cidade como escritório.

Wilkinson também nos disse, porém, que os negócios estão bem perdidos nesse momento. "A maioria dos nossos clientes, representantes e proprietários de imóveis, está muito confusa. Algumas grandes empresas terão que criar um novo paradigma e inventar um novo quadro no qual o escritório será um espaço social comum que existe para apoio eventual ao trabalho. Há muito potencial, mas acho que também medo e certa preguiça quanto a isso."

Algumas dessas novas ideias são muito interessantes. Há o 15-Minute City Project (Projeto de Cidade em 15 Minutos), um movimento que defende que tudo de que um morador da cidade necessita deveria estar disponível num raio de 15 minutos, sem o uso de um carro ou de transporte de massa. Mas inclusive o transporte para outras regiões metropolitanas próximas apontam o caminho para uma cidade mais saudável. Durante a pandemia, a prefeita de Paris investiu em 50 quilômetros adicionais de ciclovias; segundo algumas estimativas, o número de ciclistas na cidade aumentou mais de 65% desde a primavera de 2020, e quase 15% de todas as viagens urbanas em Paris são hoje feitas de bicicleta.[8] Em Manhattan, a administração da cidade restringiu o tráfego transversal na cidade pela rua 14 aos ônibus e entregas locais. O resultado foi imediato: menos engarrafamentos, maior acesso a pedestres e tempo de viagem nos ônibus reduzido entre 15% e 25%.[9]

Esses tipos de pequenos ganhos fazem com que os urbanistas sonhem com e projetem um futuro no qual as ruas das cidades não seriam mais tomadas por dezenas de milhares de carros particulares barulhentos e se movendo lentamente. Como será isso? De acordo com Vishaan Chakrabarti, um ex-funcionário de planejamento urbano de Nova York e fundador de Practice for Architecture and Urbanism, isso significaria mais espaços comunitários, calçadas amplas e oportunidades para vendedores e espaços comerciais, restaurantes com mesas na rua, menores tempos de conexão, menos poluição e um sistema de transportes mais acessível para as comunidades mal-atendidas.[10]

São pedidos importantes. Se esses tipos de colaboração e projetos específicos não chegarem a bom termo, as previsões de Yost para o futuro das cidades, assim como as de outras pessoas com quem conversamos, são pessimistas — em particular se os subúrbios fizerem, em vez delas, o trabalho de imaginação e colaboração. Em Westfield, Nova Jersey, subúrbio a cerca de uma hora de trem de Manhattan, a pandemia cravou o último prego no caixão de uma loja de departamentos Lord & Taylor que vinha lutando para sobreviver havia anos. O Rialto, um cinema quase centenário, fechara as portas subitamente um ano antes. Ao longo da segunda década do século XXI, o centro da cidade havia superado a recessão e a concorrência do comércio on-line. Quem sabe quanto tempo será necessário para que haja uma recuperação desta vez?

Mas a câmara municipal viu uma oportunidade para transformar as lojas de departamentos vazias e os estacionamentos em espaços que manteriam os moradores dos subúrbios na cidade. Por oito votos a um, aprovou um projeto de redesenvolvimento de onze diferentes propriedades no centro, mais o Rialto e sete estacionamentos. Em seu lugar, imóveis de uso misto, incluindo uma parcela de 15% dedicada a habitações de custo moderado, e a esperança de atrair negócios e tráfego de pedestres que poderiam, em caso contrário, penetrar na metrópole.[11] A lição: se os centros urbanos não fizerem um esforço concentrado para manter as qualidades que os tornaram um polo de atração, os contribuintes mais afluentes serão atraídos para outros lugares.

E os outros lugares, na verdade, estão se desenvolvendo a passos largos. Enquanto escrevemos este livro — com o fim da pandemia à vista, mas ainda incerto —, uma tendência de curto prazo parece clara: a reorganização de pessoas e recursos durante a pandemia efetivamente sobrecarregou as cidades de tamanho médio. Segundo dados do LinkedIn, ao longo de 2020 cidades como Madison, no estado de Wisconsin, Richmond, na Virgínia, e Sacramento, na Califórnia, assistiram às maiores afluências de trabalhadores de áreas técnicas.[12] Algumas dessas regiões metropolitanas e seus subúrbios têm características similares. Muitas são cidades universitárias, com centros animados ocupados por pequenos negócios locais e restaurantes. Elas possuem uma vida artística florescente ou já estabelecida.

Os imóveis são baratos, ao menos quando comparados com as maiores cidades do país, mas não muito baratos, o que em geral significa que as cidades estiveram às voltas com uma crise de imóveis de valor moderado antes da pandemia. Nessas cidades pode-se caminhar a pé; elas são animadas, culturalmente ricas, perto de aeroportos confiáveis; e são particularmente atraentes para trabalhadores do conhecimento em início ou meio de carreira. Há também boas possibilidades de crescimento para quem procura um lugar para se estabelecer. Menos de um ano depois do início da pandemia, esse fenômeno já tinha ganhado um nome para descrever essas cidades: *Zoom towns*.

Muitas *Zoom towns*, particularmente as que funcionam como comunidades de entrada para as áreas ao ar livre do oeste dos Estados Unidos, se encontraram em situação precária quando a atitude, o ambiente e a comunidade que atraíram multidões foram ameaçados pela chegada de salários pagos nas cidades costeiras. Danya Rumore, uma professora assistente na Universidade de Utah que estuda os desafios ao planejamento urbano nessas comunidades, afirma que a chegada de trabalhadores está criando "cidades pequenas com problemas de cidades grandes".[13] A distância entre os salários medianos e os custos de habitação medianos só tem aumentado: em Bozeman, no estado de Montana, por exemplo, o custo de vida aumentou 10% acima da média nacional, embora o salário mediano dos que trabalham na cidade esteja 20% mais baixo; em fevereiro de 2021, o aluguel médio de um apartamento de dois quartos era de 2.050 dólares mensais — 58% mais do que um ano antes.[14] Como diz Heather Grenier, chefe do Conselho de Desenvolvimento de Recursos Humanos de Bozeman, "temos tão poucos imóveis vazios que se alguém perde um apartamento alugado literalmente não tem para onde ir".

De acordo com Rumore, esse tipo de "migração em busca da natureza", para lugares próximos a recantos naturais e centros recreativos, é uma "probletunidade". É importante assinalar os problemas, mas há também vantagens. Nesse momento, diz Rumore, os políticos eleitos e os líderes em muitas dessas comunidades se apoiam em fatos anedóticos e frutos de observação, insuficientes para fornecer um quadro completo. É por isso que a equipe de Rumore na Iniciativa Regional em Favor das Vantagens Naturais (Gateway and Natural Amenity Region Initiative — GNAR) está tentando colher dados primários sobre os padrões de migração e seus efeitos, a fim de ajudar as comunidades a desenhar projetos para o futuro em longo prazo.

Embora ainda esteja apenas começando, a GNAR está tentando interligar pequenas cidades do oeste do país — muitas das quais assistiram a uma aceleração da migração que adiantou as expectativas em quinze anos, em razão da covid-19 — com líderes de locais como Jackson, no estado do Wyoming, e Moab, em Utah; todas passaram décadas lidando com a afluência de turistas, compra de casas secundárias e migrantes permanentes. Os representantes de localidades como Sandpoint, em Idaho, não precisam enfrentar essas "dores do crescimento" sem aconselhamento, a maturidade da experiência e quais questões não serão nunca resolvidas.

"Ouvimos comunidades que debatem sem fim se isso é bom ou ruim e a verdade é que, quando se é responsável por uma dessas cidades, não se consegue chegar a uma conclusão", nos disse Rumore. "A mudança vai acontecer quer eles queiram ou não; então, em vez disso, a conversa deveria ser 'como se protegem as coisas que são consideradas as mais importantes?'"

Um grande obstáculo, admite Rumore, é que muitas dessas comunidades rurais desejáveis do oeste são politicamente polarizadas: ilhas progressistas perdidas em meio a um oceano de profundo conservadorismo. A divisão ideológica pode fazer com que algo aparentemente simples, como uma reunião comunitária, se transforme em uma situação incrivelmente desagradável.

Mas os moradores de pequenas comunidades que são portas de entrada tendem a compartilhar um amor pelo local — sua beleza natural, seu isolamento, sua história. Quando se tenta organizar debates a respeito do que merece ser preservado, eles podem fazer com que as pessoas encontrem um terreno comum, mesmo se discordam quanto à maneira de agir para proteger os lugares e espaços que amam.

"As questões que as cidades devem abordar são 'quais são as ferramentas, técnicas e os recursos de que precisamos" e "quem queremos ser quando crescermos'. Existem pessoas que dirão que não queremos crescer. Mas não temos como não fazê-lo. Não temos como fechar a porta atrás de nós", disse Rumore. "Se adotarmos essa mentalidade, vamos acabar não fazendo nada, e isso levará a um crescimento descontrolado."

Assim como aconteceu com muitos aspectos narrados neste livro, não foi o novo coronavírus que criou os problemas ligados à migração maciça em direção à natureza. Mas esses problemas foram negligenciados por tanto tempo que a aceleração provocada pela pandemia os levou ao nível de uma crise. E não é que essas cidades, como entidades de governo, não queiram que as pessoas trabalhem remotamente: muitas delas lutaram para desenvolver negócios fora da economia extrativa ou do turismo durante anos e desejam manter a capacidade de consumo e o montante de impostos que os moradores de alta renda trazem para a cidade. Algumas cidades de tamanho médio tiveram que lidar com a perda constante de talentos durante anos, combinada com a súbita percepção de que nenhuma nova empresa se instalaria na cidade, construiria um arranha-céu e criaria alguns milhares de empregos.

Há, contudo, pouquíssimas narrativas sobre as maneiras como a afluência de trabalhadores remotos destrói a qualidade e a textura de vida dos demais residentes. Eles podem criar um ambiente cultural, político e econômico mais dividido e volátil, em particular onde há pouca orientação, recursos disponíveis ou experiências passadas às quais recorrer para fazer frente a novas tensões. O que é necessário, nesse caso, é um sistema para auxiliar, monitorar e mediar a transição — um sistema que, enfim, possa proteger a comunidade enquanto promove seu crescimento sustentável.

Tulsa, no estado de Oklahoma, é um exemplo disso. Em 2018, contando com o apoio extensivo da George Kaiser Family Foundation, a cidade iniciou uma nova experiência, oferecendo um incentivo de 10 mil dólares a trabalhadores remotos para que se instalassem na cidade e participassem de um esforço de construção de comunidade. Eles podem usar os 10 mil dólares como parte da entrada numa casa ou para ter acesso a valores promocionais em apartamentos no centro recentemente renovado, com preços entre 650 e 1.250 dólares por mês, além de poder usar espaços de coworking no centro. O valor de 10 mil dólares levou o projeto Tulsa Remote às manchetes de jornais, mas a parte mais atraente é a infraestrutura. A iniciativa emprega uma equipe em tempo integral que não apenas seleciona quem pode receber o incentivo, como ainda ajuda a integrar os novos residentes na comunidade

Ben Stewart, diretor executivo do Tulsa Remote, nos disse que eles se esforçam para manter o equilíbrio necessário. "Levamos a sério todos os candidatos", ele disse, sublinhando que o objetivo é construir aquilo a que ele se refere como uma comunidade submetida a uma curadoria. O programa recebeu mais de 50 mil candidaturas desde o seu lançamento; em 2020, foram 375 candidatos na cidade. Eles tentam selecionar pessoas dinâmicas e motivadas que querem ser membros da comunidade. Um candidato ideal é aquele que tem um histórico de serviço comunitário e está interessado em novas experiências. "Estamos buscando pessoas que querem acrescentar alguma coisa", ele disse. "Só vir para cá com um emprego de centenas de milhares de dólares por ano trabalhando para a Microsoft não é o que chamamos de integração à comunidade."

O Tulsa Remote diz que o seu objetivo é que "a sua população se pareça com o restante dos Estados Unidos", o que significa focar na diversidade geográfica, étnica, de orientação sexual e de gênero. Mas eles também acreditam que, para que funcione, o programa necessita de cuidados constantes. Cada beneficiado com a ajuda torna-se parte de um sistema de mentoria que se propõe a responder a questões sobre a comunidade e facilitar a transição, bem como tratar de problemas ou conflitos eventuais — um pouco como o vizinho que pode lhe informar qual é o melhor lugar para comprar um sanduíche, ou que é um pioneiro, ou apenas o que é a George Kaiser Family Foundation e por que seu nome está em tantos projetos na cidade.

Programas como o Tulsa Remote, que foi replicado no Arkansas, em Vermont e no Alabama, têm o potencial de fazer a ponte entre um novo conjunto de residentes e a comunidade mais enraizada, em especial quando os novos cidadãos se envolvem na política local. "Há muito mais acesso ao poder e aos administradores públicos nas comunidades menores, e as pessoas têm a capacidade de produzir impactos e fazer mudanças imediatamente", nos disse Stewart. "Mas a ideia é estimular as colaborações naturais, o que significa encontrar as pessoas que são a 'cola' em uma comunidade e juntá-las àquelas que são a 'cola' em outra."

No caso de Obum Ukabam, a mudança para Tulsa foi uma oportunidade para recuperar o tempo perdido. Em 2015, Ukabam quase morreu de complicações ligadas a diabetes. Preso a um leito de hospital em Los Angeles, lutando contra uma sepse e sem ter certeza se iria sobreviver, ele se lembra de ter pensado que não apenas não estava pronto para morrer, como sua vida tinha sido mais unidimensional do que ele esperara. Estivera tão focado em seu trabalho que não criara raízes em lugar algum. Interrompera o trabalho voluntário, que sempre lhe trouxera alegria e sentido, anos antes. Passava boa parte do dia preso em engarrafamentos e costumava chegar em casa tão cansado que não conseguia nem pensar em sair. "Lembro daqueles dias e vejo que estava apenas tentando sobreviver", ele nos disse. "E isso não era ruim apenas para mim mesmo, mas também para outros. Como é possível ajudar as pessoas quando é você que está precisando de ajuda?"

Foi então que Ukabam tomou conhecimento do programa Tulsa Remote. Seus amigos — particularmente os amigos de sua esposa — ficaram desconfiados. "Eles perguntavam 'como você vai fazer novos amigos' e diziam para tomar 'cuidado sendo um homem negro em Oklahoma'", ele conta. Mas ele foi escolhido em 2018 para ser membro da turma inaugural do Tulsa Remote, em parte em razão do seu desejo de ser um membro ativo da comunidade e redescobrir a sua paixão pelo voluntariado.

Ukabam se lembra da sua chegada a Tulsa e vê o surgimento de uma versão diferente de si mesmo. Ele entrou em contato imediatamente com o teatro da comunidade local, para o qual produziu e coescreveu dez peças de um ato a respeito do massacre que dizimou a população na "Wall Street negra", de Tulsa, em 1921. Sua esposa redescobriu seu amor pela cozinha, inaugurou um food truck e agora tem uma bancada permanente na praça de alimentação local. Ukabam associou-se ao CAP Tulsa, um programa da comunidade de educação infantil destinado à luta contra a pobreza. Tornou-se voluntário em organizações como "Ensinar e Não Punir", "100 Homens Negros" e "Mostre-me os Sapatos", um programa de mentoria de garotas adolescentes que ajudou a lançar na cidade. Ele se associou à Liderança

Tulsa, começou a ser voluntário na Liga de Debates de Tulsa e fez um investimento de 40 mil dólares nos programas de ensino social e emocional na cidade. Ao fim de menos de dois anos, Ukabam foi indicado como um dos três finalistas para o Prêmio Boomtown, em honra ao cidadão do ano em Tulsa.

Ukabam mudou-se para Tulsa por causa do programa remoto, mas acabou deixando seu emprego remoto para trabalhar na escola Holberton, um *campus* de desenvolvimento de softwares. Ele é muito consciente de que sua história parece um conto de fadas e continua sendo muito realista a respeito do potencial do programa. Mudar-se para Tulsa não foi fácil, ele diz, mesmo com o auxílio da infraestrutura do programa. Sentia que as pessoas estavam preocupadas em relação aos migrantes, principalmente em razão da ampla publicidade dada ao subsídio de 10 mil dólares. Achou que deveria mostrar seu valor e ganhar a confiança dos antigos residentes. Mesmo agora, já tendo sido premiado pela cidade, ele reconhece os limites da sua ainda recente residência: trabalha duro para respeitar a história local, incluindo suas tragédias e seus sucessos, e se recusa a falar em nome dos descendentes da cidade, independentemente de raça.

Em outras palavras, aprofundar suas raízes ainda exige trabalho duro. Mas Ukabam diz que um programa como o Tulsa Remote pode propiciar uma via de entrada e o tipo de apoio inicial que é necessário. Ele acha que o subsídio de 10 mil é o que tem maior publicidade, mas o planejamento e a infraestrutura de um programa municipal para trabalhadores remotos é o verdadeiro investimento. Outras cidades pequenas e médias deveriam ter programas similares, com ou sem subsídios.

"Isso me faz pensar na corrida do ouro", disse Ukabam. "Está havendo uma corrida agora mesmo — só que é pela qualidade de vida. Lugares como Tulsa, e outros próximos às belas montanhas do oeste, vão atrair muitas pessoas em busca de melhor qualidade de vida. E faz todo sentido dar a essas pessoas os meios para se adaptar à cidade. Fornecer os recursos e ajudá-las na mudança. Porque elas virão. Queiram ou não, elas virão."

Pensamos muito nisso quando nós mesmos mudamos para Missoula, no estado de Montana, em 2017, a fim de trabalhar remotamente. Assim como mostraram os participantes no Tulsa Remote, não existe uma simples lista para tornar-se um membro consciente da comunidade, nem algum pagamento que se possa fazer para neutralizar seu rastro de carbono e depois esquecer do assunto. Fazer compras na cidade e dar boas gorjetas é ótimo; assim como viajar de ônibus algumas vezes por semana. Mas, no que se refere a soluções mais amplas, é como fazer uma reciclagem pessoal: escolhas individuais que nos fazem sentir bem, mas que também podem nos eximir de responsabilidades quanto à tarefa mais importante de lidar com os problemas coletivos.

Mesmo que você possa comprar agora a casa dos seus sonhos, uma cidade cujo valor dos imóveis é proibitivo para a maioria é uma cidade quebrada. Mesmo que possa comprar e usar seu carro particular, uma cidade em que os transportes sejam difíceis para muitos é uma cidade quebrada. Mesmo que você tenha um quintal, uma cidade onde os espaços verdes são perigosos, malconservados e inacessíveis é uma cidade quebrada. Os efeitos de uma cidade quebrada, ou que está quebrando, são mais imediatamente sentidos pelos mais vulneráveis. Mas eles repercutem na vida de todos os que moram nela e nas áreas circunvizinhas.

Muitas das instituições de nossas cidades estavam quebrando ou já quebradas havia tempos antes da covid-19. Porém as decisões que tomamos de seguir adiante têm o potencial de agravar os problemas preexistentes ou, se pensarmos de modo coletivo e amplo, podem começar a corrigi-los. Esse trabalho exige o apoio político, financeiro e prático de pessoas com capital social para efetuar as mudanças. Se você está lendo este livro porque confia que um futuro remoto pode funcionar, significa que esse tipo de pessoa é você mesmo.

Esteja na cidade, nos subúrbios ou em uma área rural, ainda que tenha se mudado há pouco tempo ou decidido ficar no mesmo lugar por longo prazo, há meios para que você possa apoiar a infraestrutura de sua área restrita ou mais ampla. Antes de mais nada, isso significa embarcar nos pagamentos pela civilização, mais conhecidos como impostos. Mas também significa articular apoio e ajudar a mudar a opinião pública quanto à necessidade de infraestrutura, mesmo se, e *especialmente se*, você não for o principal beneficiado.

Pense e pergunte a si mesmo o que lhe agrada, como um trabalhador do conhecimento relativamente privilegiado, em morar em sua comunidade. Talvez sejam as escolas, a facilidade de se deslocar de um lugar para outro, os banheiros públicos no parquinho das crianças ou a boa biblioteca local. Como pode ajudar a estender esses benefícios aos que não trabalham no mesmo tipo de emprego que você? A resposta é bem simples: pague pela manutenção robusta das instituições públicas.

Por exemplo, talvez você ou a sua companhia possam pagar os custos de um espaço de coworking local. Então, como poderia apoiar a criação de áreas de trabalho mais baratas, públicas ou subsidiadas para os outros? Talvez more num bairro próximo a um parque ou uma trilha. Como você pode ajudar a escolher líderes locais e apoiar iniciativas que tornem esse tipo de acesso uma prioridade em cada bairro? Talvez sua renda torne fácil o pagamento do seu aluguel ou da prestação do seu imóvel no lugar onde mora, mas as pessoas que compõem o coração da sua comunidade não podem achar nada que lhes seja acessível. Como você pode pressionar a favor de moradias mais acessíveis, *mesmo* que essas moradias sejam na sua vizinhança?

Talvez você possa aprimorar seu local de trabalho em casa; sua companhia pode imaginar um arranjo mais confortável para se trabalhar no escritório. No entanto, o verdadeiro objetivo de todo esse trabalho flexível é cultivar uma vida fora dos nossos escritórios, desligados de nossos laptops. A menos que continuemos a investir no mundo fora desses espaços, para que serve isso tudo afinal?

REINVENTE OS CUIDADOS INFANTIS

Muito antes da pandemia do novo coronavírus, o problema dos cuidados com as crianças, nos Estados Unidos, era essencialmente uma questão de individualismo. Houve uma breve oportunidade, em 1971, de interromper a sina: a Lei do Desenvolvimento Infantil Integral (Comprehensive Child Development Act) havia passado pelo Congresso com amplo apoio bipartidário. Aproveitando-se do sucesso do Head Start, que havia sido lançado em 1965, essa lei disponibilizaria os cuidados com as crianças numa escala de custos acessível a todos. Mas Richard Nixon vetou a lei — uma decisão que, como explica Anna K. Danziger Halperin, uma historiadora do movimento em favor dos cuidados infantis, "surpreendeu até os funcionários da sua própria administração".[15]

A razão, de acordo com Halperin, foi o medo da ala direita do Partido Republicano de que essa lei estimulasse as mulheres a trabalhar fora. Isso destruiria a "integridade" da unidade familiar da classe média, proporcionando ao mesmo tempo uma solução que parecia ser muito próxima dos cuidados "antiamericanos" propostos pelos comunistas. Havia também a preocupação de que a lei pudesse ser vista como uma invasão na vida dos pobres e que os principais beneficiados fossem as famílias negras. Como explicou a professora Elizabeth Palley, que também estuda a história dos cuidados com as crianças, "os brancos não querem pagar pelos cuidados com as crianças negras".[16]

O veto de Nixon — e seu legado dos cuidados com as crianças como responsabilidade das famílias individuais, sujeitos aos caprichos do livre mercado — tornou-se decisivo. A coalizão que apoiava a lei se dispersou, e o foco feminista, particularmente ao longo dos anos 1970 e 1980, se voltou para conseguir empregos para as mulheres, em primeiro lugar, e impedir que sofressem discriminação uma vez empregadas. "Elas pararam de lutar em favor dos cuidados com as crianças e outras questões de natureza coletiva e focaram no sucesso profissional individual", nos disse Danziger Halperin. "Mas, quando você pensa nos cuidados infantis como uma escolha pessoal, isso cria todas essas novas desigualdades. As mulheres, negras e imigrantes, acabam cuidando dos filhos das mulheres que têm uma profissão. Estas últimas, por sua vez, não querem que todo o seu salário seja gasto em cuidados com as crianças, que acabam então sendo desvalorizados e mal pagos."

Foi assim que chegamos ao nosso sistema atual confuso, cheio de listas de espera para as creches, repartição de babás, cuidados por amigos próximos e família, subsídios imprevisíveis ligados aos horários de trabalho, salários baixos para os cuidadores e custos astronômicos para os pais. Os trabalhadores de classe média talvez tenham mais acesso a cuidados de qualidade, mas o seu custo é alto e desestabilizador, e tende a aumentar no mundo pós-pandêmico.

Esse problema existe há anos, mas a pandemia ajudou a reforçar o quanto esse sistema se tornou insustentável. Uma parte do problema é que os cuidados infantis cruzam muitas áreas diferentes das políticas públicas: eles devem ser considerados, antes de mais nada, um programa antipobreza? Um programa para as mães, para os trabalhadores, para as famílias ou para as crianças? As soluções têm sido incompletas e, como indica a atual dificuldade em se obter cuidados a custo acessível e de alta qualidade, totalmente insuficientes.

Então aqui estão as suas opções. À medida que o seu horário de trabalho se torna mais flexível, você pode aproveitar a oportunidade para fugir dos horários de cuidados com os seus filhos e continuar pagando tão ou mais caro do que antes. Pode continuar sonhando com um cenário como o que está disponível para os trabalhadores no escritório central e no centro de distribuição da empresa varejista de roupas Patagonia, onde existem creches locais multi-idiomas e subsidiadas, enquanto tenta organizar turnos divididos de babás e passa as noites em claro pensando em quanto tempo ainda poderá contar com a sua sogra para cobrir as sextas-feiras. Ou você pode usar essa oportunidade para batalhar por uma verdadeira mudança de paradigma quanto à maneira como pensamos nos cuidados infantis.

Um projeto introduzido em 2021 pelo senador Mitt Romney, do estado de Utah, que propõe oferecer subsídios significativos — 4.200 dólares anuais por criança com menos de 6 anos, e 3 mil por crianças entre 6 e 17 anos —, demonstra a preocupação com o problema. Mas ainda é uma solução individualista que não avança no tratamento da carência em opções de cuidados de qualidade a custos acessíveis. Como nos disse Elliot Haspel, autor de *Crawling Behind: America's Childcare Crisis and How to Fix It* [Engatinhando no atraso: a crise dos cuidados infantis na América e como resolvê-la], "não acredito que nem mesmo um subsídio de 10 mil dólares por ano seria capaz de nos tirar dessa enrascada".

O que necessitamos é de uma solução como a que quase aconteceu em 1971 e foi adotada com sucesso no Reino Unido e em muitos outros países. Temos que começar a pensar nos cuidados e na educação das crianças pequenas da mesma forma que pensamos em parques públicos, esgotos sanitários ou bibliotecas e escolas públicas: como aspectos fundamentais de uma sociedade funcional, seja você ou não beneficiário direto da sua existência. "Ficamos tão presos a essa ideia de que deveria haver escalas de benefícios, qualificações de acesso e conexões com o emprego", explicou Haspel, "que tudo se tornou muito destrutivo. Tivemos que deixar de ver os cuidados infantis como um direito e passar a vê-los como um *serviço público*".

Esse cenário só é possível, como é óbvio, quando e se os cuidados infantis tiverem recursos robustos, assim como as escolas públicas, a partir do dinheiro dos impostos. Isso parece ser uma solução direta — e em alguns casos é mesmo. Em outros, é de uma complicação sem fim. As conversas que a maioria das pessoas tem a respeito dos cuidados infantis começam geralmente com os custos astronômicos, passam pelas dificuldades das listas de espera, resvalam na dificuldade de conseguir uma boa qualidade e aí param. As famílias acabam encontrando um jeito de se adaptar, mesmo que isso signifique que algum dos pais pare de trabalhar, dependa da ajuda de familiares ou lance mão da poupança — e todos dão um grande suspiro de alívio quando, enfim, o filho mais moço chega ao jardim de infância. A luta para pagar pelos cuidados é aguda, mas não dura tempo suficiente para acumular vontade política.

Isso pode mudar. Independentemente de você ter filhos, cuidar de três ou se seus filhos já saíram de casa, podemos identificar o esforço — e a maneira como ele exacerba as desigualdades raciais, justifica as diferenças de salários entre os gêneros, desestimula a vontade de ter filhos e, de um modo geral, torna a vida muito dura para milhões de pessoas — e concordar que não é necessário que seja assim.

A maneira mais simples para que isso aconteça? Algumas pessoas acham que deve acontecer em nível federal; outras, em nível estadual. O presidente Joe Biden lançou um plano que avalia a criação de um pré-jardim de infância gratuito para crianças de 3 e 4 anos. Mas, como assinala Nicole Rodgers, fundadora da Family Story, o problema dos cuidados infantis é que "nunca são prioridade". Ela teme que a reforma "vai ser aquela coisa do 'seria bom poder fazer isso, mas não vamos conseguir fazê-lo imediatamente'".[17] Temos agora a oportunidade de não cometer esse equívoco. Sim, esses programas vão custar dinheiro. A questão desse tipo de despesa, no entanto, é que a sobrecarga na sua vida cotidiana vai diminuir. Isso é particularmente verdadeiro se você tem filhos, mas se trabalha em uma organização e pode testemunhar a tremenda sobrecarga para seus colegas, também pode entender a sua importância.

Se não for assim, em breve vamos entrar em um cenário de pesadelo. Os cuidados infantis vão se tornar ainda mais um serviço de luxo entre os muitos que já são acessíveis apenas à alta classe média ou aos muito ricos. "Já estamos vendo muitas mulheres abandonando seus empregos para poder dispensar esse tipo de cuidado", disse Haspel. "Então voltaremos à situação na qual as mães devem suportar o fardo dos cuidados domésticos, bem como de suas consequências sobre as pessoas e sua decisão de ter filhos ou não — e já alcançamos um ponto historicamente muito baixo nas taxas de natalidade."

Tudo isso é retrógrado e nos faz andar para trás. Mas há exemplos, mesmo apenas nos Estados Unidos, do que poderíamos fazer.

A legislação "Common Start", proposta em Massachussetts, cobriria integralmente os cuidados infantis e pós-escolares em todo o estado. Uma pessoa que ganhe até metade do salário mediano do estado teria direito a cuidados totalmente gratuitos, ao passo que aqueles que ganham mais pagariam segundo uma escala móvel, até o máximo de não mais que 7% da renda familiar.[18] No estado de Vermont, o projeto H.171 — o qual, enquanto escrevíamos, estava sendo apreciado pelo legislativo local, com o apoio de dois terços dos legisladores — propõe reformar completamente o sistema estadual de cuidados infantis: nenhuma família deverá gastar mais do que 10% da sua renda em cuidados, e a diferença salarial de 17,2% entre os responsáveis pelos cuidados infantis e os professores primários seria definitivamente eliminada. Isso reduzirá de forma significativa os 10,9% de trabalhadores imigrantes de Vermont vivendo na probreza.[19]

Em 2020, um referendo relativo à universalização da pré-escola recebeu 64% de votos favoráveis em Portland, no estado do Oregon, e no município próximo de Multnomah. Além de fornecer cuidados gratuitos para crianças de 3 e 4 anos, independentemente da renda familiar, a iniciativa aumentou os salários dos professores da pré-escola de 31 mil para 74 mil dólares anuais, com o objetivo de tornar a profissão mais atraente e sustentável. E isso está sendo feito mediante um aumento de impostos para os mais ricos: 1,5% para rendas individuais acima de 125 mil dólares anuais e rendas familiares superiores a 200 mil dólares por ano.

Dois desses modelos supõem a eleição de políticos no nível estadual que apoiem esse tipo de mudança. Os demais exigem votos no nível municipal. Em cada um deles, o cidadão, como eleitor ou pagador de impostos, tem a capacidade de apoiar essa mudança de paradigma. Ela pode ou não afetá-lo diretamente, mas teria consequências dramáticas e vitais sobre o bem-estar em sua cidade, estado e país, e uma ampla coalizão de apoios, em todos os sentidos da palavra, é absolutamente fundamental para o sucesso dessas iniciativas. Isso não diz respeito apenas às suas despesas com os cuidados infantis, ou as da sua irmã, ou do seu amigo. Devemos apoiar essas mudanças porque não queremos que as tarefas de trabalhar e cuidar dos filhos ao mesmo tempo, independentemente da ocupação, pareçam tão impossíveis ou representem uma sobrecarga que o indivíduo deva carregar sozinho.

"Focamos muito também na criança e em sua preparação para a escola, garantindo que cada criança se desenvolva de forma adequada e se sinta estável e segura", nos disse Haspel. "Tudo isso é muito importante. Mas também temos que pensar no quanto custa aos pais dar conta das tarefas." Pense no peso que sairia das suas costas, das de pais em empregos diferentes do seu, de seus vizinhos e pessoas da sua cidade, de se ver livres da procura por cuidados infantis de alta qualidade a custos acessíveis para seus filhos de 3 ou 4 anos, *independentemente* do status profissional. Isso não é uma fantasia; é uma prática muito real em países diferentes dos Estados Unidos. Você pode dar a si mesmo e às demais pessoas em sua comunidade esse presente, mesmo que não se beneficie mais diretamente. Até que isso aconteça, basta você se recusar a se calar.

SOLIDARIEDADE ENTRE OS TRABALHADORES

Ao escrever sobre as pessoas que trabalham em escritórios, em 1951, o sociólogo C. Wright Mills declarou que "sejam quais forem seus interesses comuns, eles não conduzem à união".[20] Isso era verdade naquela época, e é verdade ainda hoje: essas pessoas ou resistiram, ou desistiram de seus esforços para gerar solidariedade, em particular se formalizada em um sindicato. Como escreveu Nikil Saval em *Cubed*, os colarinhos-brancos "acreditavam ardentemente no sonho americano de movimento contínuo para cima. Eles preferiam a insegurança da promoção por mérito ao avanço paulatino devido ao tempo de trabalho. Os sindicatos prometiam uma coisa antes de qualquer outra — dignidade — que esses trabalhadores julgavam já ter conseguido, graças ao prestígio de suas profissões e à alvura de seus colarinhos".[21]

Resumindo, os sindicatos eram para pessoas presas a certo degrau do sonho americano, ou que não podiam se defender. Para os que haviam chegado ao escritório, os sindicatos simplesmente não eram *necessários*.

As corporações estimularam ativamente essa atitude durante décadas. Todo o campo dos recursos humanos existe para convencer os trabalhadores de que as empresas pensam antes de mais nada nos interesses deles. Mesmo a "boa" gestão que elogiamos nos capítulos anteriores pode enfraquecer a solidariedade, porque a esperança de promoção — e mais alguma coisinha no título hierárquico e no salário — mantém os empregados focados em seu potencial *individual*, em lugar das proteções coletivas.

As comunicações internas — seja na forma de e-mails para todos os funcionários, canais do Slack ou distribuição de papéis — ressaltam e celebram as conquistas em uma organização e também criam modelos de como os empregados deveriam se comportar, reforçando a postura correta em relação ao trabalho e à empresa como um todo. Como afirma a professora de administração JoAnne Yates, em *Control Through Communication* [Controle por meio da comunicação], esses tipos de mensagens foram usados durante muito tempo para estimular sentimentos de família e subsequente lealdade entre os trabalhadores, e não se forma um sindicato com seus irmãos quando se fica com raiva dos pais.[22] Isso é apenas desrespeitoso.

Ou essa, pelo menos, tem sido a mensagem duradoura e amplamente bem-sucedida que vem sendo transmitida para quem trabalha em escritórios. Houve alguns núcleos que tiveram sucesso ao se organizar, sobretudo entre funcionários públicos. Mas as empresas privadas tornaram-se especialistas em manter os esforços de organização bem distantes. Não é que o pessoal do escritório seja necessariamente contra os sindicatos. Eles apenas não acham que precisam da proteção que um sindicato pode oferecer ou estão muito preocupados com possíveis reações.

Todavia, esse sentimento começou a mudar. Nos anos 1950, Mills previu um futuro potencial para a profissão dos colarinhos-brancos: uma grande porcentagem se tornaria proletarizada, o que quer dizer que seus salários, sua renda total, seu prestígio, seu poder e sua estabilidade se tornariam semelhantes aos dos demais trabalhadores assalariados. "Seria possível", escreveu Mills, "para um segmento dos colarinhos-brancos tornar-se idêntico aos demais trabalhadores em renda, propriedade e capacidade, mas resistir em tornar-se igual a eles em prestígio, e baseando a sua consciência em fatores ilusórios de prestígio".[23]

Você deve ter visto isso acontecer em sua própria organização, ou saiu de uma profissão ou companhia por causa disso. Ou pode estar vendo isso acontecer gradualmente em seu próprio escritório, à medida que a sua companhia opta por preencher mais cargos com terceirizados que podem estar fazendo um trabalho semelhante por um salário inferior e com muito menos benefícios ou com menos segurança. Em algumas organizações, a precariedade atual levou os trabalhadores a tentarem se organizar em sindicatos pela primeira vez: trabalhadores em mídias digitais, em museus, no Google e na Amazon, em cervejarias e em cafés, e nas produtoras de cannabis.

Alguns desses trabalhadores, em particular aqueles fora do ambiente dos escritórios, estão lutando por proteções muito simples: indenizações por demissão, proteções de segurança contra a covid-19, horários de trabalho disponíveis com antecedência suficiente para permitir a organização dos horários dos filhos e pagamento durante as licenças médicas. E alguns estão pouco a pouco se reconhecendo como parte do "precariado" — o termo que o teórico Guy Standing usa para descrever uma classe de proletários que se sente especialmente instável em seu trabalho, independentemente da sua educação ou vocação.[24]

Talvez você não sinta isso em seu emprego. Talvez você se sinta bem-cuidado. Talvez a sua empresa seja excelente, e esteja sempre tentando melhorar, e seu patrão seja compreensivo. Isso é ótimo — para você. Mas um patrão não é a mesma coisa que um bom sistema.

É uma solução individual e de curto prazo. O que não quer dizer que você deve mandar a sua companhia se ferrar. E sim que deve continuar a pensar em como seria possível criar cenários nos quais a estabilidade e a flexibilidade que você conseguiu não dependam, para acontecer, da existência de um patrão bom e compreensivo. Ou seja, significa desenvolver a solidariedade entre as classes e entre as profissões.

Nos anos 1970, era muito difícil para *qualquer* mulher, independentemente da sua formação, ter um emprego acima de um cargo auxiliar em uma organização. Em consequência, a coalizão que se formou para obter mais proteção para as auxiliares de escritório cobria diferentes classes, raças e formações educacionais. À medida que essa coalizão crescia, as corporações reconheceram a sua força e, como nos disse Karen Nussbaum, a mulher que ajudou a organizar as trabalhadoras nos anos 1970 e 1980, os executivos se cansaram de ouvir suas próprias filhas reclamarem sobre a maneira como eram tratadas nos escritórios. Eles precisavam encontrar alguma saída para a insatisfação crescente, algum jeito de reduzir a pressão antes que alguma forma de organização se consolidasse. A resposta era simples: eles começaram a promover as mulheres de classe média e com melhor formação para fora do *pool* de secretárias.

"Eles foram muito espertos em dividir a força de trabalho", disse Nussbaum. "Se você fosse uma mulher que estava trabalhando numa seguradora, por exemplo, e de repente recebesse uma promoção, pensaria: 'Bom, finalmente, é para isso que venho me esforçando!'" O problema é que isso só era "bom" para parte da coalizão, mas, uma vez que fosse dividida, sua força seria perdida. "Houve esse momento poderoso, nos anos 1970 e início dos 1980, quando as mulheres estavam vivendo de forma independente, muitas de nós nos sentíamos mais seguras, mas ao mesmo tempo ainda tínhamos pouco poder", lembra Nussbaum. "Sentíamo-nos bem em relação a nós mesmas: estávamos nos divorciando dos maridos ruins, educando nossos filhos, trabalhando o tempo todo, lutando por mais igualdade. Mas nem tudo estava dando certo."

Um fenômeno semelhante está acontecendo agora em muitas das empresas mais dispostas a adotar o trabalho remoto. No início de 2021, mais de quatrocentos empregados do Google criaram o Alphabet Workers Union (Sindicato dos Trabalhadores da Alphabet), um esforço histórico de anos para trazer à baila preocupações que vão bem além da equidade de salários, cobrindo temas que vão desde o viés dos algoritmos até a atenção com os contratos governamentais. Mas o Google, como tantas companhias do Vale do Silício, demonstra ter uma versão moderna da aversão aos sindicatos dos colarinhos-brancos descrita por Mills em 1951.

As empresas tecnológicas oferecem alguns dos empregos mais desejáveis disponíveis para os trabalhadores norte-americanos, com altos salários iniciais e benefícios aparentemente ilimitados. Ao mesmo tempo, muitas dessas companhias se apoiam pesadamente em força de trabalho temporária ou terceirizada — tanto é assim que existem mais empregados terceirizados no Google do que em tempo integral.[25] Há poucas proteções formais em vigor que impedem o Google de transferir mais e mais trabalhadores para o regime temporário. Então por que os empregados se sindicalizam? Muitos deles simplesmente não pensam que precisam; afinal, eles têm alguns dos melhores empregos do mundo.

Mas esse tipo de pensamento tem as suas limitações, em particular quando a possibilidade do trabalho remoto leva as empresas a terceirizar os trabalhos de desenvolvimento com qualquer um que aceite trabalhar por menos. "A grande atração do home office é poder expandir a base de contratação de talentos", nos disse Nataliya Nedzhvetskaya, uma pesquisadora da Universidade da Califórnia em Berkeley que estuda os esforços de organização das empresas de tecnologia. "Mas isso tem o poder de interferir no mercado global de trabalho de um modo que permite enfraquecer seus empregados atuais, em particular aqueles que possam estar tentando estimular a ação coletiva no setor. Dada a oportunidade de reduzir os custos do trabalho em 60% por meio de contratações no hemisfério sul, garanto que eles vão olhar para isso com muita seriedade."

Nedzhvetskaya também acha que o trabalho remoto poderia tornar certos aspectos da organização mais difíceis. "O espaço físico é útil", ela disse. "Estar presente fisicamente o ajuda a ver quem está com você e compartilha dos mesmos valores e vai ter a mesma atitude, o que pode ser essencial, uma vez que se organizar dentro de uma empresa ainda é muito arriscado nos Estados Unidos." Ainda assim, ela afirma que existem modelos de organização remota no espaço tecnológico que ajudaram a construir a solidariedade. Em 2018, mais de 20 mil empregados organizaram uma manifestação para protestar contra a forma como o Google estava lidando com os casos de assédio sexual — e ela foi organizada amplamente on-line.[26] Nedzhvetskaya citou também o fenômeno da carta aberta — agora chamada *blog post* — que os empregados das *big techs* têm usado para conseguir a atenção da mídia para as suas demandas.

Essas demandas, no entanto, não conseguem ir muito longe sem a capacidade de unir e aumentar a confiança. Um sentimento coletivo de ultraje pode iniciar o movimento, mas ainda é fundamentalmente diferente de se juntar para exigir os direitos dos trabalhadores ou criar mecanismos para responsabilizar a administração. "Uma organização formal é necessária para fazer as mudanças duradouras", diz Nedzhvetskaya, "e os trabalhadores remotos deverão estar muito focados na sua criação".

A verdade é que, seja onde for que você trabalhe e seja qual for o seu nível salarial, nosso sistema de proteção trabalhista está quebrado. Se conseguiu evitar alguma forma de exploração, é quase certo que isso aconteceu porque você tinha segurança financeira suficiente para se demitir de empregos quando eles começavam a se inclinar nessa direção ou então para evitá-los de cara. Porém, quando o sistema está quebrado, não importa o quão independente você seja, ele ainda vai quebrá-lo também, se sair da roda-viva do trabalho.

O que quer dizer que, apesar dos seus sentimentos atuais de estabilidade, precisamos continuar lutando por projetos, como um sistema universal de saúde, que garanta redes de segurança separadas do lugar ou tipo de emprego. Mas precisamos pensar mais também sobre modelos de solidariedade trabalhista dentro e fora do escritório, uma vez que os sindicatos, ao menos no momento atual, não estão disponíveis para todos. Dizer que estão é irrealista. Entretanto, isso não quer dizer que você não pode começar a pensar sobre os sindicatos ou a apoiar as pessoas que estão se sindicalizando — inclusive aqueles que trabalham em diferentes setores da sua empresa. E isso significa eleger líderes que estejam comprometidos com o fortalecimento das nossas proteções trabalhistas enfraquecidas, que falharam ao não levar em consideração as mudanças radicais do mercado de trabalho nos últimos quarenta anos.

Pergunte-se o seguinte: como a cultura da sua empresa mudaria se você na verdade se visse não como um redator, ou um técnico em seguros, ou um desenvolvedor de softwares, mas como um *trabalhador*? Como você pode focar no que o une aos demais trabalhadores em vez do que naquilo que diferencia? Sem isso, estaremos como a mulher que nos anos 1970 e 1980, talvez com alguma razão, aceitou as promoções que lhe eram oferecidas e deixou os esforços das demais trabalhadoras do secretariado para trás.

Passamos as últimas páginas tentando lhe oferecer as estratégias para repensar o nosso tipo particular de trabalho feito num notebook. Mas, para avançar, precisamos também imaginar como é possível defender simultaneamente aqueles cujo trabalho não se parece com o nosso, mas nem por isso é menos essencial para o funcionamento de uma sociedade. "Nós *podemos* repensar a teoria da promoção individual que compramos durante todos esses anos, e que nos trouxe até o ponto em que estamos, no qual o capitalismo não se vê frente a nenhum combatente, nada que possa detê-lo", nos disse Nussbaum. "Necessitamos de uma constelação de forças: pessoas que estão de saco cheio, o colapso de instituições, uma ruptura na maneira de as pessoas trabalharem." Em outras palavras, só precisamos de um momento, exatamente como este agora.

Restabeleça redes de cuidados e comunidade

Antes da pandemia da covid-19, nós reservávamos algumas horas da nossa semana para estar com outras pessoas. Assistindo às práticas esportivas das crianças, em reuniões, em aulas, em festas, em concertos, em aniversários, em fins de semana com amigos solteiros, nós nos encontrávamos. Mas muitos de nós achavam que essas experiências eram decepcionantes, mesmo sem jamais admiti-lo abertamente. "Passávamos muitas dessas horas em situações decepcionantes que não nos inspiravam, não nos mudavam de alguma forma e não nos conectavam uns com os outros", escreve Priya Parker em *The Art of Gathering* [A arte do encontro]. "Uma grande parte do tempo que passamos em encontros com outras pessoas nos decepciona."[27]

Parker afirma que perdemos aquilo que realmente importa nos encontros, a "faísca e o florescimento" que nos levam a unir as pessoas umas às outras e criam redes de cuidados. Antes da pandemia, as pessoas estavam tão fixadas na logística dos encontros que perderam de vista a sua razão de ser. Nossas agendas passaram de analógicas privadas para digitais e semipúblicas, e nesse processo uma vida lotada de compromissos tornou-se um símbolo de status. Esquecemos, em outras palavras, para o que serve de fato estar com outras pessoas.

Então para o que serve? Para diversão, é claro, mas também para um cuidado verdadeiro, do tipo que nasce do restabelecimento dos laços fortes e fracos que caracterizam os momentos mais coletivistas do nosso passado nem tão distante. Desenvolver esses laços não significa necessariamente frequentar serviços religiosos ou navegar na política complicada das associações de pais e alunos da escola dos seus filhos. Não quer dizer assinar cinco listas de e-mail diferentes na esperança de finalmente ter a iniciativa de aparecer em uma reunião, ou encontrar outro clube do livro formado por amigos de um amigo de quem você secretamente desgosta. Significa encontrar uma rede que realmente signifique alguma coisa para você e imaginar o que poderia acontecer se gostasse — e fosse estimado, de volta — pelas pessoas do grupo.

A ajuda mútua foi a fundação de muitas das organizações listadas no início deste capítulo, e ela formalizou a promessa de apoio e segurança que os membros não tinham como conseguir fora de suas próprias redes. Ao longo do último século e meio, a ajuda mútua proporcionou um meio para a criação de redes de segurança de uns com os outros — como imigrantes, afro-americanos, pessoas trans — quando o Estado ou o capital estabelecido se recusou ou fracassou. Foi em parte por essa razão que a ajuda mútua floresceu durante a pandemia: quando ficou claro que o Estado estava falhando na proteção aos mais vulneráveis, as pessoas fizeram o que muitos haviam esquecido que era a sua segunda natureza. Elas cuidaram umas das outras.

Em todo o mundo, mas principalmente nos Estados Unidos, onde o apoio social demorava a chegar, grupos que haviam sido formados com diferentes funções — Buy Nothing Facebook Groups (Grupos Não Compre Nada do Facebook), organizações políticas — mudaram o seu foco, enquanto outros foram criados a partir do nada. Alguns eram partidários de uma política explícita e radicalmente anticapitalista; outros, particularmente em regiões mais conservadoras, focavam em atender às demandas dos necessitados.

O que diferencia esses grupos das organizações de caridade tradicionais é a sua dedicação ao mútuo. Como explica Meera Fickling, umas das líderes da Rede de Ajuda Mútua das Montanhas Rochosas (Rocky Mountain Mutual Aid Network), "nós não verificamos se as pessoas têm ou não recursos, nem teríamos como fazer isso. Se alguém diz que precisa de ajuda, então precisa. As pessoas não são clientes. São simplesmente pessoas que precisam de ajuda em algum momento específico. E, é claro, nós esperamos que isso funcione nos dois sentidos".

As pessoas que pedem ajuda vêm e se tornam voluntárias. E as pessoas que ajudam também podem precisar de ajuda em algum momento. Esta é a ideia por trás dos programas de geladeiras comunitárias que pipocaram em todo o país: há sempre um fluxo de pessoas enchendo, organizando e tirando algo da geladeira. Pessoas que a enchem com produtos de uma ida recente ao mercado podem, no dia seguinte, ir e pegar alguma coisa da qual estejam precisando. São apenas membros da ampla comunidade da geladeira.

A ajuda mútua toma tempo — o tipo de tempo que poderia estar disponível para nós se a rigidez dos nossos horários se tornasse mais folgada, além do nosso vício em trabalho. É uma forma de pensar em nós mesmos como pessoas que não querem simplesmente dar dinheiro para organizações, mas ser participantes ativos de alguma organização. É também um gesto significativo de humildade necessária: um preceito fundamental da ajuda mútua é que todo mundo vai precisar de ajuda em um ou outro momento. Depender exclusivamente de nós mesmos — ou do que, a essa altura, sobra de um governo estadual e federal quebrado — é declarar-se imune.

Talvez, em razão da sua idade, saúde relativa ou situação financeira, você não pense que pode precisar de outras pessoas agora. Mas vai precisar. Você vai ficar doente; seu corpo e sua mente vão, em algum momento, falhar; você vai perder de forma temporária ou permanente um fluxo de renda. E então precisará de aconselhamento, ou da ajuda de outras mãos, de uma pessoa que o ajudará a descarregar uma mesa do seu carro ou a tomar uma colher de remédio. Que alegria, que equilíbrio provém do fato de dar e receber de volta.

Para muitos, a participação nesses grupos é um ato de resistência e a prova de que o nosso sistema está falido e precisa ser substituído. Mas, ainda que protestando, a experiência pode ser um bálsamo espiritual. Nos dias incertos de março de 2020, nós listamos um grupo de jovens organizadores comunitários de Boston que, em menos de uma semana, criou uma sólida rede de ajuda mútua para encaminhar dinheiro, alimentos e informações essenciais. O processo foi inteiramente documentado on-line, e analisando as suas tabelas é possível ver os laços comunitários sendo formados — um documento animador, de pessoas em tempo real ajudando outras pessoas. A organização não propiciou apenas ajuda financeira e logística, mas também esperança.

Esses laços de apoio frouxos e firmes podem vir de algo como uma ajuda mútua, mas também ser provenientes de outros grupos, organizados em torno de uma religião, uma causa comum ou apenas proximidade física. Eles não precisam ter cumprimentos secretos, como tantas organizações do passado, e nós, na verdade, sugerimos evitar grupos com a mesma idade, da mesma raça, vocação e nível de renda. Uma das coisas das quais sentimos falta no escritório é conversar com pessoas que são mais jovens e mais velhas, e formar laços que atravessem gerações. Mas as oportunidades para essas conexões não devem desaparecer simplesmente porque não vamos mais ao escritório.

Talvez você esteja tentando imaginar o que isso significa. Seu nome pode constar em muitas listas de e-mails e você receberá muitas mensagens de alerta, mas ainda assim vai achar que não é o tipo de pessoa que participará de uma reunião. Você ainda pode achar que se comprometer com qualquer coisa, com *qualquer coisa* de fato, está acima do que pode oferecer neste momento. Dê um tempo, enquanto se habitua com os novos ritmos da sua vida — mas não muito tempo. Parte do que vai motivá-lo para defender e manter um horário flexível é se dar conta de como você tem mais tempo para dedicar a esses tipos de conexões, em particular quando consegue parar de pensar nelas como obstáculos ao descanso e começar a vê-las como formas de autocuidado.

Tente imaginar o que poderá fazê-lo se sentir verdadeiramente conectado. Talvez seja cantar junto com outras pessoas. Talvez seja falar, ao longo de muitas horas, numa trilha, ou aprender uma nova habilidade, ou ensinar a outros. Poder incluir algum componente de ritual que faça com que o tempo pareça significativo, ou vários bate-papos com pessoas com lembranças antigas e longas. O importante é não se limitar às suas ideias do que os encontros, em particular o tipo de encontro que você criticava antes da pandemia, devem ser. Seu clube do livro era chato? Saia dele, e experimente tornar-se voluntário na sua biblioteca local. Seu grupo no aplicativo Nextdoor ficou tóxico? Dane-se, deixe uma nota com o número do seu telefone na porta da velhinha de mais de 80 anos que vive na sua rua. Você gosta de jogar cartas, mas nunca tem com quem jogar? Existe um clube de bridge que adoraria tê-lo como membro, podemos garantir. A igreja lhe parece traumática, mas você sente falta dos hinos e de estar com pessoas aleatórias que não se parecem com você? Deve haver uma versão para isso; é só procurar.

A meio caminho na pandemia, Devon, que terminou recentemente o seu doutorado em geologia e mora em Atlanta, estava desesperado para encontrar conexões e poder ajudar a sua comunidade — a ponto de estar pensando em entrar para uma faculdade de medicina. Foi então que ele ouviu falar na Concrete Jungle [Selva de Concreto], uma pequena fazenda urbana a sudoeste. "Fui fazer trabalho agrícola, do qual já gosto e acho relaxante", ele disse. "E também sei que o que produzimos está indo diretamente para pessoas que precisam e merecem comida fresca. Colhi vegetais pessoalmente, embrulhei e entreguei na porta de alguém que não teria acesso a eles de nenhuma outra maneira." Para Devon, a oportunidade de uma ajuda direta preencheu um vazio em seu trabalho como assalariado e, como ele mesmo diz, "estar envolvido nessa comunidade de fato abriu meus olhos para a quantidade de pessoas trabalhando para fazer da Geórgia um lugar melhor, o que é no mínimo inspirador".

Jackie começou como voluntária da editora DC Books to Prisons, que envia livros para pessoas condenadas à prisão em 34 estados. Apenas em 2019, a organização mandou mais de 7 mil pacotes. Antes da pandemia da covid-19, eles se reuniam em uma igreja para coordenar os pedidos, mas puderam fazer isso de casa. De tempos em tempos, ela precisa verificar o nome e o local onde a pessoa foi encarcerada. "O que significa que eu frequentemente vejo por que eles estão presos e descubro que são condenados por pedofilia, estupro e assassinato. Eu ainda seleciono livros do que acho que eles gostarão", ela disse. "Essa é uma nova experiência que fez a minha empatia crescer além do que ela era antes." Também fez dela uma leitora melhor: "Recebemos muitos pedidos para livros de faroeste, então li *Lonesome Dove* para me familiarizar com o gênero. Que história! E eu nunca a teria lido se não fossem as pessoas que a pediram. Um presente e tanto."

Cultivar uma comunidade de cuidados pode ser também o mesmo que reinvestir em conexões que ficaram abandonadas com o tempo, sejam quais forem as razões. Nós não temos filhos, mas há muito queremos participar da vida das crianças em nosso amplo círculo de amizade. Antes do novo coronavírus, nossa dedicação ao trabalho tornava difícil estabelecer uma presença constante na vida dos filhos de nossos amigos. Mas o grupo que criamos com outra família nos permitiu priorizar essas relações como não acontecia antes. E passar tempo com as suas crianças é profundamente enriquecedor para todos. Rolar no chão, brincar de esconde-esconde e desenhar criaturas das profundezas têm sido distrações bem-vindas da seriedade da nossa vida de adulto, e ajudam nossos amigos em sua carga de cuidados. Outras pessoas nos contaram histórias semelhantes: de se mudar, de ir para mais perto de onde seus amigos mais próximos moram, ou até pensar em cenários de coabitação com outra família. Você pode achar que essas ideias são produto da pandemia, ou imaginar que a pandemia é um catalisador para a busca da intimidade e cuidados dos quais sentimos falta.

Mas é preciso também ter paciência. Estamos tão acostumados a obter tudo de imediato que esquecemos que comunidade é algo que exige tempo: para encontrar, para se associar, para achar o seu lugar, para orientar. "A comunidade é maravilhosa, mas também é terrível", nos disse Casper ter Kuile, autor de *The Power of Ritual* [O poder do ritual]. "As pessoas são difíceis! Mas precisamos dessas estruturas para nos manter unidos, mesmo que seja difícil. Porque se nos envolvemos com a nossa vida comunitária e espiritual enquanto consumidores, e nos retiramos quando ela não é imediatamente satisfatória, terminamos perdendo as mais preciosas experiências da vida."

Existem oportunidades para criar, desenvolver e fazer crescer esses tipos de encontros, esteja onde você estiver, mas é preciso ter os meios para encontrá-los e se comprometer com eles. E esses meios são incrivelmente difíceis de obter quando o trabalho continua sendo o eixo da sua vida. Contudo, estamos atolados em uma lógica circular: vivemos para o trabalho porque sobra tão pouca coisa em nossa vida; e só há poucas coisas sobrando em nossa vida porque vivemos para trabalhar. Não precisa ser desse jeito. Pense em Obum Ukabam, de Tulsa. Depois de passar uma década se sentindo exaurido e desenraizado, ele descobriu que algumas mudanças objetivas em seu cenário de vida e trabalho mudaram o contexto e o propósito da sua vida. O caminho de Ukabam em direção à comunidade é apenas uma das possibilidades. Dependendo da sua personalidade, você poderia ser o catalisador, o apoio nos bastidores, a pessoa que comparece todas as semanas para ajudar na limpeza. Seu papel tem uma importância muito menor do que a lenta revelação de comprometimento compartilhado com outros.

É isto que as redes de cuidados, como todas as formas de coletivismo, fazem: elas nos amarram a uma confiança uns nos outros. Em vez de ignorar o sofrimento, somos estimulados a encará-lo. Essas redes têm o potencial de desenvolver o nosso lado mais benéfico e generoso, e se opor a um giro em direção ao individualismo — apenas se continuarmos a procurar grupos e iniciativas que tanto nos desafiam como nos confortam, que nos beneficiam, mas que, ainda mais importante, beneficiam aqueles cuja situação é bem pior do que a nossa.

Todas as potenciais soluções e armadilhas aqui citadas chamam atenção para uma realidade crucial: o trabalho flexível não é, em si mesmo, a cura para todos os males da sociedade. Mas ele abre uma porta para continuarmos o trabalho essencial de enfrentar nossos maiores problemas. Mais tempo, espaço e energia tornam possível focar mais na maneira como vivemos em nossas comunidades; quando não estamos constantemente cuidando da nossa própria vida, podemos começar a nos preocupar com os outros. Porém, como tentamos mostrar ao longo deste livro, os verdadeiros benefícios do trabalho remoto só chegarão se os consolidarmos por meio de políticas verdadeiras — do tipo que os tornem defensáveis além do mundo do trabalho do conhecimento. Sendo bem diretos: ganhar essas liberdades para nós mesmos e achar que isso é algo bom será nada mais do que um fracasso moral coletivo.

Já entendemos: estamos todos cansados e sabemos que a resistência a esse tipo de reforma e a esses princípios dos cuidados é robusta. Mas as redes de proteção sociais não são confiáveis — não importa o quanto você ganhe hoje ou o quão seguro se sinta no seu cargo atual — até que sejam sólidas o bastante para nos proteger a todos, seja qual for a dureza da nossa queda, o lugar dela ou sua razão. Mantivemo-nos absurdamente isolados por muito tempo, desesperados em nossa autoconfiança. Existe, contudo, uma nova maneira de encarar o futuro, visível depois que o nevoeiro da sobrecarga de trabalho desaparecer. É a partir de cada um, e ao lado de todos.

Uma nota final para os patrões

Escrever um livro sobre o futuro de qualquer coisa exige uma boa dose de pretensão. Isso é mais do que verdadeiro no caso do trabalho, que é um termo vago, que não descreve de modo adequado o universo de setores econômicos, empregos, expectativas, injustiças e estratégias que compõem o nosso labor coletivo. Estamos tentando dar uma olhada dobrando a esquina e oferecer visões potenciais do que virá. Sabemos que esse é um território traiçoeiro. Como assinala Scott Berkun, que escreveu um livro de sucesso sobre o trabalho remoto em 2013, "todos os livros sobre o futuro do trabalho cometem o mesmo erro: não analisam a história do trabalho ou, mais precisamente, a história dos livros a respeito do futuro do trabalho e como eles estavam errados".[1]

Tendo lido um bom número desses livros enquanto nos preparávamos para escrever este aqui, concordamos. É por essa razão que tentamos não fazer previsões e nos limitamos, em vez disso, em mapear o potencial para uma mudança duradoura de paradigma. Se existe um espírito que atravessa este livro, é um sentimento de cuidadosa esperança. Acreditamos que o trabalho ocupa cada vez mais uma parcela maior do nosso tempo, desgastando-nos e concedendo poucas vantagens aos trabalhadores. Acreditamos *também* que a pandemia do novo coronavírus propiciou uma rara pausa para reflexão e uma oportunidade para repensar o *status quo*. Ainda assim, somos realistas. Entendemos que o passado está cheio de previsões elaboradas sobre o "futuro do trabalho" que parecem tentativas pretensiosas de resolver problemas sérios em grande escala. Em última análise, essas "soluções" deixam para trás um rastro de problemas novos e ainda mais espinhosos.

É por isso que, por trás de cada sugestão ou exemplo neste livro, existe uma nota de alerta: não simplifique as coisas ou você tenderá a repetir os erros do passado. Em outras palavras, não estrague tudo.

Se você é um gestor ou executivo lendo estas palavras, talvez revire os olhos. Não deveria. Muito do que expusemos aqui está firmemente ancorado na intenção de melhorar a vida dos trabalhadores, mas não se trata apenas de um projeto altruísta. Se você dirige uma empresa, há muitas razões para não estragar tudo, sendo a principal entre elas que um futuro remoto é bom para os negócios.

Você pode se lembrar de Darren Murph, o responsável pelo trabalho remoto na GitLab, em um capítulo anterior. Murph é uma das primeiras — se não a primeira — pessoas cuja função é dedicada exclusivamente à estratégia de trabalho remoto. Desde março de 2020, sua *expertise* tem sido altamente demandada; ele passa seus dias entrando e saindo de reuniões com grandes empresas, todas tentando entender as mudanças que vão ocorrer em seus negócios quando a pandemia acabar. Em muitas dessas reuniões, segundo ele, os executivos resistem ou se comportam de forma dúbia em relação ao trabalho remoto integral. Então ele explica a questão de maneira que eles possam entender: especificamente, juros compostos.

Murph faz uma pergunta simples aos executivos: se vocês tivessem como escolher, teriam investido de preferência na *holding* de Warren Buffett, a Berkshire Hathaway, vinte minutos atrás ou há vinte anos? A escolha claramente é óbvia. Há poucas opções de investimento no presente que atingiriam os juros compostos perdidos quando você não aproveitou uma oportunidade de investimento. E é dessa forma que Murph define o investimento da GitLab em uma força de trabalho totalmente assíncrona e distribuída. Organizar os fluxos de trabalho da GitLab para serem desenvolvidos sem escritório e com empregados espalhados em diferentes fusos horários não foi fácil. Exigiu um grande investimento inicial de tempo, energia e recursos. E, à primeira vista, o processo exaustivo e aberto de documentação (cada reunião, o LEIA-ME de cada empregado, todos os planos estratégicos) pode parecer desnecessário e ineficiente. Mas essa linha de raciocínio, afirma Murph, é perigosamente de curto prazo.

"Nossas normas corporativas nos condicionam a dar um passo de cada vez", Murph nos disse. "Todos estão pensando no seu trabalho em intervalos de trinta minutos: uma reunião depois da outra, um e-mail depois do outro."

Estamos tão focados em completar os nossos dias, ele afirma, que a nossa ideia de trabalho eficiente é na verdade altamente ineficiente. A estratégia de documentação da sua empresa é um exemplo de uma nova maneira de avançar. Os empregados da GitLab perdem menos tempo perturbando uns aos outros no meio do dia ou mandando e-mails redundantes porque toda a informação da qual necessitam — tenham ou não participado de alguma reunião — foi registrada e está facilmente acessível a todos.

"Se eu peço que você gaste vinte minutos antes da reunião com o meu LEIA-ME, trata-se de um sacrifício de curto prazo que renderá dividendos ao longo do tempo, à medida que nossa relação de trabalho se aprofunda nas próximas semanas, meses e anos", ele disse. "Montamos uma biblioteca de 8 mil páginas, facilmente acessível, com base nos documentos dos empregados a respeito dos seus sucessos e fracassos. São 8 mil páginas sobre o que não deve ser feito. Como é possível alcançar o valor dos juros compostos de algo assim? A única maneira é as empresas começarem essa jornada do conhecimento *agora.*" De outra forma, seus concorrentes o farão, e a cada ano a sua vantagem competitiva vai aumentar.

Pare de pensar a curto prazo. Isso não é apenas um conselho de Murph. É *o* tema que se repete em centenas de conversas que tivemos com executivos, gestores, urbanistas, ativistas, especialistas em tecnologia e trabalhadores. Em nossas notas, a maioria das histórias de terror na administração tiveram origem em decisões apressadas tomadas sob a pressão do momento, sem parar para pensar nas consequências mais amplas.

Ter poucos empregados, por exemplo, pode ser mais barato no curto prazo, mas lentamente vai desgastar a empresa. O moral afunda, a produtividade e a qualidade minguam, e os empregadores lutam para manter seus trabalhadores. Uma empresa que "queima" seus funcionários rapidamente pode esconder as questões de *turnover* num setor competitivo, mas só durante algum tempo. As tendências acabam aparecendo em sites de análise de empresas como o Glassdoor. O que começou como fofocas desarticuladas ao final do dia de trabalho no bar acabam se consolidando como reputação. O recrutamento de candidatos de alto nível fica mais difícil a cada dia.

Você sabe disso. Você sabe que a falta de investimento no treinamento de gestores leva a trabalhadores infelizes; e trabalhadores infelizes custam mais caro. Também sabe que o foco insistente em métricas de curto prazo como o crescimento e o valor para os acionistas prejudica irremediavelmente a maneira como os trabalhadores pensam e confiam em seus empregadores. Você sabe que disfarçar os benefícios e pensões com conversa mole sobre a cultura da empresa ou vantagens aparentes só promove lealdade no curto prazo, se tanto.

E sabe, além disso, que os esforços concentrados e rasos para empregar soluções tecnológicas no sentido de aumentar a produtividade não funcionam bem no longo prazo. Os empregados estão sobrecarregados com o que a capitalista de risco Sarah Guo, da Greylock, chama de "metatrabalho": estar sempre mudando de um programa ou projeto para outro, e constantemente navegando ou evitando distrações digitais.[2] Em seu livro *A World Without Email* [Um mundo sem e-mails], o escritor Cal Newport descreve como isso deverá funcionar junto a uma "mente hiperativa compartimentada" ou, como ele diz, "um fluxo de trabalho centrado em torno de conversas contínuas movidas por mensagens desestruturadas e não programadas". Newport afirma que isso é altamente ineficiente e "exige que se desvie constantemente a atenção do seu trabalho para conversar sobre trabalho e depois retornar".[3]

Repetimos: você sabe disso tudo. Mas, por diversas razões, tornou-se um *expert* em se calar ou ignorar esse conhecimento. Portanto, é chegado o momento de agir de outra forma.

Os rendimentos decrescentes do excesso de trabalho são reais. Os ganhos agregados de produtividade acontecem a uma velocidade 40% inferior à das duas últimas décadas.[4] Esse número é surpreendente em razão do quanto mais estamos trabalhando: entre 1980 e 2000, o norte-americano médio aumentou em 164 horas o total trabalhado ao longo de um ano. Estamos todos ficando desgastados — inclusive você. Mesmo quando a satisfação no trabalho é alta, estamos largando nossos empregos numa proporção mais alta do que antes e passando para outro cargo. E nossas tentativas precoces de trabalho remoto apenas reproduziram essa cultura em nossas casas. Nos meses iniciais da pandemia da covid-19, os norte-americanos gastaram mais de 11 milhões de horas extras trabalhando, a cada dia de trabalho.[5]

Você sabe disso. E aqui está o que sabemos. Os trabalhadores estão desesperados para ter mais autonomia em suas vidas. Eles desejam mais equilíbrio e menos precariedade. E, essencialmente, *querem* trabalhar. Mas em lugares que os tratem como seres humanos e invistam neles e em seu futuro. Eles querem fazer parte de organizações que reconheçam que um trabalho significativo e realizado em colaboração pode trazer dignidade e criar valor, mas igualmente que o trabalho não é a única maneira de criar satisfação e autoestima. Sabemos que os trabalhadores que ultrapassam seus limites ficam cansados, frustrados e ansiosos demais, e não conseguem produzir o seu melhor; eles estão muito ocupados tentando fazer milagres, parecer ocupados e manter felizes os patrões que mal se comunicam com eles. Nós sabemos porque nos contaram. Centenas deles.

Há muita justaposição entre o que os trabalhadores querem e o que é de fato melhor para a empresa no longo prazo. Pode-se chamar isso de sinergia ou pelo que é na verdade: bom senso. Mas, se vamos ter alguma chance de reinventar a maneira como realizamos o trabalho do conhecimento, vocês, como gestores e executivos, devem também participar.

A maioria dos executivos, diz Darren Murph, subestima drasticamente o poder da sinalização dos líderes. Se as companhias reabrirem seus escritórios quando for seguro para todos, os executivos, talvez contrariando seu instinto, não deveriam ser os primeiros a entrar e sim os últimos. "Assim que um CEO voltar em tempo integral, ele mandará um sinal para todos na empresa que 'se você quiser progredir, precisa estar lá junto com os outros para se mostrar'", disse Murph. A liderança deve dar o exemplo da postura que estimula a sua força de trabalho a adotar, ponto final.

Mas os líderes também subestimam, de forma crônica, o volume de planejamento e tempo que vai ser necessário para alcançar os verdadeiros benefícios dessas mudanças. O trabalho remoto ou flexível não é um item de uma linha a ser acrescentado à descrição de função do seu chefe de pessoal, afirma Murph. É um trabalho em tempo integral, que requer um líder e membros de equipe dedicados, para realizar a reestruturação de políticas, fluxos de trabalho e vantagens. Como comparação, Murph sugere aos líderes que eles mirem a trajetória dos executivos chefes de diversidade em muitas empresas de tecnologia. O que começou como uma pequena iniciativa de recursos humanos tornou-se uma onda de mudanças que varreu não apenas as *big techs*, como também empresas de todos os tamanhos. "Agora parece óbvio que é necessário contratar um chefe de diversidade, embora devesse na verdade ter parecido óbvio antes", disse Murph. "Mas as empresas se recusam a enxergar o óbvio."

Ninguém consegue adivinhar o futuro. Podemos, no entanto, ter uma ideia sobre o que será óbvio amanhã, mas apenas se deixarmos de pensar obsessivamente em ganhos em curto prazo.

Quando Murph se sente frustrado, ele conta uma anedota sobre Jeff Bezos, o CEO da Amazon, que se tornou a sua parábola sobre o trabalho remoto. Há alguns anos, a Amazon anunciou que havia registrado recorde de lucros no seu balancete trimestral. Um analista que participava da reunião falou diretamente com Bezos, parabenizando-o a respeito do resultado espetacular. Bezos agradeceu e continuou, mas na sua cabeça ele estava pensando em outra coisa. O cara não tinha sacado. O que Bezos estava pensando de fato era "esse trimestre foi preparado três anos atrás".[6]

É disso que ele está falando, nos disse Murph, quando fala sobre infraestrutura remota e juros compostos. "Vivo dizendo às empresas para não esperar ter redução de custos imediata. Se são proprietárias de imóveis e têm contratos de aluguel de dez ou vinte anos, isso não vai acontecer tão rápido", disse ele. Os que pensam em curto prazo verão esses contratos como uma razão para não mudar suas políticas, mas o que acontecerá quando os contratos vencerem? "Eles olharão em volta e verão seus concorrentes", disse Murph. "E esses concorrentes investiram logo numa abordagem que dava prioridade ao remoto, e agora conseguem se adaptar facilmente ao que virá. Enquanto isso, essa empresa ficará manca."

Muitos líderes não escutarão, principalmente em setores como o financeiro. No início de 2021, o CEO da Goldman Sachs disse que "o trabalho remoto é uma aberração que vamos ter que corrigir o mais depressa possível". Como nota o especialista em tendências nos escritórios Dror Poleg, se fizerem isso, vão correr perigo. "Obrigar todo mundo a trabalhar de certa maneira parece antigo, num mundo em que os empregados mais talentosos têm mais opções do que nunca."[7] A cada ano, mais e mais diplomados estão optando por setores mais flexíveis em vez daqueles que permanecem teimosamente inflexíveis: entre 2008 e 2018, as *big techs* aumentaram a contratação de graduados em escolas de administração de 12% para 17%. No setor financeiro, esse número caiu de 20% para 13%.

E isso foi antes da pandemia do novo coronavírus. Se as empresas financeiras não embarcam no trabalho flexível, prevê Poleg, essa mudança em direção às empresas de tecnologia continuará. Esse princípio se aplica muito além do mundo das finanças. "Os executivos *sempre* tiveram flexibilidade", nos disse Michael Colacino, diretor da empresa imobiliária SquareFoot. "Eu trabalho em casa às sextas-feiras desde 1992. As pessoas sempre dizem que o futuro está aqui, mas ele apenas não foi bem-distribuído. E isso é verdade: a flexibilidade é exclusiva dos altos executivos e alguns poucos níveis abaixo. Então o que está acontecendo agora é que ninguém vai mais concordar com a mentalidade de cinco dias por semana no escritório. Agora que já experimentaram o fruto proibido, não há mais como recuar. Se você disser a um jovem executivo que ele deverá trabalhar no escritório de 9h às 17h, cinco dias por semana, ele simplesmente pedirá demissão."

Os executivos de finanças sabem que deveriam estar imaginando novas maneiras de trabalhar, mas os que subiram na carreira de uma forma, e tiveram que aguentar uma maneira particular de sofrimento e excesso de trabalho, relutam em mudar seu estilo, não importa o quanto fique claro que essa mudança trará muitos benefícios. É irracional, é uma prática administrativa ruim — mas, depois de meses de medo e instabilidade, parece *seguro*. Contudo, esse tipo de conforto provará ser efêmero. Porque, se a história serve para alguma coisa, a demonstração quanto ao acerto do trabalho remoto será feita — pelos mesmos consultores e teóricos bem-pagos que o criticaram — assim que a pressão social em favor do trabalho flexível atingir um ponto sem volta. E isso faz sentido. O que o trabalho remoto faz, em última análise, é obrigar as empresas a fazer o que já deveriam estar fazendo de qualquer maneira. E, se você puder guardar alguma coisa deste livro, deveria ser isso. Nada disso é sobre nenhuma novidade. É sobre aquilo que você já sabia.

Entendemos se tudo isto parece um pouco ingênuo — a pregação de Murph ou as afirmações gerais neste livro tratam do trabalho em casa como algum remédio mágico. Não é.

De fato, a maior parte das ideias neste livro — incluindo a importância de se olhar com lentes de longo prazo sobre a maneira como os negócios devem ser administrados — não diz respeito, na verdade, às minúcias do trabalho remoto. Elas se referem à necessidade de abrir os olhos para melhores práticas no trabalho. O debate pós-pandêmico sobre "quando e como voltaremos ao escritório" é, de alguma forma, apenas uma grande perturbação. A verdadeira questão com a qual nos defrontamos não é onde vamos trabalhar, mas *como* vamos trabalhar.

O trabalho remoto nos obriga a mudar o *como*. Não é uma cura para uma administração ineficaz, ou um modelo de negócio ruim, ou um produto de má qualidade. É apenas um princípio de organização. Não tendo mais o luxo de poder bater no ombro de alguém em sua mesa, ou encontrar com alguém no elevador, significa pensar mais seriamente sobre como trabalhamos. Eliminar alguns dos artifícios e vestígios de normas da vida no escritório nos dá a oportunidade de ver as nossas empresas como elas realmente são, o que sempre foram: um coletivo de seres humanos.

Se você é um líder na sua organização, então já sabe disso. Mas agora é chegado o tempo da liderança e o momento de agir. É um momento e uma oportunidade de imaginar o que parecerá ser óbvio amanhã e construir hoje as fundações desse futuro. É, sim, um investimento. E investimentos sempre trazem riscos. Mas esperamos ter lhe dado uma ideia dos juros compostos a ganhar no futuro. Vá em frente e não estrague tudo.

Carta aos trabalhadores

No verão de 2020, um novo "desafio", chamado simplesmente de 75 Hard, começou a circular no TikTok. As regras eram simples, embora um pouco estranhas: 1) você deveria seguir uma dieta, qualquer dieta, contanto que ela restringisse a sua alimentação de alguma forma "estruturada"; 2) você deveria fazer duas séries de exercícios de 45 minutos cada todos os dias — das quais uma tinha que ser ao ar livre; 3) você não poderia consumir álcool ou "refeições enganosas", por exemplo, refeições quando você quebra a sua dieta; 4) você deveria beber quatro litros de água por dia; 5) você também deveria ler pelo menos dez páginas de um livro a cada dia, não valendo as páginas de um audiolivro; e 6) a cada dia, você deveria fazer uma foto de si mesmo para documentar.

O objetivo: cumprir com os seis componentes do desafio, diariamente, durante 75 dias seguidos. Se você perdesse apenas um, deveria recomeçar do zero. Não poderia haver qualquer substituto ou qualquer concessão. Como todos os desafios virais, há uma longa história por trás do 75 Hard: ele foi inventado por Andy Frisella, um palestrante motivacional e autoproclamado "MFCEO" (*motherfucking CEO* ou CEO foda), que vende uma quantidade de produtos, suplementos, livros e serviços de consultoria sob a marca 75 Hard, que promete "desenvolver a força mental e a disciplina dentro de você".

Seguir o 75 Hard deveria ensinar aos seus participantes o valor do trabalho duro e da abnegação. E não é nada de novo: esse tipo de ascetismo tem uma história longa, de milênios. A diferença é que os monges que se autoflagelavam com chicotes levavam essa vida como atos de penitência e em busca de salvação, ao passo que o 75 Hard é apenas uma lista de coisas difíceis para provar que você consegue fazer coisas difíceis, praticar a abnegação como uma forma de arrependimento por... Comer? Estar vivo? Ter uma vida confortável?

Ao contrário de outros regimes de treinamento, não há nenhum evento ao final do 75 Hard, e menos ainda alguma explicação científica sobre a razão pela qual você deve seguir essas regras. O desafio pede vagamente que você "parta em guerra contra si mesmo" e vença de qualquer maneira. Há pouquíssimas ideias, apenas negação arbitrária, muito desgaste e suplementos caríssimos.

Nos momentos mais tristes da pandemia da covid-19, quando você se sentia mais estressado, assustado e perdido, provavelmente ouviu alguma variação da frase "isso é realmente difícil". Talvez você a tenha lido, talvez seu gestor a tenha dito a você, talvez você a tenha dito para si mesmo. Mas é a verdade: a pandemia, com duração de mais de um ano, seja do que for que desejemos chamá-la, foi *difícil*. E, assim como tudo o mais nos Estados Unidos, essa dificuldade não foi sequer distribuída igualmente: foi mais difícil para as pessoas nas linhas de frente, as que ficavam com medo de como os clientes reagiriam se pedissem para eles usarem máscaras, as que perderam o emprego e as que tiveram medo constante do avanço do novo coronavírus em suas comunidades. Foi difícil, de diversas maneiras, para quem tentou trabalhar e supervisionar as escolas a partir de casa, para quem ficou inteiramente isolado, para quem permaneceu a cada dia mais apavorado com as outras pessoas. Foi *difícil* pra cacete, de tantas maneiras injustas que se entrecruzaram.

Todo esse trabalho difícil e interminável valeu a pena se outros — especialmente as pessoas mais vulneráveis — puderam ficar mais seguros. Mesmo em seus momentos mais solitários ou assustadores, você ainda podia se aferrar a esse objetivo. Mas dentro do objetivo mais amplo de sobreviver — e, se formos honestos, bem antes disso —, muitos trabalhadores do conhecimento já haviam chegado ao que chamaremos de 9h-às-17h Hard. Trabalhávamos bem além das quarenta horas previstas para a semana laboral, mas o objetivo de todo esse trabalho tornara-se opaco. Tratava-se raramente de criar alguma coisa que fosse significativa ou inovadora, mesmo quando podíamos balbuciar algo para nós mesmos quando perguntados do que gostávamos em relação ao nosso emprego. Trabalhávamos duro para provar que estávamos alertas e disponíveis para *mais trabalho*.

Esse é o pântano tautológico no qual nos encontrávamos. À medida que pesquisávamos e escrevíamos este livro, foi ficando claro que muitos de nós não se sentiram apenas em conflito a respeito da nossa vida no trabalho, como ainda estamos confusos sobre como definir "trabalho duro". Parte dessa confusão tem origem na natureza subjetiva do trabalho em geral. No entanto, se lermos livros sobre produtividade e os autoelogios pornográficos de alguns CEOs sobre o pano de fundo de inúmeros testemunhos de trabalhadores desgastados e profundamente insatisfeitos, o caráter e o objetivo dessa abordagem particular ficam cada vez menos claros.

Somos socialmente treinados para reverenciar o trabalho duro, mesmo se nos damos conta de que não o estamos realizando de fato. Podemos estar trabalhando muitas horas por dia, sentimos como se estivéssemos sufocando sob o peso das demandas no nosso tempo e nosso corpo, mas sempre ficaremos abaixo do trabalho duro reverenciado por alguma outra pessoa. Muitos de nossos preconceitos de trabalho duro ainda estão ancorados na mentalidade agrícola ou industrial, em particular à medida que a porcentagem da força de trabalho norte-americana empregada nessas tarefas caiu muito. Trabalhar ao ar livre, ou em uma fábrica, ou em qualquer emprego que provoque desgaste corporal, é considerado trabalho bom, duro, até patriótico.

Trabalhar dentro de um imóvel, num computador — mesmo que isso afete o corpo de maneira a não produzir calosidades —, é com certeza menos respeitável.

O que não quer dizer que devemos sentir pena ou pensar em maneiras de valorizar os trabalhadores do conhecimento; já fazemos isso, sob a forma de salários e benefícios. Mas, quando esse tipo de trabalhador representa mais de 40% da força de trabalho nos Estados Unidos, isso coloca um problema psicológico particular.[1] Culturalmente, adoramos a produtividade e a eficiência, e valorizamos a criação, e recompensamos o trabalho do conhecimento com altos salários. Mas ainda pensamos nesse tipo de trabalho como suave ou cômodo: você pode ter ficado com dor nas costas trabalhando a partir da sua mesa de cozinha no último ano, mas não correu risco de vida. Ao mesmo tempo, elogiamos publicamente os trabalhos que fazem as pessoas correrem riscos, que provocam um grande desgaste corporal e que focam nos cuidados como trabalho essencial e digno. E enquanto batemos em panelas para homenagear esses trabalhadores — ao menos durante os primeiros meses da pandemia —, seu valor social fica claro em seus salários estagnados.

Então qual é o trabalho realmente valioso? É incrivelmente pouco claro. Muitos trabalhadores do conhecimento, nós inclusive, ficam inseguros quanto ao trabalho que estão fazendo: o quanto estamos realizando, para quem, qual o seu valor, como é remunerado e por quem. Respondemos a essa confusão de várias maneiras bem confusas. Alguns ficam profundamente desiludidos ou se radicalizam contra o sistema extrativista capitalista que faz com que isso fique tão difuso. E outros se jogam no trabalho, fazendo dele o elemento definidor da sua autovalorização. Em resposta à crise existencial dos valores pessoais, sobem na esteira da produtividade, esperando que no processo de trabalho constante eles possam no futuro encontrar um propósito, dignidade e segurança.

A esteira raramente propicia o tipo de valor e significado que esperamos. Então por que passamos todo esse tempo detalhando as maneiras difíceis, demoradas e desafiadoras de abordar o trabalho? Por que ficamos repetindo que "não vai ser fácil", como um disco arranhado? Porque tudo isso serve para alguma coisa, ou pelo menos deveria servir. Estamos reinventando a maneira como os escritórios funcionam, de modo que finalmente possamos achar algum espaço e reimaginar uma forma de participar em nossas comunidades próximas e estendidas. Estamos tentando sair da maldita esteira e nos lembrar da totalidade dos objetivos e da dignidade que pode advir da nossa vida.

Então pergunte-se o seguinte: quem você seria se o trabalho deixasse de ser o eixo da sua vida? Como as relações com seus amigos mais próximos e sua família mudariam, e qual seria o seu papel na sua comunidade em sentido amplo? Quem você ajudaria, como você interagiria com o mundo, e pelo que você lutaria?

Estamos tão desgastados, tão ansiosos e tão condicionados a pensar em nossa vida como algo que espremmos pelo trabalho que apenas fazer essas perguntas parece ingênuo. Se você de fato tentar respondê-las, o que sobrar vai parecer tolo ou fantástico: como um filme romântico bobinho da sua vida, se você tivesse que escalar pessoas para fazer o seu papel e o do restante da sua família, que estivessem descansadas, cheias de energia e vontade. Sua cabeça vai dizer a você que é uma fantasia.

Deveria parecer surpreendente. Porque você precisa querer isso, realmente sonhar com isso, pois o motivará a mudar sua vida e transformar a fantasia em realidade. Não se trata de fazer algo difícil apenas para dizer que foi feito. Não é se torturar para sentir algo parecido com valorização. E sim fazer o trabalho duro, de fato fundamental, que mudará nós mesmos e nossas sociedades.

Em primeiro lugar, dê a si mesmo o espaço para explorar e se comprometer. Isso começa com o desenvolvimento de um cenário de trabalho no qual você possa realizar um trabalho melhor, mais eficiente e mais flexível, com cercas de segurança eficazes que o protegerão de simplesmente trabalhar o tempo todo. O que se segue daqui não são mais razões pelas quais trabalhar em casa é ótimo. Nem mesmo é sobre trabalhar em casa. É sobre tudo o mais na sua vida. É a razão de todo este livro — as coisas pelas quais vale a pena lutar.

Pense naquilo que você gosta

Pense em um tempo da sua vida antes que você trabalhasse regularmente em troca de um salário. Lembre-se, se puder, de um amplo intervalo de tempo sem obrigações, que era *seu*. O que você *de fato* gostava de fazer? Não o que os seus pais diziam que você tinha que fazer, não o que fazia porque devia, para se sentir acolhido, não o que sabia que seria importante para entrar numa faculdade ou conseguir um emprego.

Pode ter sido espetacularmente simples: você gostava de andar de bicicleta, sem destino certo, fazer experiências na cozinha, brincar com sombras, escrever histórias ficcionais, jogar cartas com seu avô, ouvir música deitado em sua cama, experimentar todas as suas roupas nas mais ridículas combinações, fazer compras, jogar videogame durante horas, jogar basquete, tirar fotos dos seus pés em preto e branco, fazer longos passeios de automóvel, aprender a costurar, pegar insetos, esquiar, tocar numa banda, construir fortes, conviver com outras pessoas — seja o que for, você o fazia porque tinha vontade. Não porque pareceria interessante se publicasse na mídia, ou porque seria bom para o seu corpo, ou porque seria um bom assunto para conversar em encontros sociais, mas porque você sentia prazer em fazê-lo.

Assim que conseguir se lembrar do que era, tente lembrar dos detalhes. Você era independente, havia objetivos a alcançar ou não, fazia sozinho ou junto com outros, era algo que realmente sentia como se fosse *seu*, não dos seus irmãos, algo que significava passar tempo regularmente com alguém de quem você gostava? Requeria organização, criação, prática, obediência a padrões ou colaboração? Tente descrever de verdade, em voz alta ou por escrito, o que você fazia e por que gostava. Agora veja se existe alguma coisa na sua vida atual que se pareça com isso.

Se a sua resposta for seu emprego, faz sentido: muitos entre nós descobrem alguma coisa na qual somos bons e da qual gostamos e tentamos fazer disso uma carreira profissional. Os que seguiram o conselho pernicioso de "fazer aquilo que gosta" conhecem o final: é uma armadilha de desgaste e um modo fantástico de esvaziar qualquer prazer e paixão de uma atividade. *Faça aquilo que gosta e você irá trabalhar todos os dias pelo restante da sua vida.*

Muitos de nós conservam apenas leves lembranças das atividades da infância e juventude em nossa vida — o que ousaríamos chamar de hobbies. Eles existem basicamente como temas de conversa e marcadores retóricos sobre quem já fomos. Temos tantas razões para negligenciá-los: não temos os recursos, financeiros ou outros, para continuá-los; não temos tempo; nós os abandonamos há tanto tempo que nossas habilidades anteriores atrofiaram; simplesmente não temos os meios nem para pensar em como recomeçar a fazê-los.

Tudo desculpa, a maioria válida, e nos agarramos a essas explicações por conta do excesso de trabalho. Parece mais fácil não fazer algo, não ter planos, não tentar nada de novo ou pensar em como fazer algo do qual você gostava muito. Mas isso é resultado da sua exaustão. Quando o trabalho devora as suas horas acordado, também devora a sua vontade de fazer coisas que são na verdade positivas para você. O fato é que não damos prioridade a essas coisas porque não damos prioridade a nós mesmos — além de buscar maneiras de nos otimizar como trabalhadores ou corpos desejáveis.

Um hobby verdadeiro não é uma forma de enfeitar a sua personalidade, ou atuar para disfarçar seu status de classe. É algo que você de fato gosta de fazer, ponto.

Seja paciente consigo mesmo ao pensar nisso. Quando tenta colocar cercas de segurança em um horário flexível, pós-pandêmico, você ainda pode ser tentado a usar o seu tempo recém-conquistado tirando uma sesta ou assistindo a esportes. Isso é inteiramente normal e esperado: você está se recuperando, não apenas de anos de sobretrabalho, mas também do estresse acumulado na pandemia. Mas só porque você se esqueceu de quem é e do que gosta, além de cuidar das crianças e assistir à Netflix, não quer dizer que tudo desapareceu. Seja paciente e gentil consigo mesmo. Isso não é autocuidado, é recuperação.

Quando o nevoeiro do burnout começar a se desfazer, lute contra o impulso de ser *produtivo* e canalize sua energia para começar a explorar seus prazeres. Quando isso aconteceu conosco, antes da pandemia, dois caminhos se abriram. Começamos a esquiar, algo que a Anne amava quando era criança, mas hesitava em recomeçar por causa de *muitas coisas*: seus esquis eram muito antigos; ela não tinha alguém com quem esquiar; quem ficaria cuidando dos cachorros?; ela não tinha os óculos protetores; gastaria um fim de semana inteiro durante o qual ela poderia trabalhar; e se ela não soubesse mais esquiar como antes?

A história que ela contou a si mesma sobre por que não deveria ir tinha tantas curvas e voltas, com uma resposta bem-ensaiada para cada argumento a respeito de por que ela deveria apenas ir. Mas, quando nós finalmente o fizemos, Charlie frequentou algumas aulas, alugamos equipamento e, já que moramos em Montana, tínhamos vários tipos de opções. Foi espetacular. Para Anne, foi como visitar as lembranças de uma pessoa mais jovem e recomeçar de verdade.

Charlie queria relembrar como tocar violão, mas relutava em fazer um investimento em um novo: e se fosse mais um hobby no qual investia e depois abandonava? Ele comprou um modelo intermediário — bom o bastante para fazer com que a experiência parecesse especial — e foi em frente. No início, sentiu-se bem desconfortável. Era tanta a pressão para fazer bem alguma coisa que a mediocridade parece errada. Mas logo todas as aulas da sua juventude voltaram. Ele começou a tentar novos acordes, a estudar a teoria, a tocar até que seus dedos voltassem a ter os antigos calos. Acontece que aceitar a mediocridade quer dizer estar aberto à beleza de pequenos progressos constantes. E, em essência, esses progressos estão exclusivamente a serviço da alegria de aprender alguma coisa nova para você mesmo. O violão tornou-se uma coisa vital: um meio de se concentrar inteiramente em algo que não tinha nada a ver com o trabalho — ou com nada, de fato.

Seja qual for o seu desejo — e talvez haja muitas coisas pequenas —, o componente mais importante deveria ser buscar fazer disso algo que se parecesse o mínimo possível com trabalho. Isso significa resistir ao impulso capitalista bem contemporâneo de fazer dele um negócio de algum tipo, mesmo quando as pessoas dizem a você "puxa, você é tão bom nisso, deveria vender!". Significa também resistir ao impulso de tornar-se um mestre, ou demonstrá-lo de modo a fazer dele algum tipo de performance. Você pode querer *melhorar*, ou fazer alguma coisa para os outros, mas isso é diferente de tentar ser o melhor ou se castigar (ou desistir inteiramente) por causa das suas deficiências.

Durante a pandemia, uma assinante da newsletter da Anne disse a ela que tinha começado a aprender a desenhar. Ela nunca havia desenhado antes em sua vida, não tinha nenhum talento natural e não aspirava a desenvolver a habilidade. Ela apenas gostava de fazer esboços de cenas da sua vida — como do seu cachorro, por exemplo — e mandá-los para os seus amigos como diversão. Seu prazer não é o resultado em si mesmo, ou em tentar aperfeiçoá-lo. Era o processo de se sentir transportada, o deleite radical de fazer alguma coisa que não tinha nenhum objetivo ou valor além do fato de que *ela gostava*, porque a cativava de alguma maneira e esse sentimento persistia.

Em *Revista: não faça nada*, Jenny Odell pensa nesses tipos de atividades como um meio para lutar contra o controle da sua própria atenção. Você está se servindo de um desejo e agindo sobre ele, em vez de ceder seu tempo e esforço às ideias dos outros sobre o que é importante. É por isso que é bom se afastar das ideias de hobbies que são bacanas ou populares e desligar aquela voz interior que diz que você deveria encontrar uma atividade que possa "compartilhar" com seu parceiro ou filho. Eles podem se juntar a você mais tarde, se quiserem; mantenha seu foco em buscar aquilo de que gosta. No começo, isso quer dizer evitar atividades que exijam grandes investimentos, seja de tempo, seja de dinheiro, o que só aumentaria a pressão sobre a própria atividade.

Encontre o caminho de menor resistência para qualquer coisa que vai lhe proporcionar esse sentimento; encontre o tempo necessário e faça a si mesmo a promessa de recomeçar quando tiver tempo novamente. Pode parecer estranho, como se você estivesse fazendo do seu egoísmo um hábito, ou definindo seus horários como se fosse uma criança. Mas cale essa voz interior. Se você mora sozinho, é só o seu vício em trabalho falando; conviver com seus hobbies não é egoísmo. Se você tem obrigações de companheiro ou pai, também é possível, mesmo se isso exigir decisão e colaboração para abrir espaço para cada um. Suprimir seu desejo de atividades que não envolvem as crianças não faz de você um pai melhor; faz apenas com que você se sinta mais exausto e ressentido.

Essa máxima também é verdadeira para outras áreas da sua vida. Quando tem uma boa noite de sono, você melhora em praticamente qualquer coisa. Quando tira dias de descanso, torna-se um atleta melhor. A restauração que encontramos nos hobbies pode fazer de nós melhores companheiros, melhores amigos, melhores ouvintes e colaboradores, ou pessoas melhores para se estar junto. Os hobbies ajudam a desenvolver partes essenciais de nós que estavam sendo sufocadas pelas obsessões com a produtividade e obrigações que se multiplicavam. O hobby em si é menos importante do que o que a sua existência proporciona: um meio para desviar a sua identidade para longe da "pessoa que é boa em trabalhar muito".

Gostamos de falar sobre as personalidades das crianças, como elas são únicas, misteriosas e alegres. Nós não apagamos essas características ao crescer; simplesmente as afogamos sob deveres. Mas elas continuam sendo a argamassa da nossa humanidade, a diferença permanente entre nós e os robôs. Precisamos preservar essas inclinações em direção ao prazer e às fantasias, em direção ao inefável e inexpressivo, aos sentimentos que você não consegue recriar com uma máquina ou otimizar para atingir a produtividade máxima. Vale a pena redescobri-las não porque vão nos ajudar a descansar e, em consequência, trabalhar melhor, mas porque elas nos conectam com quem, no fundo, sempre fomos.

Lembre-se de quem você valoriza

Agora que você já passou esse tempo se reequilibrando, faça o oposto. Pense nos momentos mais felizes da sua vida. Não obrigatoriamente os eventos com data marcada, apenas os momentos em que se sentiu mais integrado, mais você mesmo, mais apaixonado com a sua própria vida. Quais foram? Pode ter sido jogando tempo fora nos seus 20 anos, sem fazer nada. Pode ter sido o nascimento do seu filho, ou só um momento em que você se sentiu particularmente próximo do seu companheiro, um fim de semana sozinho com o seu pai. Esse pode ser um processo agridoce: todo mundo tem gente que fez parte desses momentos e que agora não estão mais por perto. Mas há outros, ainda em sua vida, perto ou distantes. Esses são os membros da sua comunidade próxima que são os mais importantes para você. Nossas relações com eles são preciosas e insubstituíveis, e muitos de nós passamos anos nos lamentando quanto à nossa incapacidade de tratá-los da maneira certa.

Precisamos começar a agir como e se essas relações fossem tão valiosas quanto dizemos que elas são, o que significa conceder-lhes o tempo e o espaço mental para cultivá-las. Isso significa tempo de qualidade, extenso, não programado, usado para reequilibrar a relação entre vocês, e desenvolver o tipo de confiança que faz com que as pessoas se sintam motivadas e confortáveis, e faz com que você se sinta igualmente motivado e confortável.

Se você tem um companheiro, comece por aí. Quais são os equilíbrios e os desequilíbrios na sua relação? Em nossa pesquisa com mais de setecentos trabalhadores, descobrimos que aqueles que sentiam que havia um desequilíbrio de trabalho na sua casa frequentemente lamentavam sentir-se tão exauridos a ponto de nem conseguir começar uma conversa que pudesse conduzir a um reequilíbrio. "Minha companheira se identifica muito mais com seu emprego do que eu; ela nunca conseguiria parar de trabalhar", nos disse Rebecca, mãe de duas crianças que trabalha numa empresa de seguros na Carolina do Norte. "Então era eu quem me ocupava de todo o resto." Ouvimos tantas histórias de casais nos quais as tarefas eram distribuídas de modo igualitário, mas as mulheres ainda assim continuavam a carregar o fardo mental: a lista invisível de todas as coisas que precisam ser feitas para que a casa continue funcionando, desde planejar como usar as sobras, até como marcar uma consulta com o médico das crianças.

Se você tivesse mais tempo livre — ou, ao menos, mais tempo *flexível* —, como repensaria os padrões e divisões de trabalho rigidamente definidos entre você e seu companheiro? Como você gostaria que seu parceiro fosse definido? O trabalho remoto não é uma cura para os estereótipos perniciosos de gênero, mas muitas pessoas com quem conversamos notaram que a própria possibilidade de trabalhar em casa, mesmo em meio às dificuldades da pandemia, tornou visível a totalidade do trabalho de uma forma inédita. Ver todas as coisas pequenas, em outras palavras, torna mais fácil dividi-las.

Agora mire na sua família estendida, biológica ou escolhida. Talvez você tenha sido amarrado a ela durante uma eternidade. Nesse caso, como seria abrir espaço sem ela? Ou, ao contrário, como é o tempo de qualidade com sua família? O que seria necessário para que você se sinta presente em suas vidas? Como você poderia proteger esse tempo de modo que pareça voluntário e não obrigatório?

Faça um *zoom out* em direção aos seus amigos. Com mais tempo, como você gostaria de estar na vida deles? Quais relações atrofiaram? Quais relações se tornaram mais sólidas ao longo do tempo? Como você poderia dar prioridade às amizades que contam de fato e cultivar o tipo de intimidade que foi engolido por suas vidas frenéticas, cheias de compromissos?

★ ★ ★

Você pode estar lendo isso e pensando que tudo se parece com autoajuda. Sim! Nós também achamos. Mas vale a pena dar um passo atrás e pensar sobre o que estamos de fato falando. O que listamos aqui não são demandas. Não fazem parte de um regime. Não há assinatura. Você não vai ter que tomar nenhum suplemento nootrópico caro. Você não terá que fazer muita coisa. Na verdade, quanto menos fizer, melhor.

Este vago resumo é, afinal, uma tentativa de estimulá-lo a listar o que tem valor para você: a seu respeito e a respeito dos outros. Não é um luxo, nem egoísta, nem radical. Apenas parece ser. O que resulta dessa lista, contudo, pode provocar uma mudança radical. Ao menos foi o que aconteceu conosco. O mero processo de listar foi profundo e desorientador. Para Anne, significou se dar conta de que vinha aguentando todos os tipos de luta na sua vida simplesmente trabalhando mais e dedicando dois anos da sua vida para escrever sobre o burnout e as suas causas. Para Charlie, tomou a forma de uma aterrorizante consciência de que a maior parte da sua vida tinha sido uma série de preparações para o próximo passo na sua carreira, tanto acadêmica quanto profissional. Ele não havia desenvolvido um sentimento real do que valorizava além do movimento de estar continuamente subindo uma escada. Não sabia do que gostava, em parte porque havia eliminado muitas experiências diferentes de modo a perseguir um vago objetivo de sucesso.

Dar-se conta de que perdeu o contato com partes de si mesmo pode ser profundamente triste. Mas, às vezes, abre espaço para a claridade. Para nós, não significou sublimar a nossa curiosidade ou abandonar o trabalho. Significou apenas encontrar maneiras de redistribuir nossa preocupação e concentração para áreas fora do trabalho: relações, hobbies, causas, ou apenas ficar com nossos próprios pensamentos. Manter esse tipo de equilíbrio e deixar de lado nossas atitudes em relação ao trabalho são uma luta contínua. Não existe um interruptor ou uma proporção perfeita entre o trabalho e a vida. Mas existe um potencial real de estender a energia e a vontade, que antes reservávamos para o trabalho, para o restante de nossa vida.

É assim que nos motivamos e abrimos espaço para cuidar de outras pessoas. É assim que construímos resiliência em nossas comunidades e começamos a nos preparar para a próxima pandemia ou catástrofe global. É assim que construímos fundações para seguir adiante: defender as mudanças, aplicar a nossa vontade à maneira como gastamos nosso tempo e nossa atenção e não apenas nosso dinheiro, usar nossos privilégios e nossa força de trabalho para estender as liberdades trazidas pela vida de trabalho integralmente flexível a outros. É uma visão otimista do futuro? Com certeza. Mas se não podemos entrevê-la, em toda a sua esperança selvagem, não poderemos fazê-la acontecer.

De alguma forma, este livro nos surpreendeu. Não era exatamente o que esperávamos, nem o que vendemos quando começamos a escrevê-lo. Na nossa cabeça, achávamos que o seu núcleo seria o trabalho remoto: seus procedimentos, suas melhores práticas, nossas próprias experiências. Alguma coisa está nestas páginas, mas muito menos do que imaginávamos. Porque ao longo de meses de leitura e entrevistas, falando com dezenas de pessoas sobre o que conta ou não, ficou claro que a parte "remota" dessa equação é, na verdade, secundária. Aquilo de que estamos de fato falando — de que temos medo e que achamos estimulante, frenético e misterioso — são as mudanças sísmicas e desestabilizadoras do trabalho, tanto no sentido literal como figurativo, em nossa vida.

Não existe nada fácil a respeito de construir o futuro no qual queremos viver. O peso do *status quo* pode, às vezes, parecer inamovível. Mas esperamos que haja o suficiente nestas páginas para nos ajudar a ver o que já sabemos ser a verdade: existe um mundo, e um ser, fora das longas horas de trabalho e da estrutura física dos escritórios que durante muito tempo limitou a expansão da nossa vida. Deveríamos nos sentir revigorados, assustados e afortunados de ter a oportunidade de imaginar, como se fosse a primeira vez, quem somos e para onde nossa vida pode nos conduzir.

Agradecimentos

Escrevemos este livro no auge da pandemia do novo coronavírus e, para tanto, dependemos da ajuda, do apoio e dos conselhos de inúmeras pessoas — muitas das quais são mencionadas neste livro. Devemos agradecimentos especiais a: nossos agentes, Allison Hunter e Mel Flashman; nosso esperto e compreensivo editor, Andrew Miller; nossa diligente checadora Jennifer Monnier; toda a equipe de produção e publicidade da Knopf, mas particularmente a Maris Dyer, que cuidou para que as coisas não saíssem dos trilhos; e a Ben Smith, ex-editor-chefe da *BuzzFeed News*, que confiou em nós para mudarmos para Montana, mesmo tendo nos olhado de um jeito engraçado quando pedimos. Os leitores de nossa newsletter forneceram feedbacks, títulos, introduções e recomendações de leitura que refinaram o livro e seu sentido; Beth, Joe, Jack e Little Charlie nos mantiveram alimentados e animados. Nossos pais, mesmo de longe, nos ofereceram amor, apoio e entusiasmo por este projeto e, ainda mais importante, nos instilaram uma profunda crença em esperar e lutar por carreiras satisfatórias e vidas ricas fora do trabalho.

Escrever um livro com seu companheiro é uma tarefa potencialmente delicada que, neste caso, funcionou melhor do que esperávamos. Cada um de nós gostaria de agradecer ao outro por ter utilizado nossas reservas de amor e paciência quando chegava a hora de trocar rascunhos e capítulos em meio ao isolamento por conta da pandemia.

Finalmente, nossos cachorros, Peggy e Steve, nos proporcionaram o ritmo básico dos nossos dias — e as longas escapadas e os passeios a pé que tornaram este livro possível. Trabalhar em casa é muito mais divertido quando eles estão por perto.

Notas

Introdução

1. WONG, May. "Stanford Research Provides a Snapshot of a New Working-from-Home Economy." In: *Stanford News*, 29 mar. 2021.
2. Haag, Matthew. "Remote Work Is Here to Stay. Manhattan May Never Be the Same." In: *The New York Times*, 29 mar. 2021.

1. Flexibilidade

1. ARMSTRONG, Ken; ELLIOT, Justin; TOBIN, Ariana. "Meet the Customer Service Reps for Disney and Airbnb Who Never Have to Talk to You." In: *Pro-Publica*, 2 out. 2020.
2. Ibid.
3. LEWIS, Hilary; O'CONNOR, John. *Philip Johnson: The Architect in His Own Words*. Nova York: Rizzoli, 1994, p. 106.
4. HYMAN, Louis. *Temp: How American Work, American Business, and the American Dream Became Temporary*. Nova York: Viking, 2018, p. 6.
5. UCHITELLE, Louis; KLEINFIELD, N. R. "On the Battlefields of Business, Millions of Casualties." In: *New York Times*, 3 mar. 1996.
6. Ibid.
7. WEIL, David. *The Fissured Workplace: Why Work Became So Bad for So Many and What Can Be Done to Improve It*. Cambridge, Mass.: Harvard University Press, 2017.
8. UCHITELLE, Louis; KLEINFIELD, N. R. "On the Battlefields of Business, Millions of Casualties." In: *The New York Times*, 3 mar. 1996.

9. SAVAL, Nikil. *Cubed: A Secret History of the Workplace.* Nova York: Doubleday, 2014, p. 236.
10. HO, Karen. *Liquidated: An Ethnography of Wall Street.* Durham, N.C.: Duke University Press, 2009.
    HYMAN, Louis. *Temp: How American Work, American Business, and the American Dream Became Temporary.* Nova York: Viking, 2018, p. 6.
11. GREGG, Melissa. *Counterproductive: Time Management in the Knowledge Economy.* Durham, N.C.: Duke University Press, 2018, p. 54.
12. *State of the Global Workplace.* Nova York: Gallup Press, 2019.
13. "Report: State of the American Workplace." Gallup Press, 22 set. 2014; *State of the Global Workplace.* Nova York: Gallup Press, 2017.
14. DIAZ, Edgar Cabanas; ILLOUZ, Eva. "Positive Psychology in Neoliberal Organizations." In: *Beyond the Cubicle,* ed. Allison J. Pugh. Nova York: Oxford University Press, 2017, p. 31.
15. LANE, Carrie M. "Unemployed Workers' Ambivalent Embrace of the Flexible Ideal." In: *Beyond the Cubicle,* p. 95.
16. GREGG, Melissa. *Work's Intimacy.* Oxford: Wiley, 2013, p. 2.
17. "The Next Great Disruption Is Hybrid Work — Are We Ready?" Microsoft Work Lab. Disponível em: <www.microsoft.com>.
18. GROSE, Jessica. "Is Remote Work Making Us Paranoid?" In: *The New York Times,* 13 jan. 2021.
19. "Four-Day Week Pays Off for UK Business." Henley Business School. Disponível em: <www.henley.ac.uk>. Acesso em: 3 jul. 2019.
20. GASCOIGNE, Joel. "We're Trying a 4-Day Workweek for the Month of May." In: *Buffer Blog,* 30 mai. 2020.
21. MILLER, Nicole. "4-Day Work Weeks: Results from 2020 and Our Plan for 2021." In: *Buffer Blog,* 18 fev. 2021.
22. "Do More with Less." In: *Reuters,* 5 nov. 2019.
23. MCGREGOR, Jena. "Hot New Job Title in a Pandemic: 'Head of Remote Work.'" In: *The Washington Post,* 9 set. 2020.
24. KRAMER, Roderick M. "Trust and Distrust in Organizations: Emerging Perspectives, Enduring Questions." In: *Annual Review of Psychology* 50, fev. 1999, p. 569-98.
25. FERRIS, Timothy. *The 4-Hour Workweek.* Nova York: Crown, 2007, p. 91.
26. MORICE, Louis. "Mais qui travaille vraiment 35 heures par semaine?" In: *L'Obs,* 22 set. 2016.

27. PANSU, Luc. "Evaluation of 'Right to Disconnect' Legislation and Its Impact on Employee's Productivity." In: *International Journal of Management and Applied Research* 5, n. 3, 2018, p. 99-119.
28. PEARCE, Drew. "The Working World: France Gave Workers the Right to Disconnect — But Is It Helping?" Disponível em: <https://blog.dropbox.com/topics/work-culture/france-right-to-disconnect-law>. Acesso em: 26 fev. 2019.

2. Cultura

1. DEAL, Terrence E.; KENNEDY, Allan A. *Corporate Cultures: The Rites and Rituals of Corporate Life*. Reading, Mass.: Addison-Wesley, 1982, p. 5.
2. POLLARD, Sidney. "Factory Discipline in the Industrial Revolution." In: *Economic History Review* 16, n. 2, 1963, p. 255.
3. ZUBOFF, Shoshana. *In the Age of the Smart Machine: The Future of Work and Power*. Nova York: Basic Books, 1988, p. 31.
4. POLLARD, Sidney. "Factory Discipline in the Industrial Revolution." In: *Economic History Review* 16, n. 2, 1963, p. 254.
5. LEPORE, Jill. "Not So Fast." In: *The New Yorker*, 12 out. 2009.
6. ZUBOFF, Shoshana. *In the Age of the Smart Machine: The Future of Work and Power*. Nova York: Basic Books, 1988, p. 46.
7. LEPORE, Jill. "Not So Fast." In: *The New Yorker*, 12 out. 2009.
8. "Gilbreth Time and Motion Study in Bricklaying." Disponível em: <youtube/lDg9REgk CQk?t=51>.
9. LEPORE, Jill. "Not So Fast." In: *The New Yorker*, 12 out. 2009.
10. PETERS, Thomas J.; WATERMAN, Robert H. In: *Search of Excellence: Lessons from America's Best-Run Companies*. Nova York: Harper & Row, 1982, p. 6.
11. PUTNAM, Robert D. *The Upswing: How America Came Together a Century Ago and How We Can Do It Again*, with Shaylyn Romney Garrett. Nova York: Simon & Schuster, 2020.
12. WHYTE, William H. *The Organization Man*. Nova York: Simon & Schuster, 1956, p. 129.
13. Ibid., p. 130.
14. Ibid., p. 154.
15. Deal e Kennedy, *Corporate Cultures*, 4.

16. BENNETT, Amanda. *The Death of the Organization Man*. Nova York: Morrow, 1990, p. 101.
17. Ibid., p. 48.
18. Ibid., p. 172.
19. Ibid., p. 23.
20. DEAL, Terrence E.; KENNEDY, Allan A. *Corporate Cultures: The Rites and Rituals of Corporate Life*. Reading, Mass.: Addison Wesley, 1982, p. 196.
21. Ibid., p. 1.
22. PETERS, Thomas J.; WATERMAN, Robert H. In: *Search of Excellence: Lessons from America's Best Run Companies*. Nova York: Harper & Row, 1982, p. 207.
23. Ibid., p. 96.
24. Ibid., p. 319.
25. Ibid., p. 358.
26. ROBINSON, Sara. "We Have to Go Back to a 40-Hour Work Week to Keep Our Sanity." In: *Alternet*, 13 mar. 2012.
27. COOPER, Ryan. "The Leisure Agenda." Disponível em: <www.peoplespolicyproject.org>.
28. NORTH, Anna. "The Problem Is Work." In: *Vox*, 15 mar. 2021.
29. WILLIANS, Joan C.; BOUSHEY, Heather Boushey. "The Three Faces of Work-Family Conflict." In: *Center for American Progress*, 25 jan. 2010.
30. COLLINS, Caitlyn. "Why U.S. Working Moms Are So Stressed — and What to Do About It." In: *Harvard Business Review*, 26 mar. 2019.
31. "The Next Great Disruption Is Hybrid Work — Are We Ready?" Microsoft Work Trend Index, 2021. Disponível em: <www.microsoft.com>.
32. "Work-Life Balance." OECD Better Life Index. Disponível em <www.oecdbetterlifeindex.org>.
33. *State of the Global Workplace*. Nova York: Gallup Press, 2017.
34. ZENGER, Jack; FOLKMAN, Joseph. "Why the Most Productive People Don't Always Make the Best Managers." In: *Harvard Business Review*, 17 abr. 2018.
35. FULLER, Ryan et al. "If You Multitask During Meetings, Your Team Will Too." In: *Microsoft Workplace Insights*, 25 jan. 2018.
36. ZWEIGENHAFT, Richie. "Fortune 500 CEOs, 2000- 2020: Still Male, Still White." In: *Society Pages*, 28 out. 2020.

37. COURY, Sarah et al. "Women in the Workplace." In: McKinsey & Company, 30 set. 2020.
38. "Social Unrest Has Fuelled a Boom for the Diversity Industry." In: *The Economist*, 28 nov. 2020.
39. DOBBIN, Frank; KALEV, Alexandra; KELLY, Erin. "Diversity Management in Corporate America." In: *Contexts* 6, n. 4, 2007, p. 21-27; DOBBIN, Frank; KALEV, Alexandra. "Why Diversity Programs Fail." In: *Harvard Business Review* 94, n. 7, 2016.
40. CLAYTOR, Cassi Pittman. *Black Privilege: Modern Middle-Class Blacks with Credentials and Cash to Spend*. Stanford, Califórnia: Stanford University Press, 2020.
41. EKEMEZIE, Chika. "Professionalism Is a Relic of White Supremacist Work Culture." *Zora*, 1ª nov. 2020.
42. EKEMEZIE, Chika. "Why It's Hard for People of Colour to Be Themselves at Work." BBC, 21 jan. 2021.

3. Tecnologias do escritório

1. POLLACK, Andrew. "Rising Trend of Computer Age: Employees Who Work at Home." In: *The New York Times*, 12 mar. 1981.
2. LEVIN, Carol. "Don't Pollute, Telecommute." In: *PC Magazine*, 22 fev. 1994.
3. DREYFUSS, Joel. "Inside." In: *PC Magazine*, ago. 1992, p. 4.
4. HUNNICUTT, Benjamin. In: *Free Time: The Forgotten American Dream*. Filadélfia: Temple University Press, 2013.
5. ZUBOFF, Shoshana. *In the Age of the Smart Machine: The Future of Work and Power*. Nova York: Basic Books, 1988, p. 23.
6. Ibid., p. 63.
7. Shaiken, Harley. "The Automated Factory: The View from the Shop Floor." *Technology Review* 88, 1985, p. 16.
8. BROAD, William J. "U.S. Factories Reach into the Future." In: *The New York Times*, 13 mar. 1984.
9. ZUBOFF, Shoshana. *In the Age of the Smart Machine: The Future of Work and Power*. Nova York: Basic Books, 1988, p. 118.
10. PILE, John F. *Open Office Planning: A Handbook for Interior Designers and Architects*. Nova York: Whitney Library of Design, 1978, p. 9.

11. Ibid., p. 21.
12. RUSSEL, James S. "Form Follows Fad." In: *On the Job: Design and the American Office*, ed. Donald Albrecht e Chrysanthe B. Broikos. Nova York: Princeton Architectural Press, 2001, p. 60.
13. WILKINSON, Clive. *The Theatre of Work*. Amsterdã: Frame, 2019, p. 44.
14. SAVAL, Nikil. *Cubed: A Secret History of the Workplace*. Nova York: Doubleday, 2014, p. 205.
15. BRILL, Michael; MARGULIS, Stephen T.; KONAR, Ellen. *Using Office Design to Increase Productivity*. Buffalo: Workplace Design and Productivity, 1984, p. 2-51.
16. MAKOWER, Joel. *Office Hazards: How Your Job Can Make You Sick* Washington, D.C.: Tilden Press, 1981.
17. ZUBOFF, Shoshana. *In the Age of the Smart Machine: The Future of Work and Power*. Nova York: Basic Books, 1988, p. 141.
18. MUSCHAMP, Herbert. "It's a Mad Mad Mad Ad World." In: *The New York Times Magazine*, 16 out. 1994.
19. Ibid.
20. BERGER, Warren. "Lost in Space." In: *Wired*, 1º fev. 1999.
21. WHYTE, William H. In: *The Organization Man*. Nova York: Simon & Schuster, 1956, p. 63.
22. WHYTE, William H. *Theatre of Work*, p. 51.
23. Ibid., p. 227.
24. ELIAS, Jennifer. "Google Employees Are Complaining the Company Has Changed — This Chart Shows One Reason Why", CNBC, 2 jan. 2020; EDWARDS, Douglas. *I'm Feeling Lucky: The Confessions of Google Employee Number 59*. Boston: Houghton Mifflin Harcourt, 2011, p. 90-91.
25. O último relatório da Bolsa estimou o número de empregados do Google em mais de 135 mil.
26. HICKS, Jesse. "Ray Tomlinson, the Inventor of Email: 'I See Email Being Used, By and Large, Exactly the Way I Envisioned'." In: *Verge*, 2 maio. 2012.
27. BAUDE, Dawn-Michelle. *The Executive Guide to E-mail Correspondence*. Nova York: Weiser, 2006.
28. Ibid., p. 154.
29. SELLEN, Abigail J.; HARPER, Richard. *The Myth of the Paperless Office*. Cambridge, Mass.: MIT Press, 2002, p. 13.
30. Ibid., p. 12.

31. CHUI, Michael et al. "The Social Economy: Unlocking Value and Productivity Through Social Technologies." McKinsey & Company, jul. 2012.
32. HAMBURGER, Ellis. "Slack Is Killing Email." In: *Verge*, ago. 12, 2014.
33. MOLLA, Rani. "The Productivity Pit: How Slack Is Ruining Work." In: *Vox*, 1º maio. 2019.
34. Ibid.
35. MARK, Gloria; GUDITH, Daniela; KLOCKE, Ulrich. "The Cost of Interrupted Work: More Speed and Stress." In: *CHI '08: Proceedings of the SIGCHI Conference on Human Factors in Computing Systems*, abr. 2008, p. 107-10.
36. MANKINS, Michael. "Is Technology Really Helping Us Get More Done?." In: *Harvard Business Review*, 25 fev. 2016.
37. BERGER, Warren. "Lost in Space." In: *Wired*, 1º fev. 1999.
38. SELLEN, Abigail J.; HARPER, Richard. *The Myth of the Paperless Office*, Cambridge. Mass.: MIT Press, 2002, p. 193.
39. POLEG, Dror. "The Future of Offices When Workers Have a Choice." In: *The New York Times*, 4 jan. 2021.
40. FORD, Paul. "The Secret, Essential Geography of the Office." In: *Wired*, 8 fev. 2021.
41. HERRMAN, John. "Are You Just LARPing Your Job?." In: *Awl*, 20 abr. 2015.
42. "The New Great Disruption Is Hybrid Work — Are We Ready?." Microsoft Workload, 22 mar. 2021.
43. LOHR, Steve. "Remote but Inclusive for Years, and Now Showing Other Companies How." In: *The New York Times*, 18 out. 2020.
44. Crystal S. Carey (advogada associada, Morgan Lewis) para Barbara Elizabeth Duvall (advogado de campo, National Labor Relations Board, Region 5), 4 set. 2018. Disponível em: <cdn.vox-cdn.com/uploads/chorus_asset/file/16190209/amazon_terminations_documents.pdf>.
45. "Outbound Email and Data Loss Prevention in Today's Enterprise, 2008." Proofpoint, Inc.. Disponível em: <www.falkensecurenetworks.com>.
46. ROSENBLAT, Alex; KNEESE, Tamarah; BOYD, Danah. "Workplace Surveillance." In: *Open Society Foundations' Future of Work Commissioned Research Papers* 2014, 8 out. 2014.

47. SHAHANI, Aarti. "Software That Sees Employees, Not Outsiders, as the Real Threat." NPR, 16 jun. 2014.
48. WABER, Ben. *People Analytics: How Social Sensing Technology Will Transform Business and What It Tells Us About the Future of Work.* Upper Saddle River, N.J.: FT Press, 2003, p. 77-87.
49. SATARIANO, Adam. "How My Boss Monitors Me While I Work from Home." In: *The New York Times*, 6 maio. 2020.
50. "How and Why to Transition Your Business to Hubstaff." Disponível em: <support.hubstaff.com>.
51. "U.S. Employers Flexing for the Future." Mercer. Disponível em: <www.mercer.us>.
52. "What COVID-19 Teaches Us About the Importance of Trust at Work." Knowledge @ Wharton, 4 jun. 2020.
53. KLOSOWSKI, Thorin. "How Your Boss Can Use Your Remote Work Tools to Spy on You." In: *The New York Times*, 10 fev. 2021.

4. Comunidade

1. PUTNAM. Robert D. *The Upswing: How America Came Together a Century Ago and How We Can Do It Again*, com Shaylyn Romney Garrett. Nova York: Simon & Schuster, 2020, p. 116.
2. Ibid., p. 114.
3. Ibid., p. 46.
4. HERTZ, Noreena. *The Lonely Century: How to Restore Human Connection in a World That's Pulling Apart.* Nova York: Currency, 2021, p. 16-17.
5. THOMPSON, Derek. "Superstar Cities Are in Trouble." In: *The Atlantic*, 1º fev. 2021.
6. WELLE, Ben; AVELLEDA, Sergio. "Safer, More Sustainable Transport in a Post-COVID-19 World." In: World Resources Institute, 23 abr. 2020.
7. "The Ins and Outs of NYC Commuting." NYC Planning, set. 2019. Disponível em: <www.nyc.gov>.
8. JORDAN, Naida. "Conquering the Cols: Rehabilitation Through Adventure." In: *France Today*, 22 set. 2017.
9. SCHWARTZ, Sam. "14th Street Busway Monitoring." Disponível em: <www.samschwartz.com>.
10. MANJOO, Farhad. "I've Seen a Future Without Cars, and It's Amazing." Disponível em: *The New York Times*, 9 jul. 2020.

11. KADOSH, Matt. "Westfield Redevelopment: Council Hears from Lord & Tay-lor Redeveloper." In: *Tap into Westfield,* 18 nov. 2020.
12. KANTROWITZ, Alex. "Where Tech Workers Are Moving: New LinkedIn Data vs. the Narrative." In: *OneZero,* 17 dez. 2020.
13. STOKER, Philip et al. "Planning and Development Challenges in Western Gateway Communities." In: *Journal of the American Planning Association* 87, n. 1, 2021, p. 21-33.
14. Sisson, Patrick. "Remote Workers Spur an Affordable Housing Crisis." Bloomberg City Lab, 11 fev. 2021.
15. HALPERIN, Anna K. Danziger. "Richard Nixon Bears Responsibility for the Pandemic's Child- Care Crisis." In: *The Washington Post,* 6 ago. 2020.
16. NORTH, Anna. "The Future of the Economy Hinges on Child Care." In: *Vox,* 23 set. 2020.
17. FLORY. Tracy Clark. "This Is What Childcare Could Look Like." In: *Jezebel,* 1º jan. 2021.
18. MCNERNEY, Kathleen. "Bill Would Create Universal Child Care in Mass." In: WBUR, 16 fev. 2021.
19. "Early Educator Pay & Economic Insecurity Across the States." Center for the Study of Child Care Employment. Disponível em <cscce.berkeley.edu>.
20. MILLS, C. Wright. *White Collar: The American Middle Classes.* Nova York: Oxford University Press, 1951.
21. SAVAL, Nikil. *Cubed: A Secret History of the Workplace.* Nova York: Doubleday, 2014, p. 193.
22. YATES, JoAnn. *Control Through Communication: The Rise of System in American Management.* Baltimore: Johns Hopkins University Press, 1989.
23. MILLS, C. Wright. *White Collar: The American Middle Classes.* Nova York: Oxford University Press, 1951, p. 296.
24. STANDING, Guy. *The Precariat: The Dangerous New Class,* Londres: Bloomsbury, 2014.
25. WAKABAYASHI, Daisuke. "Google's Shadow Work Force: Temps Who Outnumber Full-Time Employees." In: *The New York Times,* 28 maio. 2019.
26. WAKABAYASHI, Daisuke et al. "Google Walkout: Employees Stage Protest over Handling of Sexual Harassment." In: *The New York Times,* 1º nov. 2018.

27. PARKER, Priya. *The Art of Gathering: How We Meet and Why It Matters*. Nova York: Riverhead, 2020, xiii.

UMA NOTA FINAL PARA OS PATRÕES

1. BERKUN, Scott. *The Year Without Pants: WordPress.com and the Future of Work*. São Francisco: Wiley, 2013.
2. GUO, Sarah. "Where Are the Productivity Gains?" Disponível em: <coda.io/@ sarah/where-are-the-productivity-gains>.
3. NEWPORT, Cal. *A World Without Email: Reimagining Work in an Age of Communication Overload*. Nova York: Portfolio/Penguin, 2021, xviii.
4. GUO, Sarah. "Where Are the Productivity Gains?." Disponível em: <coda.io/@ sarah/where-are-the-productivity-gains>.
5. MCGINTY, Jo Craven. "With No Commute, Americans Simply Worked More During Coronavirus." In: *The Wall Street Journal*, 30 out. 2020.
6. SCIPIONI, Jade. "Why Jeff Bezos Always Thinks Three Years Out and Only Makes a Few Decisions a Day." CNBC, 31 dez. 2020.
7. Dror Poleg, "Remote Bullying", fev. 26, 2021, drorpoleg.com.

CARTA AOS TRABALHADORES

1. TEEVAN, Jaime Brent Hecht; JAFFE, Sonia, eds. In: *The New Future of Work: Research from Microsoft on the Impact of the Pandemic on Work Practices*. Microsoft, 2021. Disponível em: <aka.ms/newfutureofwork>.

best.
business

Este livro foi composto na tipografia Dante MT Std, em corpo 12/16, e impresso em papel off-white no Sistema Cameron da Divisão Gráfica da Distribuidora Record.